HERMES

在古希腊神话中，赫耳墨斯是宙斯和迈亚的儿子，奥林波斯神们的信使，道路与边界之神，睡眠与梦想之神，亡灵的引导者，演说者、商人、小偷、旅者和牧人的保护神……

西方传统 经典与解释 Classici et Commentarii HERMES
廊下派集
徐健◉主编

廊下派的苏格拉底

Socrates in Stoicism

程志敏 徐健 | 选编
徐健 吴茜 等 | 译

華夏出版社

贵州省哲学社会科学规划课题青年项目
“廊下派政治哲学研究”(16GZQN26)

教育部人文社会科学研究青年基金项目
“斯多亚政治哲学残篇的编译、集注和义疏”(17YJC720030)

贵州大学引进人才科研项目(人文社科类)
“廊下派财产权理论研究”(贵大人基合字[2015]014)

第64批中国博士后科学基金面上资助项目
“古希腊罗马时期的世界大同思想研究”(2018M641662)

“廊下派集”出版说明

距亚历山大大帝逝世二十余年即约公元前300年前后，基提翁的芝诺开始在雅典集市西北角的一个画廊（*στοά ποικίλη*）里讲学论道。起初那些听众被称为芝诺主义者，后来被唤作廊下派（Stoics，旧译斯多亚派或斯多葛派）。在亚里士多德以后的希腊化时期，廊下派成为三大主流学派之一，但其历史影响则比伊壁鸠鲁派和怀疑派重要得多。自芝诺到罗马皇帝奥勒留，廊下派共历时五百年左右，经早中晚三个发展时期，对塑造希腊化文明和古罗马文明起到了关键作用，并对后世思想保持经久不息的影响力：廊下派的自然法思想形塑了罗马法包括万民法的理论，廊下派的人神亲缘关系说及其隐忍博爱伦理则为基督教伦理提供了土壤……近代哲学（如斯宾诺莎等）中的泛神论，近代科学中的宇宙论，乃至从格劳秀斯到康德的世界公民观念等等，都有廊下派留下的深刻烙印。

廊下派将哲学分为物理学、伦理学和逻辑学，以伦理学为核心和目的，将三个部分内在地融贯成有机整体。为了创建自己的体系，黑格尔责难廊下派仅仅应用了片面而有限的原则，缺乏真正的思辨思维，没有什么独创性可言；新康德主义派哲学史家文德尔班也持类似的看法——德国唯心论的哲学史叙述对廊下派的贬低，在很长一段时间里主导着人们对廊下派的认识。二十世纪后半期以降，学者们逐渐抛弃德国唯心论的哲学史叙述，重新认识廊下派，从文本笺释到各类研究都取得了显著进展。

廊下派在西方古今文明变迁中起着承前启后的重要历史作用，我们有必要开拓廊下派研究。“廊下派集”以迻译廊下派著作为主，亦注重选译西方学界相关研究佳作，为我们研究廊下派奠定必要的文献基础。

古典文明研究工作坊
西方典籍编译部亥组
2012 年 10 月

目　录

编者弁言

程志敏

历史上的廊下派之诞生或许出于偶然,比如据说其创始人芝诺因为一场海难而来到雅典并就地求学和讲学,却对西方思想产生了非常重要乃至于宿命的影响。这个后来变得愈发松散的“学派”与我们联系得越来越紧密,以至于现代思想现在差不多已经变成了一个廊下主义的世界。廊下派起于衰世,成长于各种不可思议的艰难困苦中,并随着古典世界的覆亡而终结。

廊下派反对主流哲学的心物二元对立,实际上已着 20 世纪西方哲学的先声,而他们对“宇宙城邦”或“世界大同”的追求,亦不由得让人想起现在轰轰烈烈的“全球化”诉求以及各式各样的普世论调。如此多惊人的相似性莫非表明廊下精神已经以某种更为全面和彻底的方式再次显灵?如此说来,我们岂不也处在与廊下派同样性质的思想世界之中,面临着几乎同样的问题,而且也在同样徒劳地向往着某种美好的却归根结底子虚乌有的乌托邦,并且为此还在进行着同样无谓的现实反抗?

显然,这样吓人的比较不仅不合时宜,而且也没有道理。所以,为了打破简单比附所带来的拙劣甚至有害的表面结果,我们有必要认真地借古鉴今,在反思之中找到自己的恰当定位。无论如何,廊下派是一个可能的坐标,因为它对后世的影响毋庸置疑:廊下派甚至就是连接古希腊和古罗马不说唯一至少也是至关重要的桥梁。如果说古希腊文明对古罗马的文教没有产生过令人信服的影响,比如不考虑荷马史诗对《埃涅阿斯纪》的范导——因为后者对古罗马人的精神气质并没有产生像荷马史诗对希腊人那样大的模铸作用，更没有让古罗马后期的骄奢淫逸有丝毫收敛，更不用说没有在一开始就以古希腊所崇尚的审慎和正义杜绝铁血中的疯狂——那么，廊下派在政治、法律和哲学层面上对古罗马则可谓影响深远。

且不说古罗马（尤其早中期）并不发达的哲学（已经非常发达的政治法律体制似乎已经不需要哲学或者其他什么形式的教化）实际上主要是经由廊下派而向古希腊借得一些零散而生硬的哲学概念，就说其傲视千古的法律思想，尤其是自然法理论，撇开制度层面不谈，也与廊下派牵连甚深。当然，具体的依赖程度需要进一步仔细的研究才能知晓，但我们大家都知道，在哲学和广义的“思想”方面，古罗马人在任何意义上都未曾摆脱过被他们彻底征服了的古希腊人。

鉴于廊下派的历史跨度很大，早中后期的着重点大异，其内部各个时期的代表人物甚至同一时期的领军者都互相攻讦，在一本书中要整体而全面地研究廊下派，几乎是不可能做到的事情。因此我们只集中在一个问题上：廊下派与苏格拉底。这个问题必须放到政治哲学的语境去考察，因为苏格拉底据说是政治哲学的创始人。

廊下派间接地来自苏格拉底，并且在德性问题等方面也接受苏格拉底的观点，这是否就意味着廊下派忠实地继承了苏格拉底的思想，本身就是现代学术界争论不休的话题。五百年的廊下派并非始终如一，我们很难拿这些驳杂的学说与苏格拉底的思想进行什么有价值的对比——即便师从苏格拉底再传弟子的廊下派开山祖师也毕竟离苏格拉底的说教相去甚遥，更何况苏格拉底本来就是一个见首不见尾的神龙式人物。

正因为苏格拉底一生复杂的思想历程，更由于柏拉图诡谲的笔法，“苏格拉底”这一形象一直是学术史不衰的话题：苏格拉底既是继承者如西塞罗这位被错误划归中期廊下派实则远远高于同侪的思想家的灵感之源，也是如尼采等整体上批判西方思想的“造反派”的主要攻击对象。由此可见，如何看待苏格拉底，在一定程度上就是如何反思西方历史的一个缩影或至少一个重要的侧面。所以，不管廊下派如何对待苏格拉底，他们的结论对我们理解苏格拉底乃至整个西方思想来说，肯定都不只有点滴的借鉴意义。当然，在考察廊下派与苏格拉底关系的同时，我们还需要时时想到，柏拉图主义和亚里士多德主义的幽灵在西方任何时代都没有沉寂或散去过。

*本文集的第一、三篇由徐健（贵州大学公共管理学院副教授）翻译，第二篇由朱雯琤（浙江大学公共管理学院博士）和徐健合译，第四篇由时霄（中国人民大学文学院博士）翻译，第五、八篇由郝晓霞（瑞士洛桑大学人文学院博士）翻译，第六、七、九篇由吴茜（浙江大学人文学院博士）翻译，第十篇由李中良（衡阳师范学院外语系讲师）和方旭（中共重庆市委党校哲学教研部讲师）合译。徐健全书逐句校对并统稿。

*原书中有些过长的注释移到了正文，用小号字体区别于正文，以方便读者。

芝诺《政制》与自然法起源

维尔德特(Paul A. Vander Waerdt) 撰
徐 健 译

自然法理论的起源引起了一个有趣的难题。就其传统含义而言,术语"自然法"(νόμος φύσεως,lex naturalis)意指这样一种法律,它可由理性所辨识,决定何者在自然上即为正确或错误,因而无论何时何地何人,它皆为适用,无关乎情势和地方习俗。我们不难找到证据以支持一个常见的假设:自然法理论最早是由早期廊下派的领导人们提出的。

对此,例参 G. Striker,"Origins of the Concept of Natural Law",*Proceedings of the Boston Area Colloquium in Ancient Philosophy* 2(1986),页 79 – 94(B. Inwood 的回应,页 95 – 101),该文现已得到补充,见"Following Nature:A Study in Stoic Ethics",*Oxford Studies in Ancient Philosophy* 9(1991),页 35 – 50。笔者偏向以一种非常不同的方式来重构原初的自然法理论及其在古代的发展情况,见笔者即将出版的拙著,*The Theory of Natural Law in Antiquity*(Ithaca,N. Y.),其中详细辩护了本文所作的概括性阐释。传统上,廊下派自然法被阐释成由道德条规的典章(code of moral rules)所构成,对此最强有力的辩护参见 P. Mitsis,"Natural Law and Natural Right in Post – Aristotelian Philosophy:The Stoics and Their Critics",*Aufstieg und Niedergang der römischen Welt* II. 36. 7(Berlin,1994),页 4812 – 4850,其中有对笔者立场的批判,笔者已在上述拙著中作出回应。

因此,当西塞罗在《论法律》(*De legibus*)第一卷(古代留传下来的对自然法理论阐述得最为完整的文本)中定义自然法时,他利用了一个充分证明具有廊下派渊源的原则:

> 法律乃是植根于自然的最高理性,它命令做应该做的事情,禁止相反的行为。当这种理性确立于人的心智并得到充分体现,便是法律。①

这一定义明显呼应早期廊下派的立场,人作为理性动物,其目的(τέλος)体现在根据自然而生活,不做共同法(common law,κοινὸς νόμος,被等同于圣贤的正当理性[ὀρθὸς λόγος])所禁止的任何行动,而使其行为模仿宇宙理性秩序所显现出的神圣秩序和一致性。

这一表述出现在各种早期廊下派文本中,包括芝诺的《论人性》(*On the Nature of Man*)和克律希珀斯的《论目的》(Chrysippus' *On Ends*)(拉尔修,《名哲言行录》[D. L.]7.87–89),以及克律希珀斯《论法律》(*On Law*)的绪言(马尔基安乌斯《法学阶梯》[Marcian *Inst.*]1 =《早期廊下派辑语》[*SVF*]3.314),该绪言认为 koinos nomos[共同法]和 orthos logos[正当理性]同样都指涉人类在根据自然生活时需服从的准则或标准。参照好战者狄都谟斯(Arius Didymus)的论述,载司托拜俄斯,《读本》(Stob. *Ecl.*)2.96.10–12,102.5–6 Wachsmuth;阿弗洛底西亚的亚历山大《论命运》(Alex. Aphr. *De fato*)35 =《早期廊下派辑语》2.1003.30–34,页295;斐洛《论约瑟夫斯》(Philo *De Joseph.*) =《早期廊下派辑语》3.323;亚历山大里亚的克雷芒《杂缀集》(Clem. Al. *Strom.*)2.420 =《早期廊下派辑语》3.332。

我们有明显的证据表明,廊下派的创始人,基提翁(Citium)的芝诺,在其《政制》(*Republic*)中以最极端、最受争论的形式最早提出了自然法理论;②随后,他后继的两位学派领导人维护并细述了该

---

① 《论法律》1.18。参照《论法律》1.23、42,2.10;《论共和国》(*Rep.*)3.33;《论神性》(*Nat. d.*)1.36(引自芝诺[Zeno]);《论修辞术的发明》(*Inv. rhet.*)2.65–68,160–162;《论题篇》(*Top.*)90。[编者按]译文参考西塞罗,《西塞罗文集(政治学卷)》,王焕生译,北京:中央编译出版社,2010,页158,有改动;下同。

② 参见普鲁塔克,《论亚历山大大帝的机运或德性》(*De virt. Alex.*)329a–b,见下文第1节的讨论。西塞罗《论神性》1.36证实该理论的确可以归给芝诺。

理论——克勒昂忒斯(Cleanthes)在《宙斯颂》(载司托拜俄斯《读本》1.1.12 =《早期廊下派辑语》1.537)中、克律希珀斯在《论法律》中。[①] 因此,我们能够确信,早期廊下派最早开启了一种理论,这种理论到了西塞罗时代开始被确认为自然法理论。

不过,一旦我们开始探究早期廊下派自身如何理解他们的一项原则,即法律是应用于行为方面的正当理性,我们就明显看到,他们的解释相当有别于后来自然法传统所作的解释。据阿奎那《神学大全》(*Summa theologiae*)第二集第一部在论述法律时的明确表述,自然法所涉范围非常之广,涵盖人天生便理性地倾向的一切事物,其中包括所有的德性(第94题第3节)以及十诫(decalogue)的各项原则(第100题第3和11节),乃至所有那些被实践理性理解成人类善的活动(第92题第2节)。阿奎那细述了一部基于上帝Lex aeterna[永恒法]之上的由各种训令构成的详尽典章,其方式是区分(第92题第2节)一项首要训令与三类次要训令,这些次要训令根据人的自然倾向间的秩序来排列。[②] 传统上,人们假设早期廊下派也坚持条规—服从模式(rule - following model)的自然法,它规定的道德行为,可由一套与人各种驱动(impulses)间的自然等级秩序相符的道德条规所明确规定。不过,我们有强烈的理由来抵制这一假设。

---

① 我们只有《论法律》的绪言,以及针对该书有关nomos[法律]规定的道德行为的阐述,此外还有普鲁塔克所作的批判:马尔基安乌斯《法学阶梯》1 =《早期廊下派辑语》3.314;普鲁塔克《论廊下派的自相矛盾》(*De Stoic. repugn.*)1037c - 1038a =《早期廊下派辑语》3.520。

② 对阿奎那这个理论的导引,例参G. Grisez,"The First Principle of Practical Reason: A Commentary on the *Summa Theologiae*, 1 - 2, Question 94, Article 2", *Natural Law Forum* 10(1965),页168 - 196,重刊于A. Kenny编,*Aquinas: A Collection of Critical Essays*(London,1970),页340 - 382;D. J. O' Connor, *Aquinas and the Natural Law*(London,1968),页57 - 79。关于从首要训令引出次要训令的复杂问题,参见R. A. Armstrong, *Primary and Secondary Precepts in Thomistic Natural Law Teaching*(The Hague,1966),尤其是页58 - 85。

首先,早期廊下派在陈述他们的理论时甚至未曾使用过术语 nomos physeōs[自然法]。

最接近这个表述的例子有西塞罗《论神性》1.36:Zeno naturalem legem divinam esse censet eamque vim obtinere recta imperantem prohibentemque contraria[芝诺的观点是,自然法则是神圣的,其功能在于规定正当的事情,以及禁止相反的事情]。但这可能是在解释 orthos logos[正当理性],而非 nomos physeōs[自然法]:参见 H. Koester,"The Concept of Natural Law in Greek Thought",载 J. Neusner 编,*Religions in Antiquity*(Leiden,1968),页 529。狄都谟斯在其廊下派伦理学文摘(尤塞比乌斯《福音的预备》[Euseb. *Praep. evang.*]15.15 =《早期廊下派辑语》2.528.23–29)中对诸神与人类组成的共同体的阐述,说他们共享 logos[理性],这个 logos[理性]"在自然上即为法律"(ὅς ἐστι φύσει νόμος)。还有拉尔修援引的克律希珀斯论点,正义、nomos[法律]以及 orthos logos[正当理性]自然存在,而不完全是习俗规定的(《名哲言行录》7.128)。

他们也根本不承认"自然的诸法律"(natural laws),这些法律指行为方面的条规,它们不可更易,不受例外情况的制约。尤其是,在阐述法律或正当理性规定的道德行为的内容时,克律希珀斯否认存在着任何种类的行动(廊下派的专业术语作καθήκοντα[恰当行动])可以永远合乎自然。

kathēkonta[恰当行动]是理性劝说我们根据自然而做的行动,这些行动一旦做出,便可以得到一种理性的辩护(rational defense)(《名哲言行录》7.107–109;参照狄都谟斯的论述,载司托拜俄斯,《读本》85.12.15;普鲁塔克,《驳廊下派的一般观念》[*De comm. not.*]1069e)。不过从道德上看,这些行动既可以是合乎德性的,也可以是邪恶的,这取决于施行者的意向(disposition):如果他凭确定的知识来行动,行动就合乎德性——也就是说是 katorthōmata[正当行动];否则,行动从道德视角看就是邪恶的,即便是根据自然而做的。相关证据收集在《早期廊下派辑语》1.230–232 和 3.491–523 中,朗格(A. A. Long)和赛德利(D. N. Sedley)可能在关于"恰当功能"(proper functions)的那一部分研究了这个主题,参见《希腊化哲人》(*The Hellenistic Philosophers*[Cambridge,1987]),第一卷,页 359–368。西塞罗关于 kathēkonta[恰当行动]的用法,参见 J. M. Rist,*Stoic Philosophy*(Cambridge,1969),页 97–111。关于克律希珀斯《论合乎德性的行动》(*On Virtuous Actions*)的证据,阿尼姆(von Arnim)将其收集在《早期廊下派辑语》3.674 中。

区分 kathēkonta[恰当行动]和 katorthōmata[正当行动]有何意义,尤见 G. B. Kerferd,"What Does the Wise Man Know?",载 J. M. Rist 编,*The Stoics*(Berkeley,1978),页 125 – 136,以及 B. Inwood,*Ethics and Human Action in Early Stoicism*(Oxford,1985),页 213 – 215。据说,芝诺最早使用了术语 kathēkon[恰当行动],并对这个主题作出了论述(《名哲言行录》7.25)。

他们只承认一个例外,① 那就是某类以"完美的 kathēkonta[恰当行动]"或κατορθώματα[正当行动]命名的行动,亦即只有凭着圣贤独一无二的理性意向来行动的人才能做出的完美的德性行动。② 因此,克律希珀斯在阐述 nomos[法律]时着手提供的"正义与不义之准则"(《早期廊下派辑语》3. 314)规定了 katorthōmata[正当行动],同时也规定了所有不符合这种道德上永远可靠的标准的行动。

对此参见克律希珀斯《论法律》(载普鲁塔克《论廊下派的自相矛盾》1037c – d =《早期廊下派辑语》3.520),及其《关于正义的证明》(*Demonstrations on Justice*)(载《论廊下派的自相矛盾》1041a – b =《早期廊下派辑语》3. 297)。参照:《论廊下派的自相矛盾》1038a;西塞罗,《论法律》2. 8,1. 18 – 19;狄都谟斯的论述,载司托拜俄斯,《读本》96. 10 – 16(参照 96. 17 – 97. 14),102. 4 – 10。只有圣贤才能做出 katorthōmata[正当行动]:西塞罗,《论至善与极恶》(*Fin.*)4. 15。参照狄都谟斯的论述,载《读本》96. 10 – 16,102. 4 – 10。

自然法的内容并非相当于一套道德条规或训令,而是相当于圣贤独特的道德属性;换言之,自然法规定的是德性行动内涵而非外延的特征。当我们谈及合乎自然法的行动时,我们是指圣贤的 katorthōmata[正当行动];反之,

---

① 因此,"根据德性而生活"是提供给我们的唯一ἀεὶ καθῆκον[永远恰当的行动](《名哲言行录》7. 108 – 109)。

② katorthōmata[正当行动]因此包括所有德性乃至"根据正当理性而做的一切事情"(狄都谟斯的论述,载司托拜俄斯,《读本》96. 18 – 97. 14;参照 85. 18 – 86. 12,93. 14 – 18;恩披里柯,《驳学问家》[Sex. Emp. *Math.*]11. 200 – 207)。

katorthōmata[正当行动]具体化了自然法所命令的道德行为的内容。因此,根据自然法来行动,就是指一个人凭着某种心理意向来做出合乎自然的行动(kathēkonta[恰当行动]),这种心理意向能使他永远可靠地理解一种既定的行动过程为何确实合乎自然。

一个人或许会假定,那些属于 katorthōmata[正当行动]这一特殊类别的行动可以被典章化,例如类似于阿奎那对首要训令的归类。但甚至简单地考虑下 katorthōmata[正当行动]的本质,也能够显明事实并非如此。因为这些行动之所以代表着一类不同于 kathēkonta[恰当行动]的行动,不是由于施行者的行动可以得到一种不同的外部性描述,而是由于他动机上的差异:当圣贤去做普通人的 kathēkonta[恰当行动]时,这些行动会变成 katorthōmata[正当行动],因为圣贤完全合理一致的意向能够确保其所有行动在道德上永远可靠。① 简言之,自然法规定了德性行动内涵而非外延的特征。

奇怪的是,Striker(1986,页 79 – 94;1991,页 35 – 50)没有面对自然法规定的是 katorthōmata[正当行动]还是 kathēkonta[恰当行动]的问题,她似乎并没有考虑下文将会讨论的《论法律》中的证据(载普鲁塔克《论廊下派的自相矛盾》1037c – d =《早期廊下派辑语》3.520),就假设了自然法由道德条规的典章所构成。M. Schofield(*The Stoic Idea of The City*[Cambridge,1991],页 67 – 74)也忽视了这个文本,所以在阐述自然法是规定理性(prescriptive reason)时,他甚至没有探讨自然对人类所作规定的道德内容的难题。Mitsis(1994,页4812 – 4850)直面了这个难题,他企图质疑普鲁塔克上述文本可以作为《论法律》的可靠证据,来论证廊下派自然法除针对 katorthōmata[正当行动]外,还提供了其他戒令或规定。

---

① 西塞罗在《论至善与极恶》3.16 – 25 中陈述了圣贤的理性意向的各种独特性,该文本似乎呼应了我们有关克律希珀斯在这方面的其他证据(载司托拜俄斯《读本》5.906.18 – 907.5 =《早期廊下派辑语》3.510;参见笔者的评论,*American Journal of Philology* 113[1992],页 117 – 118)。

这些内涵的特征不允许自然法被编成道德条规的典章，因为katorthōmata[正当行动]完全依赖于情势，从某种意义上讲，“特殊情势”(special circumstances)可以证明kathēkonta[恰当行动]存有例外，以便与宙斯更高的意志保持一致，而道德条规无法代替圣贤的正当理性来指导特殊情势中的作为。① 因此，早期廊下派明显不会将自然法设想成是由道德条规的典章所构成，比如类似于阿奎那由首要和次要的训令所构成的典章。相反，他们提出一种意向性模式而非条规—服从模式的自然法，②并相应地对自然法规定的道德行为提出了不同的阐述。在他们的理论中，自然法规定的不是一类确定的行动，而是人之行动所凭的某种特定的理性意向，也就是完全合理一致的意向，借此圣贤能够根据自然的天意秩序做出理解和行动。

由此而来的一项结论是，早期廊下派以极端修正的方式来使用nomos[法律]一词。它不是指一部由道德条规构成的典章，也不是指实定的法规(positive legislation)，毋宁说，它等同于圣贤的正当理性。

对此，参见：克律希珀斯的论述，载《名哲言行录》7.87－88；克勒昂忒斯的论述，载《早期廊下派辑语》1.537.3，12－13，20－25；普鲁塔克，《论廊下派的自相矛盾》1038；西塞罗，《论法律》1.18－19，2.8。早期廊下派对nomos[法律]的用法并不单一，它还被用来指命运的原因纽带(causal nexus)(狄都谟斯的论述，载尤塞比乌斯《福音的预备》15.15=《早期廊下派辑语》2.528；参照克律希珀斯的论述，载普鲁塔克，《论廊下派的自相矛盾》1050c－d)，能够为圣贤在“顺从自然”时所领会。关于神和人在心智上的相似性这个廊下派论题，参见西塞罗《论神性》2.58，以及狄都谟斯的论述，载司托拜俄斯，《读本》96.10－17。

---

① 参见下文第3节对与芝诺《政制》相关的“特殊情势”学说的探讨。

② 笔者引入这项对比并非意在表明阿奎那没有考虑各种内涵主义因素，相反，他明显认为它们对于完善德性而言是必要的(第91题第4节)，然而，对它们的处理是在阐述德性而非自然法的时候。

以上初步的评论表明，我们在尝试理解自然法理论的起源时，面对的问题非常复杂。既有明显的证据表明早期廊下派的领导人们最早开启了这项理论，同时也有明显的证据表明，他们并非以一种完全类似于后来自然法传统的方式来理解这项理论。事实上，我们对自然法理论的起源、早期形式、哲学动机所知甚微。因此，如果我们希望理解这项理论及其发展，就得重新考虑它最初的发展和呈现所处的语境。尽管从各方面讲，这一事实在学术讨论中仍未受到关注，但足够惊人的是，芝诺《政制》是自然法传统的奠基之作——易言之，它最早尝试去详述一个根据自然法治理的共同体中的生活方式。

Schofield(1991，页 93 – 103)对自然法理论的起源给出了一种不同的阐述。他论证道，克律希珀斯着手“使芝诺圣贤共同体的概念与作为世界公民(citizens of universe)的理性存在者所组成的共同体的观念相适应”，而且，克律希珀斯在《论自然》(*De nat.*)第三卷中陈述的宇宙城邦(cosmos city)观“在共和主义(republicanism)到自然法理论之间起到转承作用”。这个假说在笔者看来似乎不可信，为此至少可以提出三个相互独立的理由。

(1)尽管期科菲尔德企图(这是不成功的)否认普鲁塔克《论亚历山大大帝的机运或德性》329a – b 可以作为芝诺《政制》的可靠信息源，但甚至他自己也承认普鲁塔克这段文本中的 koinos nomos[共同法]“毋庸置疑是廊下派的观念”，也是“芝诺《政制》的关键原则”。所以，没有理由假定自然法理论需要克律希珀斯的宇宙城邦学说作为中介。(2)期科菲尔德以为芝诺理论的特征在于“共和主义”而非“自然法”，但这是基于以不可论证且高度可疑的方式来解读芝诺对柏拉图的批判(参见下文第 2 节)。(3)期科菲尔德在自己的那个假说中赋予克律希珀斯宇宙城邦论的作用，不能够反映在这样一个“无法拒绝的推测”之中，即克律希珀斯是在发展“芝诺对那些论题的原初处理”。所以，更加有利也更加可信的假定是，芝诺本人是在宇宙城邦的语境中来发展 koinos nomos[共同法]学说的，对此，下文第 2 节将会给出论证。[编者按]以上引文采自斯科菲尔德，《廊下派的城邦观》，徐健、刘敏译，北京：华夏出版社，2016，页 130 – 142；后面采自该书的译文则在个别处有所改动。

接下来，笔者将着手表明，通过这本著作的文学和哲学语境来悉心解读它,可以澄清自然法理论的原初形式和动机。

那么,笔者的第一项目标,在于辨识出芝诺通过发展其《政制》中呈现的自然法理论而试图解决的一些哲学难题。

关于芝诺《政制》的证据,收集于《早期廊下派辑语》1.259－271,以及斐洛德谟斯《论廊下派》(Philodemus *De Stoics*),载 T. Dorandi 编,*Cronache ercolanesi* 12(1982),页91－133。相关的现代讨论,参见 A. Dyroff,*Die Ethik der alten Stoa* (Berlin,1897),页206－219;N. Festa,*I frammenti degli Stoici antici*(Bari,1932),第一卷,页9－25;H. C. Baldry,"Zeno's Ideal State",*Journal of Hellenic Studies* 79 (1959),页3－15;Rist(1978),页54－80;M. Isnardi－Parente,"La politica della Stoa antica",*Sandalion* 3(1980),页67－98;J. Mansfeld,"Diogenes Laertius on Stoic Philosophy",载 *Diogene Laerzio*:*Storico del penserio antico*(*Elenchos* 7[1986]中的一个专题),页328－351;A. Erskine,*The Hellenistic Stoa*:*Political Thought and Action*(Ithaca,N. Y.,1990),页9－42;P. A. Vander Waerdt,"Politics and Philosophy in Stoicism",*Oxford Studies in Ancient Philosophy* 9(1991),页185－211;Schofield(1991),页67－74。

笔者将论证,芝诺意使柏拉图归给苏格拉底的自然正义(natural justice)教诲变得更加精确和直接,从而利用自然法理论更好地回应了柏拉图在《王制》(*Republic*)和《法义》(*Laws*)中思考的问题。进一步,芝诺意图通过阐述最优政制(best regime)中的制度安排,来显明柏拉图误识了合乎自然正义的生活方式。事实上,这些制度安排似乎意在履践《法义》第五卷(793c－e)中的雅典异乡人为最优政制定下的各项条件。因此,芝诺的圣贤政治体(polity)很好地呼应了柏拉图"诸神或诸神的孩子们的城邦"。

笔者认为,《法义》中的政制因其放弃了极端共产主义(communism)而成为"次优的"(second－best)政制,它是《王制》中最优政制的可实践版,正如雅典异乡人自己所表明的(739a－e,711a－712a,875c－d;参照亚里士多德,《政治学》[*Pol.*]1265a1－9,1264b26－28,1265b31－1266a6)。因而,它预设了同样的教育方案,预设了由同样的哲学来统治(参照 H. Cherniss,*Gnomon* 25 [1953],页377－379;T. L. Pangle,*The Laws of Plato*[New York,1980],页376－377、459－462、504、509－510;A. Laks,"Legislation and Demiurgy:On the Relationship between Plato's Republic and Laws", *Classical Antiquity* 9[1990],页209－229)。

因此,芝诺的《政制》属于一种持久的传统,该传统旨在讨论如何最好地回应约定论者(conventionalist)的挑战(最有力地展现这一挑战的当推柏拉图《王制》第二卷开篇中的格劳孔[Glaucon]和阿德曼托斯[Adeimantus]),以便显明正义因其本身便在自然上值得选择,而无关乎它的报偿和结果。芝诺在阐述合乎自然法的生活方式时,与其他苏格拉底追随者(包括柏拉图)一道主张正义是自然的,某种意义上根植于人的理性天性,而不是起源于纯粹的约定,尽管芝诺的具体立场与他的前辈们迥然相异。

关于廊下派的立场,参照《名哲言行录》7.128,《早期廊下派辑语》3.314。古典约定论的 locus classicus[经典章句]是《法义》889e－890a。参照:891c－892c,966c－968a;亚里士多德,《辩谬篇》(*Soph. el.*)137a7－18;赫拉克利特辑语 B102,载 H. Diels、F. Kranz 编,*Die Fragmente der Vorsokratiker*(第六版,Berlin,1951);柏拉图,《王制》338c(忒拉绪马科斯[Thrasymachus]),358b－362c(格劳孔);《高尔吉亚》(*Grg.*)482c－486d(卡利克勒斯[Callicles]);安提丰(Antiphon)辑语 B44,载 Diels and Kranz(1951)。

对古典约定论最好的分析仍属 L. Strauss,*Natural Right and History*(Chicago,1953),页 97－115;亦参 C. H. Kahn,"The Origins of Social Contract Theory",载 G. B. Kerferd 编,*The Sophists and Their Legacy*, Hermes Einzelschriften 44(Wiesbaden,1981),页 92－108。重要的是记住,约定论不仅符合那样一种观点,即认为对个人利益的追求乃是属人的善,而且符合伊壁鸠鲁的观点,即认为社会契约为追求哲学提供了某些必要的条件(参照 P. A. Vander Waerdt,"The Justice of the Epicurean Wise Man",*Classical Quarterly* n. s. 38[1987],页402－422;P. Mitsis,*Epicurus' Ethical Theory: The Pleasures of Invulnerability*[Ithaca,N. Y.,1988],页 59－90)。

芝诺在《政制》中的方案是反柏拉图的,笔者的这一论点并不新鲜。普鲁塔克就曾说芝诺此书是"为回应柏拉图的《王制》而写的"(《论廊下派的自相矛盾》1034e－f=《早期廊下派辑语》1.

260）。有明显的证据表明，早期廊下派密切关注柏拉图《王制》的文本，例如，克律希珀斯某部恢弘著作的大量辑语就驳斥了柏拉图关于自然正义的教诲。

这部书的辑语显明早期廊下派重视对《王制》文本的分析，因此，克律希珀斯谴责克法洛斯（Cephalus，《王制》330d－331b）把对诸神的恐惧作为对不正义的威慑，认为这一论证就像是"妇人想让小孩子不再顽皮而利用的妖精鬼怪"（《论廊下派的自相矛盾》1040a－b）。他还说，"对自己行不义是荒谬的，因为不义存在于同他人而非同自己的关系之中"（1041b－c），从而拒绝了灵魂正义和政治正义之间的类比，而这是《王制》整个论证的基础。

古代作家常常将芝诺的最优政制与柏拉图的联系起来（例如《早期廊下派辑语》1.261－263），此外，现代学者也长期承认芝诺的政治体的某些特点，诸如共妻制（《名哲言行录》7.131，33）以及不再为了交换或出国旅行而引入货币（《名哲言行录》7.33，针对的是《法义》742a－b；参照《王制》371b，417a－b），与柏拉图的苏格拉底在《王制》里构建的"言辞城邦"（city in speech）有着某种关系。但关于芝诺《政制》的哲学意旨而非孤立的细节如何代表着对柏拉图的回应，迄今未有中肯的阐述。

比如 Erskine（1990，页 30－33）就没有考虑芝诺学说如何以其自然法理论为基础，而该理论又如何代表着对柏拉图的回应。Schofield（1991，页 22－56）依照与柏拉图的对比，推进了对芝诺《政制》的阐释，认为该书呈现了一个"通常意义上的[共产主义]共同体"，但他的阐述在评判柏拉图"最优的言辞城邦"是否代表着一种可实践的政治模式时，没有顾及其中的复杂性（参见下文第 2 节）。他通过对柏拉图的事业作出不可证明的论断，以此来确立芝诺的事业，因此他对后者的《政制》的阐释成功与否，取决于他对前者的《王制》的阐释。在下文第 2 节中，笔者对他们的意图作出了非常不同的阐述（注意斯科菲尔德[页 22－24]没有提供论证来反驳他所划分的第二种阐释）。

笔者的目标，是确切地解释早期廊下派自然法理论如何尝试改进柏拉图对格劳孔挑战所作的回应。在展开这一任务的过程中，笔者还将援引克律希珀斯在自然正义方面与柏拉图的论辩为证据。

普鲁塔克《论廊下派的自相矛盾》1040a（参照 H. Cherniss［页 467 注 b（Leob）］，《伦语》［*Moralia*］，第十三卷第二部分［Cambridge, Mass.，1976］）=《早期廊下派辑语》3.313；辑语保存在 1040b、1041b 以及《驳廊下派的一般观念》1070e－f 中；克律希珀斯《劝勉集》（*Exhortations*）的一段辑语保存在《论廊下派的自相矛盾》1039d－1040a 中，旨在反驳其姊妹篇《克利托普丰》（*Cleitophon*）408a。（这些文摘是基于对克律希珀斯某本书的悉心研究：普鲁塔克的《驳克律希珀斯的正义观》［*Concerning Justice against Chrysippus*］，拉姆普里阿斯［Lamprias］编目第 59 条。）其他旨在反驳柏拉图的早期廊下派著述包括佩尔赛俄斯（Persaeus）某七卷本著作，其中批判了柏拉图的《法义》（《名哲言行录》7.36）。

当处理我们拥有的其他早期廊下派材料那样的辑语材料时，我们通常只能推测某项具体学说的批判对象或原初语境。但这些可供对勘的证据实际上能够说明早期廊下派致力于研究和反对柏拉图的政治著作，所以笔者希望它们会增强笔者的论点的可信度。

尽管芝诺的《政制》仍在相当程度上为现代学者所慢待，但可以证明它在所有希腊化哲学著作中最著名也最受争论，甚至在廊下派内部都激起了广泛的争论。后来的一些廊下派哲人宣称《政制》是伪作而加以拒绝，另一些要求它接受审查，还有些则企图将它贬低成是芝诺年轻时的作品。

参照斐洛德谟斯，《论廊下派》卷二至卷七，载 Dorandi（1982），页 92－97，以及 Mansfeld（1986），页 321－323、343－351。克律希珀斯确证了《政制》乃属真作，因为他把这本书当作芝诺的著作来引用（《名哲言行录》7.33－34），并为书中一些最受争论的内容辩护（食人［《早期廊下派辑语》3.747－753；参照克勒昂忒斯的论述，载《早期廊下派辑语》1.584］，乱伦［《早期廊下派辑语》3.743－746，753］，共妻共子制［《早期廊下派辑语》3.728，744－745］）。关于对芝诺《政制》的审查，参见《名哲言行录》7.34 有关阿忒诺多若斯（Athenodorus）删书的故事；还有克雷芒《杂缀集》5.9 =《早期廊下派辑语》1.43："廊下派说第一位芝诺写下了某些他们不愿给学生们读的东西，除非他们首先证明自己已是真哲人。"

这场廊下派内部的争论大体上源于芝诺貌似鼓吹犬儒信条，诸如允许——笔者后面将论证这是在某些“特殊情势”（《名哲言行录》7.122）下而言的——乱伦（《早期廊下派辑语》1.256）和食人（《早期廊下派辑语》1.254）。既然《政制》是一部早期著作，①且被反复申明是在犬儒克拉特斯（Crates）的影响之下写就（《名哲言行录》7.4），因此学者们就趋向于集中关注那些与犬儒有关的内容。

尤参 Rist（1969，页 97 – 111）和 Mansfeld（1986，页 328 – 351）；还有 M. Fisch，“Alexander and the Stoics”，*American Journal of Philology* 58（1937），页 132 – 134；D. B. Dudley，*A History of Cynicism*（London，1937）。关于廊下派内部在定位芝诺的犬儒倾向上展开的争论，斐洛德谟斯的《论廊下派》提供了详细的证据（作为一个独立学派的犬儒派直到罗马帝国时期还存在；参见 J. L. Moles，“Honestius quam Ambitiosius? An Exploration of the Cynic's Attitude toward Moral Corruption in His Fellow Men”，*Journal of Hellenic Studies* 103［1983］，页 103 – 123；C. E. Manning，“School Philosophy and Popular Philosophy in the Roman Empire”，*Aufstieg und Niedergang der römischen Welt* II. 36. 5［Berlin，即出］）。一名廊下派哲人可能根据自己对该问题的态度，而选择两种完全对立的道德姿态中的一种。

然而同样明显的是，芝诺在写作《政制》之时已经毅然与犬儒派决裂，这尤其反映在，他主张自然研究对培育德性而言必不可少。如果这一决裂是由于芝诺的老师学园派哲人珀勒蒙（Polemon）的影响，②正如

---

① Erskine（1990，页 9 – 15）巧妙地尝试去质疑作为该观点之基础的那些证据，但笔者相信《名哲言行录》7.4 仍对他的观点构成了无法克服的困难；参见 Vander Waerdt（1991），页 193 – 194。Rist（1969，页 71 – 72）表明，芝诺是在认识到自然在伦理语境中的重要性之前创作了《政制》；但这面临一项困难，即它的政治学说只能从自然法理论来理解。（斐洛德谟斯在《论廊下派》中指出《政制》内容与 telos［目的］论相匹配，从而灵巧地驳斥了那些怀疑《政制》不是芝诺真作的反对者，因为他们还主张芝诺是因为目的论而成为廊下派的缔造者。）

② 参照《名哲言行录》7.2；西塞罗，《学园派》1.35，《论至善与极恶》4.3；诺美尼俄斯（Numen.）辑语 25 des Places。

李斯特(John Rist)充分论证的那样,①那么,我们能够从芝诺的思想传记探查出我们将在其理论中发现的他对柏拉图主义的决定性关注。无论如何,甚至在芝诺时代之前,犬儒第欧根尼(Diogenes)就写过一篇对话来回应柏拉图的《王制》,而芝诺也把第欧根尼这篇对话的教义作为自己教义的主要竞争对象。

关于该对话的标题:《名哲言行录》6.80;关于它明显的内容:《名哲言行录》6.72-73,103(许多是廊下派思想的原型);第欧根尼和柏拉图之间的轶事:《名哲言行录》6.24-26,40-41。关于第欧根尼《政制》(*Republic*)的真伪,廊下派内部论争激烈,参见斐洛德谟斯,《论廊下派》卷十五14至卷十六结尾,其中记述了当时的某些廊下派哲人(*τινες τῶν καθ' ἡμᾶς*,卷十五13)否认第欧根尼曾写过一本名为《政制》的书——他们显然是为了解除一项指控,即芝诺的《政制》大量借用了犬儒派的观点。G. Giannantoni(《苏格拉底与苏格拉底学派遗稿》[*Socratis et Socraticorum Reliquiae*,第二版,Naples,1990],第三卷,页416-417)和M. O. Goulet-Cazé(*L'ascèse cynique*[Paris,1986],页85-90)除了接受斐洛德谟斯的其他驳斥外,也接受了斐洛德谟斯对这些人的驳斥。

因此,我们的主题是对廊下派哲学的智识起源进行个案研究。既然我们没有一本早期廊下派的著作,既然大量辑语主要保存在后来的学述(doxography)中,而这种学述本身便受到当时哲学发展的影响,那么,我们通常很难辨识导致早期学派领导人的立场得以发展的那些特别的难题和论争。但近来的学术研究已逐渐看清,希腊化时期的哲学论争主要体现在各种哲学运动之间为阐释苏格拉底遗产而展开争辩,每种运动都追苏格拉底为祖,并宣称自己详细解释了苏格拉底哲学的真实版本。②

早期廊下派当然是这场论争的重要参与者。斐洛德谟斯说,一

---

① "Zeno and Stoic Consistency",*Phronesis* 22(1977),页161-174。

② 例如A. A. Long,"Socrates in Hellenistic Philosophy",*Classical Quarterly* n. s. 39(1988),页150-171;J. Annas,"Plato the Skeptic",G. Striker,"Plato's Socrates and the Stoics",分别载P. A. Vander Waerdt编,*The Socratic Movement*(Ithaca,London,1994),页309-340、241-252。其他研究文献参见下面两个注释。

些廊下派中人将自己的学脉追溯至苏格拉底，传承关系是苏格拉底—安提司忒涅斯（Antisthenes）—第欧根尼—克拉特斯—芝诺，相应地，他们实际上希望被称作苏格拉底学派（《论廊下派》卷十二至卷十三）。廊下派尝试为自己注入苏格拉底血统，这点雄辩地展现在他们关于芝诺皈依哲学的各种故事上。比如据记载，芝诺在书店读过色诺芬《回忆苏格拉底》（*Memorabilia*）第二卷之后，便首先开始与犬儒克拉特斯交往，当时他打听像苏格拉底这样的人在哪可以找到，店老板就要他跟克拉特斯走（《名哲言行录》7.2－3）。然而关于苏格拉底遗产的意义，廊下派内部存在广泛的争论。因此，诸如德性的统一（the unity of virtue）、"中性事物"（indifferents）的地位以及行为条规对道德进步者（moral progressors）的价值等问题，阿里斯通（Ariston）与克律希珀斯之所以存有歧见，部分就源于他们对于如何最好地阐释他们所赞同的苏格拉底的前提和学说存在分歧。①

所以并不奇怪，早期廊下派尤为关注其他苏格拉底学派，因为后者对苏格拉底及其意义提出了竞争性的描述。最有名的例子是，他们与阿尔克西拉俄斯（Arcesilaus）及怀疑主义学园派论争可认知印象（cognitive impression）的存在和特征问题，这场论争一直持续到希腊化末期。② 就我们的主题而言，柏拉图和芝诺都认为苏格拉底主张正义在某种意义上根植于人理性的天性，但他们以相当不同的方式来解释这项主张，芝诺的自然法理论就在尝试质疑柏拉图对这一苏格拉底立场的阐释。

既然芝诺《政制》零散的辑语不允许我们重构该书原初的阐述

---

① 参见 A. M. Ioppolo, *Aristone di Chio e lo Stoicismo antico*（Naples, 1980）；M. Schofield, "Ariston of Chios and the Unity of Virtue", *Ancient Philosophy* 4（1984），页 83－96；Striker（1991），页 14－24；J. Annas, *The Morality of Happiness*（Oxford, 1993）。

② 参见 M. Frede, "Stoics and Sceptics on Clear and Distinct Impressions", 载 M. F. Burnyeat 编, *The Skeptical Tradition*（Berkeley, 1983），页 65－93。

顺序,①那么我们的论述就将以如下方式进行。首先,笔者将论证芝诺这部著作的目标在于说明合乎自然法的生活方式,并论证这能够解释他的圣贤政治体独有的某些社会和制度特点。其次,在第2节中笔者将努力显明,芝诺的目标在于阐述他的最优政制,即"一位哲人心中规制良好的政制的梦想(dream)或图景(image)"(普鲁塔克,《论亚历山大大帝的机运或德性》329a-b),极为相合的是,柏拉图在其《王制》中的目标是构建他的"言辞城邦"。接着,笔者将表明芝诺的自然法理论尝试改进柏拉图《王制》中的自然正义教诲(第3节)。最后,在第4节中笔者将论证,对于芝诺最优政制中的制度安排,最好将其解释为是在有意回应柏拉图的哲人王(philosopher-kings)统治的悖论。

1 芝诺圣贤政治体中的自然法

对我们阐释芝诺《政制》最好的指导,来自普鲁塔克的一个著名段落,其中的语言浸透着对柏拉图的影射——笔者将努力显明,这些影射反映出芝诺尝试改进柏拉图在《王制》和《法义》中关于自然正义的教诲,以使其更加精确一致:

> ……芝诺备受尊崇的《政制》一书旨在论述这样一个要点,我们不应该居住在诸城邦或民族(peoples)中,②这些城邦或民族以各自的正义原则而彼此划定界线,相反,我们应把所有人都视为我们的民众同胞和公民同胞,只应存在一种生活方

① 我们唯一的线索是由卡希俄斯(Cassius)提供的,他说芝诺以谴责传统教育开篇(《名哲言行录》7.32)。卡希俄斯的具体论著(laudationes)以精确的行引用(line references)来援引芝诺的学说,但没有理由假设他总结了芝诺本人的论证思路。

② 关于这里的译文及其对勘的廊下派文本,参见 Schofield(1991),页104注1。

> 式和一种秩序，就像牧群（herd）同牧一处，①受共同法②培育。③ 芝诺写到这儿，仿佛是在勾画一位哲人那规制良好的政制的梦想或图景。④（《论亚历山大大帝的机运或德性》329a－b＝《早期廊下派辑语》1.262）

Schofield（1991，页 109）宣称："处理早期廊下派有关智者彼此关系的教诲的文本相对较少，但我们不能就此主张他们过着单一的生活方式"。但他是在忽视克勒昂忒斯的阐述：恶人由于无视"一个永恒的 logos［逻各斯］"，而被剥夺他们所欲的一切好东西；他们无法看到神的 koinos nomos［共同法］，"通过遵从它，他们原本可以运用 nous［理智］过上一种好生活［*βίον ἐσθλόν*］"（《早期廊下派辑语》1.537.21－25）。我们难以想象还有其他例子更接近芝诺如下观点：他宣称，从根据 koinos nomos［共同法］而生活可以推出一种生活方式。进一步，克律希珀斯恢弘的四卷本著作《论诸种生活》（*On Lives*，我们拥有 von Arnim 在《早期廊下派辑语》3.194 中列出的十条辑语）明显考虑了那样一些人，他们可以选择对一个人来说是单一而最好的生活方式。

Schofield（1991），页 109："在代表早期廊下派观点的文本中，笔者未能发现继普鲁塔克之后在社会秩序的意义上使用 kosmos 一词的例子。这个词似乎专门用在物理宇宙上，即便其所指的宇宙有时被视为一个宇宙城邦或社会。"根据下文将提出的阐释，普鲁塔克引文中的*κόσμος*是指 megalopolis［巨型城邦］，既应当解释成物理宇宙，也应当解释成一种社会秩序。关于 kosmos 的这后一种含义，参见克勒昂忒斯的《宙斯颂》（*Hymn*，《早期廊下派辑语》1.537.19）：宙斯有权力"使无序的事物变得有序"（*κοσμεῖν τἀκόσμα*；参照第 28 行中

---

① *συννόμος*［同牧一处的］，《法义》666e；参照*συννομή*［共同放牧的］，《治邦者》268，以及普鲁塔克，《驳廊下派的一般观念》1065f（讨论见下）。

② 雅典异乡人批判克里特的政制让年轻人"像牧群中吃草的小马"（《法义》666e；亦参《米诺斯》317d－318a），此时他简直是在"放牧"之意上把玩 nomos 一词。因此，芝诺挪用牧群喻作为他所谓"一种生活方式和一种秩序"的特征，可能是在回击柏拉图对该类比所作的批判。

③ *συντρέφεται*［共同培育］，《法义》752c；《治邦者》268ac 和 276d 中的*τροφή*［培育（阴性）］与*τροφός*［培育（阳性）］呼应了该词。

④ 这里改写了柏拉图的语言，参见下文第 2 节。

kosmos 带有的道德含义）。接着的诗行（"你已把一切好东西与邪恶汇聚成一"）毫不含糊地暗示出，普鲁塔克引文中的 kosmos 具有社会秩序的含义，尽管克勒昂忒斯也可能意在引出宇宙秩序。

Schofield（1991，页 107－108）把这个比喻称作普鲁塔克记述中"最成问题的部分"，但它可以在各种后来的廊下派文本中得到证实（尤其是希耶罗克勒斯[Hierocles]，卷十一 14，*συναγελαστικὸν ζῷον*[合群的动物]，和西塞罗，《论至善与极恶》3.62－63，以及 S. G. Pembroke 的讨论，"Oikeiōsis"，载 A. A. Long 编，*Problems in Stoicism*[London，1971]，页 125－127，以及页 144－145 上的注 61－63；普鲁塔克，《驳廊下派的一般观念》1065f，其中提到了宇宙城邦；克雷芒《杂缀集》2.420 =《早期廊下派辑语》3.332，其中政制被定义为一种 *τροφὴ ἀνθρώπων καλὴ κατὰ κοινωνίαν*[为了共同生活而对人们进行的高贵的培育]，制定法律被定义为一种照料人群[*ἀνθρώπων ἀγελής*]的科学[science]）。在芝诺正在著述批判的柏拉图的那些表述（尤其是《米诺斯》[*Minos*]318a，321c；《治邦者》265b－268d，274b－276d；参照色诺芬，《居鲁士的教育》[*Cyr.*]1.1.2；J. B. Skemp，*Plato's Statesman*[London，1952]，页 52－66）中，这个比喻非常重要，由此我们似乎完全有理由相信芝诺曾采用过它。

koinos 在这里并非指对所有人来说是共同的，而是指对那些完全彰显出人之天性的人来说是共同的。因此克律希珀斯在其《论目的》中（《名哲言行录》7.87），将 koinos nomos[共同法]等同于正当理性，后者在其理论中只为圣贤所有。克勒昂忒斯在其《宙斯颂》中叙述道，邪恶之人不会服从 koinos nomos[共同法]（《早期廊下派辑语》1.537.24）。所以，koinos 应当被理解成"一般的"（general）或"基本的"（basic），而非"普遍共享的"（universally shared）。这便是它在早期廊下派知识论语境中的含义，论证见 D. Obbink，"What All Believe—Must Be True：Common Conceptions and consensio omnium in Aristotle and Hellenistic Philosophy"，*Oxford Studies in Ancient Philosophy* 10（1992），页 193－231，他表明，关于*κοιναὶ ἔννοιαι*[一般观念]的学说原本与一致论证（*consensus* argument）毫无关系，尽管学述中经常混同二者。但芝诺这里以"共同的"作为法律的特征，这也可能符合柏拉图《法义》875a 中的说法，真正的政治技艺必须照料共同的而非私人的利益。下文第 4 节将处理芝诺如何思考这一说法所可能蕴含的意思。

只应存在一种生活方式和一种秩序，像是受共同法（nomos

koinos)培育,芝诺的这一戒令明显暗指廊下派的理论,即人的telos[目的]是与自然合理一致地生活。[①] 既然可以证明芝诺将koinos nomos[共同法]或orthos logos[正当理性]等同于人们根据自然而生活时需服从的准则或标准,[②]那么我们可以有把握地假设,在适才引用的普鲁塔克段落中,芝诺倡导的"一种生活方式和一种秩序"合乎早期廊下派自然法理论所理解的自然法。[③]

让我们以一个有关最优政制的公民团体(citizen body)的难题,来开始我们对这段话的疏释。普鲁塔克说我们应把"所有人"都视为我们的公民同胞,因此在那些认为芝诺倡导一种普遍的世界国家(world - state)的人所持的材料中,这个文本已然成了关键的文献。[④] 然而,很难将普鲁塔克的这一观点与其他某些证据相调和,因为那些证据明显认为,这种政制的公民权仅限廊下派圣贤持有。芝诺说,只有*σπουδαῖοι*[道德上良善的人]才是公民(《名哲言行录》7.32 - 33;参照7.121 - 122),且应在圣贤中间实行共妻制(《名哲言行录》7.33,131),对此我们也很难给出解释,假如他的政制不承

---

① Schofield(1991,页104 - 111)企图怀疑这段文本的可靠性,但他不比之前的学者们更成功,而后者已受到Baldry(1959,页12 - 13)和Erskine(1990,页18 - 22)的驳斥。对此参阅前面注释中的论证。

② 参见西塞罗,《论神性》1.36。

③ 在笔者看来,芝诺、克勒昂忒斯以及克律希珀斯都共享一种内在一致而相辅相成的自然法学说,以至于在没有相反证据的情况下,本着应有的谨慎,我们可以利用克律希珀斯和克勒昂忒斯来帮助我们阐释《政制》一书。笔者在那本即将付梓的书中提供了能够支持这项假设的证据。

④ 塔恩(W. W. Tarn)便如此看待芝诺,参见"Alexander, Cynics, and Stoics", *American Journal of Philology* 60(1939),页41 - 70;*Alexander the Great*(Cambridge,1940)。不得不同意的反对意见,参见Fisch(1937),页59 - 82、129 - 151;E. Badian,"Alexander the Great and the Unity of Mankind", *Historia* 7(1958),页425 - 444。

认任何社会阶级区分的话。如果德性是亲属关系、朋友关系以及公民关系仅有的标尺(《名哲言行录》7.122－124),如果圣贤在其所做的一切事情上正当行动,而所有非圣贤之流则在一切事情上犯错(狄都谟斯的论述,载司托拜俄斯《读本》113.18－23 =《早期廊下派辑语》3.529),那么很明显,唯有圣贤才能生活在一个受共同法治理的共同体中。

类似的推理应用在圣贤对善恶卓绝的知识上,这种知识使得唯有他才适合去统治——克律希珀斯在维护芝诺以术语"国王"来指称有独立行动之自由和能力的圣贤时,曾这样写道。关于《名哲言行录》7.121－122 对各种统治形式的分类,参见 Erskine(1990),页 9－42。如果笔者的提议正确,即芝诺政治体描述的是 megalopolis[巨型城邦]的生活方式,其中只允许诸神和圣贤成为该城邦的成员,那么,我们就有了另一项理由来假定他认为自己政治体的公民权仅限圣贤持有。

进一步,如果芝诺同意克律希珀斯,主张自然法规定了只有圣贤才能做出的德性行动或 katorthōmata[正当行动],那么他完全有理由得出,人类中的绝大部分都不能根据 koinos nomos[共同法]来生活。

尽管我们没有明确的证据来解释芝诺如何构想自然法各项规定的道德内容,但如果我们认为他同意克律希珀斯的那个观点,那么他提出圣贤政治体时的动机将会显露得更加明显。芝诺主张圣贤在其所做的一切事情上正当行事,而其他所有人都是在犯错(狄都谟斯的论述,载司托拜俄斯《读本》113.18－23 =《早期廊下派辑语》3.529):所以,他不可能曾主张非圣贤之流能够分有 koinos nomos[共同法]。

恰如最优政制的公民权只覆盖圣贤,根据 koinos nomos[共同法]而生活的能力亦如此。

在阐述 saeculum aureum[黄金时代]的圣贤统治时(塞涅卡《致鲁基里乌斯的道德书简》[*Ep.*]90 = 珀赛多尼俄斯[Posidonius]辑语 284 Edelstein and Kidd;参照 I. G. Kidd, *Commentary*[Cambridge,1988],第二卷,页 960－971),珀赛多尼俄斯貌似饶有趣味地以芝诺观念来解释法律的系谱:最早的人类及其尚未败坏的后来者服从一个人(sapiens[圣贤]),拜他为领袖和法律(《致鲁基里乌斯的道德书简》90.4);仅当出现邪恶,以及随之而来的僭政时,才需要实定法,起初该法亦由 sapientes[圣贤]制定。

基于这些考虑,普鲁塔克的"所有人"最好理解成是指那些能够根据共同法来生活的人,也就是所有智慧的人。

这里遵循了莫瑞(O. Murry)的提议,参见 *Classical Review* 80(1966),页368。参照 Baldry(1959),页6-7;Rist(1978),页64-65;Erskine(1990),页20(他表明珀律比俄斯[Polybius]《罗马兴志》6.56.10 可能指向芝诺的《政制》);Moles(1983,页103-123)相反的论证在笔者看来似乎并没有说服力。须注意,普鲁塔克在《论亚历山大大帝的机运或德性》329c 处将"所有人"等同于道德上良善的人。近来有学者提出,"在将'公民权'仅限智者们持有时(《名哲言行录》7.33),芝诺简直是在表明只有他们才会实施积极的治理;其他许多人作为'次等人'而不被允许承担政治职务,但他们仍是社会的成员"(S. A. White, *Journal of the History of Philosophy* 30[1992],页295)。不过,没有证据表明芝诺允许其最优政制区分阶级,相反,他倡导的"一种生活方式和一种秩序"实际上取消了任何统治阶级。

这种阐释还有一个好处,它能够轻易解释芝诺在古代招来充满敌意的批判的那些学说。关于《政制》引发的争论,我们的大部分证据来自公元前1世纪,当时斐洛德谟斯在其《论廊下派》中着手驳斥廊下派,因为后者企图解释或辩解芝诺对诸多犬儒学说的明显支持。① 但这些争论或许可以追溯到廊下派早期,因为克律希珀斯似乎在其《论政制》(*On Republic*)中着手为那些犬儒学说展开全面辩护。

比如,他的《论政制》辩护了共妻制(《名哲言行录》7.121)和乱伦(《名哲言行录》7.188);他对食人的辩护也能够被充分证实(《早期廊下派辑语》3.747-752)。他赞美犬儒第欧根尼,因为后者当众手淫,并对旁观者说,"但愿我能用这种方式来把饥饿从我的胃中赶出去"(普鲁塔克《论廊下派的自相矛盾》1044b=《早期廊下派辑语》3.706)。他还引用第欧根尼的武器无用论(载

---

① Schofield(1991,页20-21)推测,怀疑论者卡希俄斯在这一时期汇编了自己对芝诺的各种反对意见。

斐洛德谟斯,《论廊下派》卷十五 31 至卷十六 4)。

芝诺的批判者们貌似将他对圣贤政治体提出的诸项建议拿来用在常人的情况中。例如,根据我们拥有的关于《政制》最广泛的记述,即《名哲言行录》7.32－34 保存的怀疑论者卡希俄斯对芝诺的谴责,其中提供了以下信息:(1)芝诺因教育课程(engkyklion paideian)是无用的而加以拒绝,①并以此作为《政制》的开篇;(2)他宣布所有那些并非是道德上良善的(spoudaioi)人——甚至包括家人——都是仇人、敌人、奴隶和异邦人;②(3)他只把道德上良善的人看作公民、朋友、亲人和自由人;③(4)他倡导共妻制(这是在圣贤中间:《名哲言行录》7.131);④(5)他禁止修建神庙、法庭和体育场;⑤(6)他取消了货币;⑥最后,(7)他命令男女穿同样的衣服,全身上下彻底不要遮掩(《名哲言行录》7.32－34)。

参照斐洛德谟斯,《论廊下派》卷十九 12－14。这些关于服饰的条规反映

---

① 这一观点在犬儒那里的原型,参见《名哲言行录》6.73,103－104,以及 Mansfeld(1986),页 328－351。克律希珀斯貌似在这点上没有追随芝诺(《名哲言行录》7.129＝《早期廊下派辑语》3.738;参照狄都谟斯的论述,载司托拜俄斯《读本》67.5－12＝《早期廊下派辑语》3.294),但请参见下文的论述。

② 这个观点在犬儒那里的一个很好的先例即,安提司忒涅斯宣称只有 the spoudaioi[道德上良善的人]才是朋友(《名哲言行录》6.12,引自狄俄克勒斯[Diocles])。

③ 参见《名哲言行录》6.12。

④ 犬儒第欧根尼倡导妇女共有(《名哲言行录》6.72),这也是克律希珀斯赞同的观点(7.131)。下文将讨论它在柏拉图那里的原型。

⑤ 正如 Dyroff(1897,页 210)指出的,这貌似是一个反柏拉图的规定,因为柏拉图在《法义》中特别规定了神庙(758a,771a,778b－c)、法庭(766d,778d)和体育场(778)。

⑥ 这也是特别针对《法义》(742a－b;参照《王制》371b,417a－b),但也可能在犬儒那里有原型,即犬儒第欧根尼"造赝币"的戒令(《名哲言行录》6.20－21,71)。关于这项戒令,现可参《苏格拉底与苏格拉底学派遗稿》,第四卷,页 423－433。

了犬儒的实践(例如克拉特斯之妻希帕基娅[Hipparchia]的情况:《名哲言行录》6.97)以及柏拉图的《王制》(452a-b,457a-b),讨论均见下文第4节。

Schofield(1991,页3-21)近来论证(遵循了C. Wachsmuth,"Stichometrisches und Bibliothekarisches",*Rheinisches Museum für Philologie* 34[1879],页39-42;Mansfeld[1986],页344-346),《名哲言行录》7.32-34,以及在7.187-189处对克律希珀斯的批判,都出自卡希俄斯这个共同的源头;并且,他在尝试辩护7.34的抄本中的ἀντιτεθῆναι(被对立起来),而非理查德修正后的ἀνατεθῆναι(被放回原处)时,提供了一个关于卡希俄斯的计划的详细假说。

笔者的保留意见如下:(1)没有证据表明斯科菲尔德为重构一种皮浪主义对立(Pyrrhonist antithesis)而依托的文本,即恩披里柯《皮浪主义述要》(*Outlines of Pyrrhonism*)3.245-248=《驳学问家》11.189-194,是源于卡希俄斯;(2)斯科菲尔德尝试找出对立冲突性时所凭的那六个论题,其中他发现有两个论题之下没有对立冲突性,而笔者发现另外四个论题之下也未必有(例如,芝诺在圣贤政治体中取消货币,不一定与克律希珀斯探究通常的共同体中的诸种赚钱途径冲突)——亦参B. Inwood,*Bryn Mawr Classical Review* 3.2(1992),页208-213;(3)在阿忒诺多若斯删除廊下派所批判的那些段落的语境中,所提出的那种修正比抄本中的读法更好地解释了段落7.34;(4)没有迹象显示7.32-34或7.187-189中存在对立性,所以我们应该假定,拉尔修(或其资料来源)将芝诺的诸学说与它们所处的对立性语境分离开了——不过,拉尔修兜售这一信息时的真正目的在于传达出芝诺的批判者们的言论。因此,斯科菲尔德的假说,即拉尔修是把7.32-34处的记述建立在皮浪主义对立之上的,在笔者看来似乎是不可信的和缺乏证明的。

这一冗长的批判并不奇怪,假如芝诺诸项建议被拿来应用于常人生活的话。但一旦我们承认这些建议与圣贤共同体颇为相干,它就容易得到回应。至于(1),圣贤当然发现传统教育课程是无用的,因为它所促进的目的实际上并不合乎自然,而是合乎通常的政治共同体的约定。①

---

① 芝诺的这一学说会与克律希珀斯赞同engkyklion mathēmata[数学课程](《名哲言行录》7.129=《早期廊下派辑语》3.738)一致,如果我们把后者的叙述看作是指向道德进步者的话。

至于(2)和(3),有一个著名的廊下派学说:只有圣贤才是真正自由的,其他所有人(φαῦλοι[道德败坏的人])都不具备独立行动(αὐτοπραγία)的能力,因而是奴隶;圣贤是唯一真正的国王,因为唯有他们才拥有"善恶的知识"(《名哲言行录》7.121-122);唯有他们才是朋友,从而共有一切,因为他们彼此相像(《名哲言行录》7.124)。其余几条建议(4-7)例示了芝诺尝试取消城邦生活所有纯粹约定的特点,正如他的戒令所要求的,我们要根据自然法而生活,不要被通常共同体的约定所划分。在所有这些建议中,正是正当理性授予圣贤以芝诺最优政制中的公民权,因为这种理性能使圣贤臻达人的自然目的,与自然合理一致地生活。

卡希俄斯的记述显明,芝诺智者政治体中的"一种生活方式和一种秩序"预设着取消通常的政治生活所依赖的约定性区分。那么芝诺提出了什么来取代这些区分?其政治体的一个惊人的、显然是悖论的特征在于,它貌似不承认实定法构成的任何典章,不承认任何统治者,也不承认任何阶级区分。芝诺政治体中唯一有效力的法律,是与自然合理一致地行动,或者说根据共同法(koinos nomos)来行动。共同法为人们所共享,因为他们在自然上有能力根据正当理性和神圣天意来行动。这项唯一的法律预设着取消实际中的希腊城邦的法律和习俗,却又似乎不必用什么东西来代替它们。为何一个根据自然法治理的政制不承认实定法规构成的任何典章?

本文一开始勾勒的早期廊下派自然法理论独有的特点,有助于解除这一明显的悖论。如果芝诺对koinos nomos[共同法]的理解一致于克勒昂忒斯(《早期廊下派辑语》1.537.24)和克律希珀斯(《名哲言行录》7.87-88;《早期廊下派辑语》3.314,520)的理解——我们没有理由怀疑他们的学说在这点上的一致性——那么,就想要根据芝诺的"一种生活方式和一种秩序"来生活的人而言,那培育着他们的nomos[法律]即等同于圣贤的正当理性,该理性使圣贤能够与自然合理一致地、永远可靠地行动。这一法律有三个于此尤为相关的特点:(1)它由圣贤的理性意向所构成,而不是一部由条规或法规构成的典章;(2)它规定了 katorthōmata[正当行动],这些行动在道德上的正确性由它们在实施时所凭据的意向来确保;(3)它的规定足以保证施行者臻达自己的自然目的,亦即"一致地生活"或"与自然一致地生活"。①

廊下派自然法的这些特点合在一起,就能够解释芝诺的圣贤共同体为何不承认实定法规构成的任何典章。在第一个特点形成的框架中,也就是在一种意向性模式而非条规—服从模式的自然法中,实定法毫无地位可言。② 第二个特点保证了廊下派理论无需实定的法典,也无需法官来应用和解释实定的法典,该法官以公道(equity)的名义矫正法律的一般性,从而确保特别情势下道德上的正确或者正义。

这不同于诸如柏拉图和亚里士多德的教诲,他们坚称智慧的治邦者为了公道起见有必要矫正法律的一般性。只是在廊下派后来的某个时期,法律开始被放在与次等政制的关系中处理,此时公道才成为廊下派关于正义的讨论的特色:参见 Erskine(1990),页 152 – 153。

廊下派自然法的各项规定,即 katorthōmata[正当行动],代表着圣贤将他的理性意向应用于特别情势中的道德要求上:这类行动是就施行时所处情势而言为合理的行动,并且由道德动机总是正确的施行者所施行。因此,在详述德性行动的内涵而非外延的特点时,廊下派理论无需去消除某种隔阂,例如在柏拉图或亚里士多德对廊

---

① 像近来大部分评论者,笔者认为,这两个据证明是芝诺的关于目的的表述(狄都谟斯的论述,载司托拜俄斯,《读本》75.11 – 76.8,77.16 – 27;《名哲言行录》7.87),以及他的后继者们的诸种表述,都尝试以各种内在一致的、相辅相成的方式表达同一个学说。

② 相反的情况,例如实定法或人法(human law)在阿奎那自然法理论中的位置(《神学大全》第二集第一部第 94 题)。

下派构成竞争的自然正当理论中,法律的一般性和道德行动偶然的特殊性之间就存有隔阂。最后,于第三个特点而言,自然法足以成就幸福,这证实了实定法典章在廊下派自然法理论中的缺位并非巧合:如果自然法在达成人的自然目的方面提供了全面的指导,则那种实定法就不可能发挥任何建设性的作用。

芝诺最优政制这些罕见的特点直接源自那种自然法概念。既然其中的公民都是圣贤,那就无需引入社会阶级和统治者,无需司法制度来巩固正确的行为。也无需通过各种规章(regulations)来处理财产问题,因为,圣贤们独一无二的德性以及他们彼此的相似性,使得他们的友爱成为可能,而友爱能让他们共有一切,从而排除了造成内部纠纷的原因,正是这些原因划分出各个通常的政治共同体。

《名哲言行录》7.124。这段文本并没有特别引用《政制》,但它貌似一致于阿忒纳欧斯(Athenaeus)的记述(《欢宴上的智者》561c =《早期廊下派辑语》1.263),该记述称爱若斯(Eros)是一位神,能够带来友爱、自由与和谐(ὁμόνοια);无论如何,拉尔修的段落记述了一项主题,亦即友爱与圣贤中间的财产共有制的关系,这点当然出现在芝诺的那本书中(应认为芝诺是在显明他的政治体如何能够满足雅典异乡人为最优政制定下的各项条件:参见下文第4节)。

无论如何,仅凭知识就能使财产权正当化(《名哲言行录》7.125),以至于约定的规章被证明不仅多余,还违背自然。公民们的自然法知识保证了他们在所有特别情势下根据自然来合理地、一致地、和睦地、永远可靠地行动,而无需任何外部限制或指引,也不被各种不同的正义原则所划分,正是这些正义原则划分出各个通常的政治共同体。

阿忒纳欧斯的记述(《欢宴上的智者》561c =《早期廊下派辑语》1.263)证实 homonoia[和谐]是芝诺政制的根本特点,后来的廊下派将它定义成“关于共同善(common goods)的知识”(参见狄都谟斯的论述,载司托拜俄斯,《读本》93.19 – 94.6,106.12 – 17,108.15 – 18)。克律希珀斯写过《论和谐》(*On Concord*),其中他为芝诺对“自由的”和“奴隶”的用法作了辩护(参见阿忒纳欧斯,《欢宴上的智者》267b;《名哲言行录》7.121);这两个术语是芝诺《政制》的特色，克律希珀斯可能在这本书中着手解释道德自由与 homonoia[和谐]的关系。关于芝诺的 homonoia[和谐]在柏拉图那里的先例，例参《王制》431d－432a。

既然他们把自己的所有公民同胞都视为圣贤，那么他们就无需毫无自然法基础的、纯粹约定的、从而是武断的区分，诸如基于出身、公民权或私有财产的地位差别。在一个所有公民于所有情势下都永远可靠地选择正确的行为方式的共同体中，实定法典不起作用——它的一般性无论如何都需要特殊情势下有正当理由的例外性作为补充。①

2 芝诺最优政制的意旨

我们业已看到，自然法理论能够解释芝诺最优政制在社会和制度层面上的某些罕见的特点，现在就让我们考虑该理论如何尝试改进柏拉图《王制》中的教诲。

我们的第一个问题是：芝诺在阐述那个公民权仅限圣贤持有的政制中的生活方式时，他的意图是什么？我们完全不清楚，这项阐述与通常的政治生活被设想成什么关系。既然芝诺的政制不让人类中的绝大部分享有公民权，既然自然法不能被编成道德条规或实定法规的典章来指导非圣贤之流，那么，芝诺描述的生活方式就不能复制到其他地方，不能复制到任何不完全由圣贤组成的公民团体中。并且，如果圣贤事实上如埃塞俄比亚人的凤凰般稀罕，已知只有一两个例子，②那么芝诺的政治体就不可能是真正实现过的政

① 所以，圣贤甚至会违犯最广为认可的道德禁令（例如食人的禁令），以便与自然合理一致地行动（《名哲言行录》7.125；普鲁塔克，《论廊下派的自相矛盾》1038a）：参见下文第 4 节。

② 亚历山大《论命运》199.14－22＝《早期廊下派辑语》3.658。参照普鲁塔克，《论廊下派的自相矛盾》1048e，《驳廊下派的一般观念》1076b－c；恩披里柯，《驳学问家》7.432－435；第欧根尼阿诺斯（Diogenian）的论述，载尤塞比乌斯《福音的预备》6.264b＝《早期廊下派辑语》3.668；西塞罗，《论神性》3.79。

治体。

笔者要表明,如果我们从它所回应的柏拉图最优的"言辞城邦"来考虑它,就会产生对芝诺意图的一种可信的阐释。在构建哲人王统治的政制时,苏格拉底公开的目标在于提供一个"建在天上的典范(pattern)"(《王制》592a–b;参照472c–e,《法义》702a–b,西塞罗,《论共和国》2.52),借此一个人可以在自己的灵魂中找到这样的政制。

近来,伯恩伊特(M. F. Burnyeat)论证了柏拉图将其"最优的言辞城邦"呈现为一种可实践的政制教义:参见"The Practicability of Plato's Ideally Just City",载K. Boudouris编,*On Justice*(Athens,1989),页94–105;但除了其他许多因素外,雅典异乡人发展的"次优"政制就直接质疑了第一种政制的可实践性,其中预设着雅典异乡人反复指出的那种极端共产主义违背人的天性(参照《法义》739c,740a,773b)。此外,伯恩伊特没有考虑《王制》中的证据(例如592a–b),这些证据表明第一种政制的实际实现并不是苏格拉底所关心的。

这个政制例证了合乎自然正义的生活方式,但它是作为灵魂正义的一个典范——而不是作为在缺乏"神圣机运"的条件下能够实现的政制方案(592a;参照499b–c,501e–502b;《法义》711d–712a)。① 芝诺智者政治体的情形也与此类似:芝诺以"梦想或图景"来表征他的政治体,因为该政治体意在澄清那些为确保实现一种合乎自然法的生活方式而不得不去达成的条件,而不管它们是否可能或是否可行。② 笔者将以此表明,芝诺《政制》中描

---

① 对《王制》的这种阐释,例参L. Strauss,*The City and Man*(Chicago,1964),页50–138,尤其是页121–128;D. Clay,"Reading the Republic",载C. Griswold编,*Platonic Writings/Platonic Reading*(London,1988),页19–33、269–272;关于亚里士多德对这种解读的支持:P. A. Vander Waerdt,"Kingship and Philosophy in Aristotle's Best Regime",*Phronesis* 30(1985),页249–273。

② 普鲁塔克《论亚历山大大帝的机运或德性》329b反映了芝诺本人的语言,这不仅是由于后者在批判柏拉图时有大量可供对勘的表述,还由于斐洛德谟斯的表述*ἀδυνατοὺς ὑποθέσεις*[一些不可能的假说](《论廊下派》卷十二9)。

述的政治体不是其他，而是一个 megalopolis[巨型城邦]——这个由诸神和圣贤组成的、以理性为基础的共同体例证了合乎自然法的生活方式。

易言之，笔者的目标是，从各个时期的廊下派所接受的关于人类所出生的两种共同体的区分，来思考芝诺的政治体，这两种共同体分别是自然的和约定的。

自然的共同体由诸神和人类组成，后者由于其理性而分享了这一共同体。关于这个廊下派学说，除克律希珀斯《论自然》第三卷外，巴比伦人第欧根尼(Diogenes of Babylon)的文本也有援引，载《早期廊下派辑语》3.117(页241－242)；亦参狄都谟斯的论述，载尤塞比乌斯《福音的预备》15.15.3－5(=《早期廊下派辑语》2.528)和司托拜俄斯《读本》2.103.11－23，引自克勒昂忒斯；塞涅卡，《论闲暇》(*De otio*)4.1；西塞罗，《论神性》2.78－79，153－155；普鲁塔克，《驳廊下派的一般观念》1065f；金嘴狄翁，《讲辞》(Dio Chrys. *Or.*)36.20－25；奥勒留，《沉思录》(*Med.*：例如8.2)。这些后来的文本中有一些认为 megalopolis[巨型城邦]里成员身份的标尺是人的理性，而不是圣贤的完美理性，但《论自然》第三卷显示克律希珀斯利用的是后一种理性。

正如塞涅卡所言，

> 一种是巨大并真正共同的，涵盖诸神和人类，我们不能只顾及这一隅抑或那一隅，而要凭太阳运行的轨迹来衡量我们城邦的界线；①另一种是我们偶然降生于其中的。

塞涅卡，《论闲暇》4.1.1。塞涅卡接着说，为第一种共同体的服务，其特征在于，探究德性是什么、它是一还是多、我们的世界是不是独一无二的诸如此类的问题。[译按]译文参考塞涅卡，《哲学的治疗——塞涅卡伦理文选之二》，吴欲波译，包利民校，北京：中国社会科学出版社，2007，页70。

---

① 这个表述符合芝诺的戒令，即我们要把所有人都视为我们的公民同胞。

尽管我们所拥有的关于廊下派区分人之两种共同体的原始文献主要是后来的学述性文献，但有充分的理由假定这项区分可以追溯到芝诺那里。因为，克律希珀斯在《论自然》第三卷中论证了“智者的宇宙是一（one），它的公民权由诸神与人类一同持有”，[①]克勒昂忒斯在《宙斯颂》中对 koinos nomos［共同法］的赞美（载司托拜俄斯《读本》1.1.12 =《早期廊下派辑语》1.537）也预设了人通过理性与诸神分有一个共同体。克律希珀斯和克勒昂忒斯这两种可对勘的处理导致了这样一个“无法拒绝的推测”，两位作者“试图发展芝诺对那些论题的原初解释”。[②] 阿里斯托克勒斯（Aristocles）在阐述芝诺宇宙论（载尤塞比乌斯《福音的预备》15.816d =《早期廊下派辑语》1.98）时，把使宇宙变得有序的命运的原因纽带，比拟为一种秩序良好的政治制度，从而为支持上述推测提供了独立的证据。

如果我们现在从人的两种共同体的区分来考虑芝诺在《政制》中的事业，那么，他所倡导的“一种生活方式和一种秩序”，看起来就与 megalopolis［巨型城邦］明显吻合。这种由诸神和人类组成的自然共同体是这样一种政制：它不知道边界为何，其中的公民权通过对自然之天意规划的理性分有来决定。狄都谟斯的一份学述性文本表明自然法和宇宙城邦之间的关联非常直接：

> 世界就像是一个由诸神与人类组成的城邦，其中诸神作为统治者，而人类作为其臣民。他们是一个共同体的成员，因为他们分有理性，这种理性即自然法；而且其他一切事物都是为

---

① 克律希珀斯《论自然》第三卷，载斐洛德谟斯，《论虔敬》（*De pietate*）卷七 21 – 27（文本见 A. Henrichs，“Die Kritik der stoischen Theologie im *P. Herc.* 1428”，*Cronache ercolanesi* 4［1974］，页 18）。

② 因此，Schofield（1991，页 81）没有认识到，芝诺本人发展出了宇宙城邦学说这一观点会破坏他的主张，即事实上是克律希珀斯首先将自然法理论嫁接到宇宙城邦学说上的。

他们创造的。(载尤塞比乌斯《福音的预备》15.15.3－5=《早期廊下派辑语》2.528)

狄都谟斯在这段话中没有提到芝诺的《政制》,但各种因素合起来显明,这部书应当借助这里记述的学说来解读。

西塞罗给出了一项论证:诸神和人类一同分享理性,从这一前提推出结论,他们一同分享正当理性,从而一同分享法律(《论神性》2.78－79,153－155;《论法律》1.23;参照普鲁塔克,《驳廊下派的一般观念》1065f)。关于 megalopolis[巨型城邦],亦参斐洛《论约瑟夫斯》=《早期廊下派辑语》3.323,其中以运用一种政制和法律来作为它的特征——这进一步证明宇宙城邦是由自然法统一起来的共同体。

首先,廊下派的一个立场是:确切地讲唯有宇宙才是一个城邦,地上的那些尽管被称作城邦,事实上并不是城邦。

尤参克雷芒《杂缀集》4.26=《早期廊下派辑语》3.327,以及斐洛德谟斯,《论廊下派》卷二十4－6,他说,犬儒派和廊下派主张"我们不该去考虑任何一个我们所知的城邦或法律"。这可能在犬儒那里有一个先例,即第欧根尼的立场,宇宙的政制乃是唯一正确的政制(《名哲言行录》6.72;参照《苏格拉底与苏格拉底学派遗稿》,第四卷,页537－550[注50],与犬儒世界主义[comopolitanism]相关的文学作品,援引见页545,注20;Schofield[1991,页143－145]无效地反驳说,《名哲言行录》6.72关于第欧根尼的信息不可信赖)。

克勒昂忒斯、克律希珀斯以及巴比伦人第欧根尼均坚持认为,只有道德上良善的人才能由自然法统一起来结成一个真正的城邦。① 第欧根尼直接叙述道,诸神和圣贤能够组成共同体,相反,

① 参照狄都谟斯的论述,载司托拜俄斯,《读本》103.11－23,引自克勒昂忒斯;克雷芒《杂缀集》4.26=《早期廊下派辑语》3.327;狄翁,《讲辞》36.20－25;第欧根尼阿诺斯的论述,载尤塞比乌斯《福音的预备》6.264b=《早期廊下派辑语》3.324;《名哲言行录》7.122;巴比伦人第欧根尼的论述,载《早期廊下派辑语》3.117,页241－242(参见下一个注释)。

"ἀφρόνες[非智者之流]中间没有 *nomos*[法律]或 *polis*[城邦]"。①早期廊下派对现存政治共同体的极端贬抑,似乎排除了这样的可能性:芝诺的最优政制属于在自然中没有地位的第二种共同体。② 普鲁塔克在《论亚历山大大帝的机运或德性》329a－b 中使用的牧群类比,提供给我们某种理由,可以认为这种政制特别描绘了 megalopolis[巨型城邦],因为这项类比可与他对宇宙城邦的描绘(《驳廊下派的一般观念》1065f)对勘:他说,宙斯在塑造宇宙时,把它"当作一个诸神和人类共同的城(town),他们靠着正义和德性,和睦地、极乐地同牧一处(συννομησομένον)"。这段文本很可能是在引用芝诺的《政制》,虽然尚未得到认识,但其中的语言和思想完全一致于《论亚历山大大帝的机运或德性》329a－b 中的记述,尽管并非等同。

因此,ἄστυ κοινόν[共同的城]接续了εἷς κόσμος[一种秩序](asty[城]尽管不常见,但并没有使我们理由来质疑这段文本的可信度:廊下派使用各种术语来指称宇宙城邦,并经常用ὡσανεί或 quasi[as it were,"如同"]来限定他们的描述,例参狄都谟斯的论述,载尤塞比乌斯,《福音的预备》15.817.6;奥勒留,《沉思录》4.3.2,4.4;西塞罗,《论至善与极恶》3.64;《论神性》2.78,154);θεῶν καὶ ἀνθρώπων[诸神和人类]详述了 329a－b 中提及的牧群的成员;μετὰ δικῆς καὶ ἀρετῆς[靠着正义和德性]表达了 νόμῳ κοινῷ[受共同法];ὁμολογαομένως[和睦地]接续了不要过相互区分的生活这一否定性戒令,当然也是芝诺关于目的的定义中的特色(狄都谟斯的论述,载司托拜俄斯,《读本》75.11－76.8,77.16－27;《名哲言行录》7.87)。

---

① 赫库兰尼姆莎草纸文献(*P. Herc.*)第 1506 号第八卷 = 斐洛德谟斯《论修辞术》(*De rhet.*)第二卷页 211 Sudhaus =《早期廊下派辑语》3.117;关于这份莎草纸的新文本和充分讨论,参见 D. Obbink、P. A. Vander Waerdt,"Diogenes of Babylon: The Stoic Sage in the City of Fools",*Greek, Roman and Byzantine Studies* 32(1991),页 355－396。

② "自然上讲祖国是没有的,"阿里斯通说,"恰如也没有屋舍或耕种的田地、铁匠铺或医生的诊所;但它们中的每一个都这样出现了,准确地说被这样命名和称谓,这总是与占有者和使用者有关。"(普鲁塔克《论流放》[*De exil.*]600e =《早期廊下派辑语》1.371)

放牧喻——它在廊下派文本中非常少见,从而不可能是普鲁塔克捏造的——在这两段话中用来形容那样一些人的生活方式的特征,这些人过着正义或合乎 koinos nomos[共同法]的生活。还有,前引的狄都谟斯文本证实了自然法与宇宙城邦之间的关联,这提供给我们独立的理由来假定,1065f 准确地详述了芝诺智者城邦所牧的"牧群"的成员。

这样一种阐述完全符合我们关于早期廊下派政治思想的其他证据。既然自然法命令取消所有约定的边界和区分,那么正如芝诺在其《政制》中规定,通常的任何政治制度都不能促进一种合乎自然法的生活方式。只有在宇宙城邦中,一个人才能成为κοσμοπολίτης(斐洛《论世界的创造》[*De mundi opificio*]142 =《早期廊下派辑语》3.337)——一名世界公民(citizen of the cosmos),这种公民根据自然法来生活,不受通常政治共同体的各种约定所桎梏。

关于圣贤是 kosmoplitēs[世界公民]的学说,当然在第欧根尼那里有很好的先例(亦参克拉特斯的论述,载《名哲言行录》6.98),但芝诺将它结合进 megalopolis[巨型城邦]的学说,这使我们可以假定他走得更远并与犬儒思想保持了显著的距离。同时,关于后来廊下派的相关看法的证据,参见 G. R. Stanton, "The Cosmopolitan Ideas of Epictetus and Marcus Aurelius", *Phronesis* 13 (1968),页 183 - 195。

一名廊下派圣贤必须在由于自己的理性而分享的第一种共同体中,将自己的寻觅引向幸福,引向臻达自己的自然完美,而这种共同体便是芝诺《政制》显然着手描绘的那一共同体。

芝诺将 megalopolis[巨型城邦]描述成他那假想的政制的模型(model),笔者的这项提议有助于解释我们关于芝诺《政制》谈及的一个或多个城邦的证据(《名哲言行录》7.33;阿忒纳欧斯《欢宴上的智者》561c),而不必将世上所有或大多数圣贤聚集于同一个地方(所以也无需一种时而被采纳的权宜之计,即将芝诺的政治体送往未来的某个黄金时代)。圣贤彼此互益,即便他们不在一起(参见普鲁塔克,《论廊下派的自相矛盾》1068f - 1069a,1076a - b;参照 Cherniss 版),这一廊下派学说很有可能起源于廊下派尝试解释圣贤们的友爱和共同体如何能够有益于他们,纵然他们分散在这个被居住的世界的各处。

这可以作为一项理由，来解释早期廊下派领导人为何鲜有兴趣关注其他苏格拉底传人的政治思想中赫然耸现的问题，诸如不同政制形式之间的相对优长。事实上，没有证据表明有哪位早期廊下派领导人曾试图促进任何具体的政制。

拉尔修(7.131)说廊下派倡导混合政制，我们最好把这解释成是在指向该学派后来的某个历史时期，当时，各种不同的政制形式之间相对的优点引发了论争(一些证据收集于 F. E. Devine,"Stoicism on the Best Regime",*Journal of the History of Ideas* 31[1970]，页 323－336)。西塞罗《论法律》3.13－16 提供了足够的证据，证明早期廊下派领导人没有提供明显的指导来将他们的自然法理论应用于实际的政治共同体中。克律希珀斯主张，我们不应该让自己依附于随便哪个政制，而要依附于正确的那个(塞涅卡《论闲暇》8.1 =《早期廊下派辑语》3.685；参照《致鲁基里乌斯的道德书简》68.2)——但只有诸神和人类组成的自然的共同体才满足这一要求。

西塞罗赞美早期廊下派的政治著述具有敏锐的洞察力，但说它们并非打算被用于实际政治(nam veteres verbo tenus acute illi quidem, sed non ad hunc usum popularem atque civilem de re publica disserebant[早期廊下派讨论了共和国，看法也很敏锐，但这对各民族和公民们是无用的]，《论法律》3.14)。早期廊下派没有任何关于各种政制形式的教诲，这强烈地支持了西塞罗的一项洞察，他说，早期廊下派领导人和后来从巴比伦的第欧根尼开始的廊下派之间，在著述上有个根本的差异，第欧根尼尝试厘清早期廊下派领导人诸教诲中的实践涵义。为了构建一种政治哲学，使其在范围和意旨上类似于柏拉图和亚里士多德的政治哲学，那些后来的廊下派哲人就从人的第一种共同体转向关注人的第二种共同体，并以一种非常不同的态度对待这第二种共同体。① 而对于早期廊下派领导人而言，则人那自然的第一种共同体一直是他们关注的焦点。

---

① 参见 Vander Waerdt(1991)，尤其是页 204－211。Erskine(1990，页9－42)以一种非常不同的方式重构了早期廊下派的政治哲学。

从这一背景来考虑芝诺的智者政治体,我们就很有理由假定,他在《政制》中的目标不是描绘一个他认为可实际实现的政治共同体,而是描绘智者们因为自己的理性而共享的那一自然的第一种共同体所特有的生活方式。该阐释有明显的好处,能使我们保留自然法与作为学述之组成部分的宇宙城邦之间的联系。① 这种解释顾及了《论亚历山大大帝的机运或德性》329a－b 和《驳廊下派的一般观念》1065f 之间惊人的相似性,也解释了芝诺如何开始发现一个不承认任何纯粹约定的边界的共同体,正如他在《政制》中乐意做的那样。进而,因其不存在于地上的任何地方,该共同体很容易被刻画成"一位哲人心中规制良好的政制的梦想或图景"。

如果以上提议正确,那么就可以说,芝诺的政制在促进合乎自然法的生活时,规定了只有 megalopolis[巨型城邦]的成员,圣贤和诸神,才能做出的行为。相应地,他描绘的生活方式并非像古代批判者们所揣测的那样,是为了提供各种特别的建议让那些现存的政制来模仿。② 毕竟,这些政制为转变人们的生活方式而采取诸如共妻制或取消货币之类的实践,是毫无意义的——只要它们的公民不能实现自然法所要求的一致理性与和睦。因此,芝诺的最优政制的实际目标——例如不像亚里士多德的情况——不可能在于提供一个永远能够在任何地方真正实现的模型。

在前引的一段话中,普鲁塔克说芝诺的《政制》勾画了"一位哲人心中规制良好的政制的梦想或图景"(《论亚历山大大帝的机运或德性》329a－b)。这话当然支持我们去宣称,芝诺的政治体是一个关于真正正义的共同体的假想模型。

但普鲁塔克的语言也使人联想到柏拉图。在《王制》第四卷,

---

① 狄都谟斯说(司托拜俄斯,《读本》106.12－20),每个 phaulos[愚者]都与诸神敌对(enmity),敌对被定义成生活事务上缺乏和睦。这很可能最终源于对如下问题的一种解释:为何非圣贤之流不能属于 megalopolis[巨型城邦]。

② 见 Baldry(1959),页 5;Erskine(1990),页 9－42。

苏格拉底让格劳孔同意,城邦和个人灵魂的正义体现在其各个部分做自己本分的事,这时他说,“我们的梦想也就最终实现了”(443b)。[①] 苏格拉底提到的这个梦想是第三卷中“高贵的谎言”(noble lie)的第一部分,其中他尝试说服公民们相信:神(the god)在护卫者、辅助者以及农人和匠人之间塑造出阶级区分,其方式是将金、银以及铁和铜分别混入他们的灵魂中(414d – 415b)。他的谎言体现在他尝试说服公民们相信,“我们给予他们的培养和教育就像是梦想一样”,而实际上,神是在大地的里面塑造他们的。由于高贵的谎言既是三重阶级划分的源泉,也是护卫者阶级中共产主义(谎言的第二部分)的源泉,因此这个梦想对于苏格拉底的最优“言辞城邦”的建立而言非常重要(参照《法义》663d – e)。[②]

完全合适的是,芝诺在竞争性地描述一种合乎自然正义的生活方式时,认为他本人的政治体——其中的公民共同生活,无需社会阶级划分和法律强制——好似一个“梦想”,其实现取决于神圣的天意。克律希珀斯攻击柏拉图区分灵魂正义和政治正义(载普鲁塔克《论廊下派的自相矛盾》1041b – c =《早期廊下派辑语》3. 288),这提供了独立的证据,证明早期廊下派对柏拉图这方面的教诲特别感兴趣。

无论如何,芝诺的政治体当然与柏拉图的类似,因为它似乎描述了一个假想的政制模型,实现这种政制所需的条件似乎是不可能满足的。模型的目标也与柏拉图的相似。正如我们之前所见,苏格拉底和格劳孔最后在第九卷中得出了结论,即最优政制能否实际产生并不要紧;毋宁说,它是一个建在天上的典范,服务于那些希望在

---

① 苏格拉底对这一梦想所理解的含义,参见 476c – d。[编者按]译文参考柏拉图,《理想国》,顾寿观译,吴天岳校注,长沙:岳麓出版社,2010,页 203;柏拉图,《理想国》,王扬译注,北京:华夏出版社,2012,页 163;有改动,下同。

② 讨论见 C. Page,“The Truth about Lies in Plato’s Republic”,*Ancient Philosophy* 11(1991),页 1 – 33。

自己灵魂中建立起正义城邦的人。相似地，芝诺也可能意图提供一个关于真正正义的生活的假想模型来作为典范，服务于那些希望过上与自然合理一致的生活的人。这样一个假想的模型可能还有助于指导智者们在次等政制中过上幸福的生活。① 芝诺的这一主张可能在后来的某些文本中留有痕迹，它们详述了圣贤们的行动如何有益于彼此，甚至在他们并非彼此邻近地生活时亦如此。② 人类因为他们的理性而共享那种自然的共同体，而通过描述这种共同体的生活方式，可以提供一种模型来告诉圣贤如何在 megalopolis[巨型城邦]之外幸福地生活。

如果以上提议正确，我们现在就处在更有利的位置上，可以来评估围绕芝诺的最优政制的地位而展开的争论。普鲁塔克在前引段落所处的语境中认为，芝诺用言辞完成了亚历山大用行动完成的功业，一些现代学者由于这个类比而假定芝诺倡导一个普遍的世界国家。这样一种观点当然忽视了人的第一种和第二种政治共同体之间的基本差异，没有认识到芝诺的智者政治体属于第一种政治共同体。一旦我们看到自然法使人接近真正的政治体，也就是他与诸神共享的自然共同体，我们就会清楚，芝诺在《政制》中的目标不是提供一个世界国家的模型，而是描绘一个人如何可以在自然法治理的真正政治体中，甚至当他在次等政制中过生活时，臻达他自然的目的和完美。

3 自然法与约定论

现在是时候考虑一个问题了：柏拉图和芝诺在发展他们的自然正义教诲时，对约定论者的挑战打算给出何种回应？笔者要表明，

---

① 参照克律希珀斯对政治参与的评述，援引见下文。

② 参见普鲁塔克《驳廊下派的一般观念》1068f－1069a＝《早期廊下派辑语》3.627，进一步的证据整理见 Cherniss 版。

芝诺将自然法概念等同于圣贤的正当理性，部分是在尝试引出柏拉图本人在《王制》中为回应这种挑战而做出的推理的涵义。更特别的是，芝诺试图去利用柏拉图的洞见：[①]法律的一般性本身使得它不可靠，结果是，对它得当的应用总是取决于智慧的治邦者，这种人甚至能在例外情势中识别出正义的行动过程。[②]然而，如果真是这样，那么单凭这样一些不可靠的法律本身，就不能回应那一挑战，从而也不能显明正义在自然上是值得选择的——假如这些法律总是允许例外的话。根据柏拉图笔下的苏格拉底本人的推理，唯一永远可靠的正确的法律，是智慧的治邦者在特别情势中运用正当理性所制定的。相应地，当把自然法等同于圣贤的正当理性时，芝诺仅仅是在明确柏拉图本人为回应约定论者的挑战而展示的推理。这样，他通过尽力改进柏拉图的观点，而有所不同地作出了一种理论尝试，即，确切地解释正义如何建立在一个人理性的天性之上，从而为回应约定论者的挑战提供非武断的必要标准。

在《王制》第二卷开篇，格劳孔和阿德曼托斯最有力地发起了这种挑战。他们主张，正义起源于那种有利于遏制相互伤害的契约（compact）；但既然契约起源自人的同意（agreement），而并没有在人理性的天性本身上的基础，他们就担心，只要这样做是可能的，也合乎他的利益，人就会违犯它。格劳孔和阿德曼托斯使苏格拉底面对这样两个人，他们每一个都拥有巨吉斯的指环（Gyges' ring），其中正义的那个人担受不义之名，而不义的那个人却从正义之名中获利。格劳孔和阿德曼托斯要求苏格拉底证明，正义的生活是优越的，而无关乎甚至（在前一个人的情况中）可以不顾其报偿和结果。

回应这一挑战并不明显需要通过构建一个政治制度来辨识出

① 《治邦者》294a－295e最简洁地表述了这一洞见。

② 这一点特别明晰地出现在《米诺斯》中，那里说到“法律希望成为对存在（being）的发现”（315a；参照316b，317d），并且，米诺斯被举作立法者，因为对存在的理解使他能够找到那些不可动摇的法律（321b）。

正义的起源。但苏格拉底在回应时选择的策略,恰是构建一系列言辞城邦——猪的城邦(the city of pigs),它因为引入不必要的欲望而转变成发烧的城邦(the feverish city),后者接着被净化和转变成哲人王统治的城邦。这项策略依据的假设是,城邦中的正义和灵魂中的正义可以进行确切的类比,以至于通过辨识正义起源于城邦的何处,一个人就能识别出它在人灵魂中的起源。

Clay(1988,页 24 - 25)很好地指出,苏格拉底这里利用的两项论辩策略之间有一个重要的差异。没有证据表明,芝诺试图将自然法阐述成有关城邦起源的遗传学解释的一部分,或者阐述成关于个人灵魂的遗传学解释的一个投影(须注意,克律希珀斯拒绝了灵魂正义和政治正义之间的类比,载普鲁塔克,《论廊下派的自相矛盾》1041b - c)。

苏格拉底构建最优的言辞城邦,目标是为正义的生活提供一个自然的标准,从而证明这种生活优于不义的生活。

苏格拉底最优政制的建立和维持靠的是哲人护卫者,他们的教育计划给他们装配了知识,使他们能够为了城邦最优的利益而永远可靠地行动。但苏格拉底在建立他的城邦的过程中,还制定了众多的实定法规,以助于规定城邦各个方面的生活方式。这些法律中的一些——诸如各种关于确立共妻共子制的规定(457b - d),以及各种关于可进行生育的节日的规定(459d - 460b)——通过规定政制中的生活方式所凭的阶级结构,有助于确立政制本身的形式。但不能假定另外一些法律也具有这种意义上的根本性,例如这样的法律:如果一次战役尚在进行中,那么,

> 他[勇猛出众的人]若想吻谁,谁都不允许拒绝,这样的话,如果一个人爱上了某个男性或女性,他就会更加热切地去夺取英雄奖。(468b - c)

又如这样的法律:护卫者们不该糟蹋与他们对立的希腊人(而非野蛮人)的财产(471b - c;参照《法义》629d)。所有这些法律似

乎意在促进自然的正义，正如苏格拉底通过取消那些与自然正义尤为抵触的约定性实践，来构想自然正义。但它们似乎确立起了另一些不能被不变地宣称为合乎自然的约定。因此，苏格拉底为护卫者制定的实定法的典章，远不只包括了那些关于确立阶级结构和教育规划的规定。

苏格拉底区分了护卫者必须遵守的法律和可以按照他们自己的斟酌来模仿的法律，但他没有解释如何划出两者的界线（458 b－c）。这就提出了一项困难，并且笔者要表明，解决这一难题正是廊下派所关心的。如果护卫者有必要在某种意义上真正地应用一些法律（诸如对婚姻的各种规定），从而为一般性的实践给出特别情形下必要的例外，那么，苏格拉底的实定法规的典章本身就不是自然正义的指令。在其应用和认可上，它依赖于那些应当统治那种政制的哲人们所具备的善恶知识。因此，我们不能谈论任何与哲学知识无关的、自然正义的法律或原则。

如果是这样的话，那么我们能够看到，芝诺为何选择将自然法，也就是人们因他们的理性而共享的共同法，等同于圣贤的理性意向，因为，唯一可以被永远可靠地说成是合乎自然的规定，就是那些代表着将圣贤的正当理性运用在特别情势中的规定。在采取这一步时，芝诺可能很容易以为，他只是在使《王制》中的苏格拉底本人为寻觅自然正义而展示的推理变得更加直接和精确。

柏拉图的苏格拉底很好地意识到如下论证的效力：没有一种实定法是不允许极端或非常情形下存有例外的。

相似地，亚里士多德主张所有的正当都是可以变更的（《尼各马可伦理学》1134b18－1135a6；参照［托名］亚里士多德，《大伦理学》［*Mag. mor.*］1194b30－1195a8），这显然是因为没有一种正义的原则会不允许极端情形下存有例外；参照 Strauss（1964），页 157－163，其中拒绝了托马斯主义和阿威罗伊主义的（Averoistic）解读，对施特劳斯这一立场富有挑战性的批判，见 J. M. Finnis，“Aristotle，Aquinas，and Moral Absolutes”，*Catholica：International Quarterly Selection* 12（冬季卷，1990），页 7－15。

苏格拉底用这一论证来处理珀勒马尔科斯(Polemarchus)和忒拉绪马科斯的正义定义,它们分别为,正义是欠每人的东西还给每人(331e-334d),以及正义是强者的利益(338d-340c)。

事实上,看起来苏格拉底可能惯于使用这一策略,这可能是他身为一名道德教育者的实践的常规特点。因为,在《回忆苏格拉底》第四卷——该文本是关于苏格拉底道德教诲的各阶段方面的典型例子,欧蒂德谟(Euthydemus)吹嘘自己的正义不亚于任何人,但苏格拉底向他显明他不能将某些行为等同于具有不会变化的正义性或不义性的行为,从而戳破了他的牛皮。参见 Donald R. Morrison,"Xenophon's Socrates as Teacher",载 P. A. Vander Waerdt 编,*The Socratic Movement*(Ithaca,London,1994),页181-208。

然而柏拉图的苏格拉底明显主张,灵魂真正有序的正义之人不会行不义之举,并且,当他在第四卷做出这一声明时,他引用的一些例子(盗取存款、偷窃)也出现在第一卷中,在那里它们被用来证明某些情势下需要对实定法或道德条规做出例外规定。苏格拉底的哲人护卫者代表着这样一种统治者(根据忒拉绪马科斯的假定):他按照统治技艺的要求而永远可靠地行动——尽管是为了臣民的而非他自己的利益。

廊下派将自然法等同于圣贤的正当理性,是为了明确柏拉图本人在《王制》中的推理——笔者的这一提议,预设着在他们看来任何道德条规都允许有例外,从而不能代表自然正义那些不会变化的或不可更易的原则。事实上,廊下派也恰是在这点上批判了柏拉图。在一本写来反对柏拉图关于自然正义的教诲的书中,克律希珀斯谴责柏拉图(在《王制》2.357c开头处有关善的分类中)①主张健康是善的,他论证说,正义及其他所有德性都会被这一立场所废黜。② 克律希珀

① 参照《法义》631c,661a-d;《吕西斯》(*Lysis*)218e-219a;《高尔吉亚》452a-b,504c。

② 普鲁塔克《论廊下派的自相矛盾》=《早期廊下派辑语》3.157;参照 Cherniss 版。

斯的反对意见的要点在于,唯有德性才是善的;所以,带有"把健康当作一种善来追求"之意的道德条规不可能毫无例外地成立。

我们容易看出早期廊下派为何持有上述观点:他们主张天意注定了事件的自然过程直至最微小的细节,那些显然违背我们个人的自然的事件,例如生病,事实上是合乎自然的。正如克律希珀斯在其《论自然》第一卷中所说:

> 既然对宇宙整体的组织以这种方式进行,那么与该组织必然相符的是,我们可能处于任何一种状态,不论是否违背我们个人的自然,我们或生病或伤残,抑或成了文法学家或音乐家。(普鲁塔克《论廊下派的自相矛盾》1050a =《早期廊下派辑语》2.937)

自然的理性决定论(determinism)与克律希珀斯这里提及的个人的自然之间偶尔的分歧,证实了并不存在着本身就能指导我们朝向德性的那"自然的诸法律"。继续以健康为例。健康属于那类在自然上更可取的(preferred)事物(《名哲言行录》7.105–107),从而一般被当作"合乎自然"的事物来追求,但有时候,生病是合乎自然的天意规划的。① 在这种"特殊情势"下,疾病对我们来说是最好的事物,尽管在大多数情形中它违背我们个人的自然。② 非正统的廊下派哲人阿里斯通反对克律希珀斯,认为不存在"更可取的中性事物"这一类别,并提供了一个更为明显的例子:③

> 如果健康的人不得不服务于一个僭主而遭摧毁,同时病人

① 参照克律希珀斯的论述,载爱比克泰德《清谈录》[Epictetus *Diss.*]2.6.9 =《早期廊下派辑语》3.191。

② 人因自然而产生疾病,克律希珀斯阐述了这点的含义,参见格利乌斯《阿提卡之夜》(Gell. *NA*)7.1.1–13 =《早期廊下派辑语》2.1169–1170。

③ 载恩披里柯《驳学问家》11.64–67 =《早期廊下派辑语》1.361。

只能免于为僭主服务，随之也免于毁灭，那么，圣贤在这种情势下更愿意选择疾病而非健康。①

因此，与柏拉图的暗示不同，健康不是纯粹善的，并不存在着具有一般有效性的道德条规“为了健康而行动”，因为在任何既定情况下，都需要圣贤的正当理性来决定是疾病还是健康才合乎自然。

关于“特殊情势”的学说，为我们考虑食人在芝诺《政制》中的地位提供了语境。芝诺的批判者们把这项实践——还有乱伦，尽管没有被特别证实是《政制》中的内容，但它可能在那里得到了处理②——当作通常实践中需服从的建议。然而《名哲言行录》7.121叙述道：“在情势逼迫之下（κατὰ περίστασιν），圣贤甚至会吃人肉。”笔者要表明，芝诺把乱伦和食人考虑成道德禁令方面的判例案件，而道德禁令据说具有毫无例外的适用性。芝诺的回应性论证将会是，存在着某些“特殊情势”——亦即，当共同的自然和个人的自然之间出现分歧时——在那里，这些实践是合乎自然的。

关于特殊情势（περιστατικά：《名哲言行录》7.109）的学说，参见 G. Nebel，“Der Begriff des kathēkon in der alten Stoa”，*Philologus* 70（1935），页457－458，对特殊情势的限制条件的评注，参见 N. P. White，“Two Notes on Stoic Terminology”，*American Journal of Philology* 99（1978），页111－115。关于这类 kathēkonta［恰当行动］的学说，明显可以回溯到廊下派最早的阶段，正如《名哲言行录》7.121 从芝诺《政制》中引来的段落所显明的；因而（正如 Nebel 表明的），它并非起源于阿里斯通与克律希珀斯对 praecepta［条规］的用途的争论。据奥利金《驳科尔苏斯》（Origen，*Contra Celsum*）4.45（＝《早期廊下派辑语》3.743）叙述，廊下派将乱伦想成是一种 kathēkon kata peristasin［情势逼迫之下的恰当行动］，并提供了一个假说：在其中，人族已彻底消亡，只剩下一个男人和他的一个女儿，此时他们的责任就应当是保存族类。对 kathēkonta kata peristasin［情

---

① 这个例子借自色诺芬《回忆苏格拉底》4.2.32。

② 这一推测的基础在于，克律希珀斯在其《论政制》中为芝诺的观点辩护时显然重视乱伦这一判例案件（《名哲言行录》7.188）。

势逼迫之下的恰当行动]的地位的论争,继续出现在上文所讨论的那场关于芝诺《政制》明显支持犬儒信条的争论中。珀赛多尼俄斯的《论恰当行动》(*On Appropriate*)中有一节是以 Peri tou kata peristasin kathēkontos[论情势逼迫之下的恰当行动]为题的,西塞罗在创作《论义务》时敏锐地注意到了这点(参见《致阿提库斯》[*Att.*]16.11;参照4.8a.2)。

在我们关于 kathēkonta kata peristasin[情势逼迫之下的恰当行动]的证据中,没有一个细述了"特殊情势"之出现所必须达到的条件,但笔者建议将这类 kathēkonta[恰当行动]与以下学说关联起来:共同的自然和人的自然之间存有分歧。克律希珀斯(载爱比克泰德《清谈录》2.6.9 =《早期廊下派辑语》3.191)引之作为理由来使健康不再作为更可取的中性事物。笔者的这种阐释的好处在于能为这类恰当性提供清晰的标尺。

因此,芝诺并没有倡导乱伦或食人,而只是坚称它们并不构成不可更易的道德禁令,从而也并非例外于这样的原则,即圣贤的正当理性是依赖于情势的。如果这种阐释正确,如果关于 kathēkonta kata peristasin[情势逼迫之下的恰当行动]的学说代表着芝诺将他的犬儒训练结合进了他的自然法理论中,那么我们就有明显的证据表明,这一难题,即如何构建一种道德理论来充分阐述任何不会变化的或毫无例外的道德条规都不存在,来源于廊下派那部奠基之作。

关于 kathēkonta kata peristasin[情势逼迫之下的恰当行动]这种学说在犬儒那里的先例,参见《名哲言行录》6.72-73 对第欧根尼的食人立场的记述。曾有人反对笔者说,kathēkonta kata peristasin[情势逼迫之下的恰当行动]可能是后来的廊下派提出来的,以便尽力为他们在芝诺《政制》中发现的那些令人不安的特点找到说辞。当然,我们的所有证据并非都将乱伦仅限为"特殊情势"中发生的,例如恩披里柯就保存了关于芝诺为伊俄卡斯忒(Jocasta)和俄狄浦斯辩护的证据(《皮浪主义述要》3.205,246;《驳学问家》11.191 =《早期廊下派辑语》1.256),芝诺也许遵循了犬儒模拟的肃剧《俄狄浦斯》(*Oedipus*),据记载该剧认可乱伦;与此同时,恩披里柯还保存了关于克律希珀斯将乱伦处理成中性事物的证据(《皮浪主义述要》1.160;3.205,246-248)。不过,说乱伦是中性的,这完全与将它的恰当性仅限于"特殊情势"中出现相匹配,同时,俄狄浦斯的例子很可能被引来作为一种典型,以示范出人的自然和宇宙的自然之间存有分歧。

芝诺在何种意义上支持那些他所讨论的犬儒信条,这一问题在学派论战中广受争辩,以至于我们无须奇怪,后来的作家们(尤其是像恩披里柯这样的怀疑论者)没有提及那些能够限制它们的恰当性的条件。

此外,有证据向笔者表明,芝诺反对修建诸神的庙宇的戒令(例如,普鲁塔克,《论廊下派的自相矛盾》1034b;其他证据见《早期廊下派辑语》1.164-165)代表着一项毫无例外的道德条规。不过,普鲁塔克提到廊下派参与宗教仪式,这表明他们可能将神庙想成在某些情势下是恰当的。再一次,我们不应该去假设,适合圣贤政治体的规定在其他地方也照样恰当。

如果我们现在转向考虑早期廊下派的自然法理论如何构成对格劳孔的挑战的一种回应,就能轻易看到,该理论符合柏拉图笔下的苏格拉底本人承认的回应所需的一切要求。

既然廊下派主张唯有德性才是善的,所有其他选择的对象都是中性的,那么,他们通过显明正义在自然上是善的,无关乎它的报酬和结果,就满足了第一项要求。他们对第二项要求的回应是,通过规范地阐述人能发展成理性的动物(对此最充分的陈述见西塞罗,《论至善与极恶》3.16-21),显明人被如此构造是为了让正义来实现他的自然完美。① 那种规范的阐述解释了人如何逐渐学会去做出 kathēkonta[恰当行动]——当然包括正义的行动——以便完善他根据自然来行动的能力,直到他的意向最终牢牢稳固,他的非理性驱动转变成理性的驱动,并且他仅有的动机在于根据自然的天意秩序来行动。依据这种理论,一个人只有通过反复地、习惯性地做出正义的行动,才能成为圣贤;而且,一旦一个人获得从 kathēkonta[恰当行动]转变成 katorthōmata[正当行动]所必需的善恶知识,那么正

---

① 关于廊下派的道德进展学说,参见 Inwood(1985),页 182-215;M. Frede,"The Stoic Doctrine of the Affections of the Soul",载 M. Schofield、G. Striker 编,*The Norms of Nature*(Cambridge,1986),页 93-110。

义的行动就会是圣贤德性整体的常规结果。最后,至于第三项要求,廊下派的*οἰκείωσις*[占有]学说显明利他德性在人的构造(constitution)上有着自然的根基,人只有实践这些德性才能获得幸福,由此,该学说提供的依据,要比柏拉图提供的任何依据都更能够明显地解释利他德性为何是幸福的实质性部分,以及社会责任如何根植于人的天性(参照西塞罗,《论义务》1.22)。①

因此,我们有充分的理由假定,廊下派的理论就像柏拉图的理论那样,意在回应约定论者的挑战,但廊下派在确立自己的立场时也试图改进柏拉图所作的回应。

4 最优政制中的制度安排:芝诺对柏拉图

我们现在能够来考虑芝诺政治体如何在社会的和制度的安排上尝试改进柏拉图的最优政制。芝诺对合乎 koinos nomos[共同法]的生活方式的阐述,貌似实现了柏拉图的一项根本原则,即朋友之间的东西应当尽可能最大程度地共有(尤参《法义》739c–e)。芝诺在勾勒其圣贤政治体中最适合履践这一要求的那些制度安排时,着手使柏拉图的阐述变得更加精确一致,以便解决该阐述中的困难。笔者想考虑三个例子来说明这一点。笔者的第一项提议是,芝诺在将公民权仅限圣贤持有,从而取消阶级差异时,试图解除柏拉图的哲人王被迫(违背了“一人一职”原则,370b)承担两份职务——分别是统治者和哲人的职务——时面临的利益冲突。

在柏拉图《王制》的论证达到高潮时,也就是在“第三个浪潮”中,格劳孔再一次要求告知正义的城邦是否有可能出现。苏格拉底

---

① 众所周知,关于社会性 oikeiōsis[占有]学说的起源非常不明,但笔者曾援引证据,说明它可以回溯到芝诺本人那里,参见“Hermarchus and the Epicurean Genealogy of Morals”,*Transactions of the American Philological Association* 118(1988),页 104–106。

回应道:能够让它实现的最微小的改变将是对政治权力和哲学发出戒令——除非哲人作为王去统治,或者王哲人化,否则城邦或人族就不会从邪恶中摆脱出来(473c－e)。这将要求城邦及哲人方面的极端改变:城邦不得不变得愿意接受哲人的统治,而哲人又不得不变得愿意去统治。对苏格拉底来说,唯一能够影响后一方面的方式是,强迫哲人再一次下降到洞穴,使其屈服于对城邦进行统治的必然性,尽管这样做并非哲人所愿,也违背了他们的利益。①

格劳孔反驳道,苏格拉底剥夺了哲人可以得到的更好的生活,从而对他们行了不义。这时,苏格拉底诉诸他在第一卷中拒绝的以还债来定义的正义观,论证说,哲人同意回到洞穴,从而偿还了他们因城邦提供的教育而欠城邦的债,这对他们来说是正义的。② 但无论正义与否,哲人必须被迫去统治,这一事实本身凸显出苏格拉底尝试以城邦的最优阶级为代价来保证城邦的幸福时,引出了一项根本困难:③统治彻底背离了哲人的利益,因为哲人幸福的仅有源泉在于哲思的活动。④ 即便城邦能够被说服去接受哲人的统治,哲人仍会拒绝回到洞穴,因为这将摧毁哲人的幸福。确实,正义城邦不可能真正实现的要因看起来在于,唯一正义的、智慧的、幸福的人——哲人,毫无兴趣去自愿地统治。

现在,芝诺反对柏拉图的哲人王统治悖论,其要害很可能不在于这种统治的不可能性——假如他自己的政治体也有同样的特点

---

① 499 b－c,500d,519c－520e,521b,539e－540b。

② 519d－520d;参照 419a－421c;《法义》903c－d。

③ 对此的批判见亚里士多德,《政治学》1264b15－23。

④ 他们注视过太阳之后,便相信自己已住上了极乐岛(Isles of the Blessed)(519c),宁愿经受一切,也不愿再回到自己先前在洞穴囚人中间的生活(516c－d;参照 514b－515c);一旦他们看到过善的理念,就不愿意回到人类中去,因为他们的灵魂总是渴望在上面、在阳光中度过自己的时光(517b－d;参照 500b－d,592a－b)——一个人会怜悯从太阳的光明回到洞穴的黑暗中去的灵魂(518b)。

的话。他很可能旨在解决亚里士多德在《政治学》第二卷批判这一悖论时所注意到的难题：在尝试让城邦整体变得幸福时，苏格拉底摧毁了护卫者阶级的幸福；但城邦整体不可能是幸福的，除非它的所有或一些构成部分是幸福的；所以，如果护卫者不幸福，其他任何人都不会幸福，匠人或大多数人当然也就不会幸福(1264b15 - 23；参照 1329a22 - 24)。易言之，柏拉图在让他的哲人们献身给统治的必然性时，找到了一个其中的公民们没有一个是幸福的政制。

如果去考虑芝诺为何将其政治体的成员身份仅限圣贤持有，那么我们现在能够看到，他这样做可能是在尝试化解柏拉图的那一悖论。① 芝诺的方案甚至不会出现关于智者统治之动机的难题，②因为芝诺政治体没有社会阶级区分，并且它的公民团体无需统治者，也无需实定法来强制巩固正确的行为。芝诺很可能曾主张，这样一种立场是柏拉图“一人一职”原则所要求的：如果说，统治并护卫城邦以反对内部和外部的敌人这一必然性与柏拉图的该项重要信条冲突，那么化解这种困局的一种方式是，将公民权仅限于那些根据 koinos nomos[共同法]生活的人来持有，从而移除

---

① 廊下派当然会同意柏拉图，认为只有智者适合去统治，因为“统治者必须拥有关于善和恶的知识，而次等人却没有这种知识”(《名哲言行录》7.121 - 122)。在将其最优政制的公民团体仅限于圣贤时，芝诺使如下事实引起的(亚里士多德《政治学》第二卷强调的)困难变得毫无实际意义：只有柏拉图的护卫者阶级实践了共产主义和共妻制——芝诺的公民们能够像共有一切的朋友们那样生活(《名哲言行录》7.124；参照 33)，而不用让该政制中的一些公民无法共享这种生活方式。

② 芝诺事实上反驳了关于强迫哲人的观念，他说：“让充满空气的囊袋浸没于水中，要比迫使任何一位道德上良善的人违背自己的意志去做任何他不想做的事来得更容易。”(载斐洛《每个好人都自由》[*Quod omnis probus liber sit*]97 =《早期廊下派辑语》1.218)所以，廊下派反驳了柏拉图的如下声明：那些被吸引来追求真理的哲人只有在强迫之下才会去统治(西塞罗，《论义务》1.28)。

统治的必然性，进而也无需被统治。这种解决方式还有一个好处，它使得一个真正共有财物的朋友共同体成为可能，而无需求助于柏拉图所允许的阶级区分，这种阶级区分致使他允许护卫者阶级之外存在私有财产。因此，芝诺将其最优政制的公民权仅限圣贤持有，可能代表着一种反柏拉图的回应，旨在化解柏拉图的自然正义教诲的核心困局。

进一步，如果会出现统治问题（例如对生活在次等政制中的圣贤来说），那么在解释圣贤为何会参与政治时，廊下派也不会面临柏拉图所遇的任何困难。克律希珀斯尤为直接地拒绝了这样的观点，即哲人尤其应该追求学术的生活，[①]这表明这种生活确切理解起来是纵情于享乐主义（hedonism）的。[②] 我们容易看出克律希珀斯为何采取这一立场。既然德性部分地体现在一个人与自己的天性保持合理一致，既然一个人的天性是社会性的和理性的，那么，如果圣贤要与自己以及周遭环境保持一致，那他甚至也必须履践社会性的kathēkonta［恰当行动］。[③] 毕竟，他的行动在外部表现上没有不同于惯常的有德之人的行动，不同之处在于，他做出任何行动时都凭靠了理性的意向。

克律希珀斯对这个主题的兴趣被其《论诸种生活》一书（testimonia［证言］收集在阿尼姆的《早期廊下派辑语》3.194中）所很好地证实，在该书中，他尤其考虑了三种更可取的谋生方式——与国王交往、参与政治、σοφιστεία［靠哲学谋生］（尤参普鲁塔克《论廊下派的自相矛盾》1043b－c＝《早期廊下派辑语》3.691，1043e和1047f＝《早期廊下派辑语》3.693；狄都谟斯的论述，载司托拜俄斯，《读本》109.10－110.8；遭到的批判，见《名

① 普鲁塔克《论廊下派的自相矛盾》1033c－d＝《早期廊下派辑语》3.702。

② Cherniss（见1033d，页417，注3）认为这个段落指向伊壁鸠鲁派和漫步派，但我们似乎没有理由排除柏拉图也是批判对象之一。

③ 《早期廊下派辑语》3.694－700；参照狄都谟斯的论述，载司托拜俄斯，《读本》109.14－20。

哲言行录》7.189)。《名哲言行录》7.121 引用克律希珀斯《论诸种生活》第一卷来支持这样的观点,圣贤如果不受妨碍就会参与政治;关于廊下派对政治生活的反思,参见狄都谟斯的论述,载司托拜俄斯,《读本》94.8－17,109.10－20,143.24－144.21,西塞罗,《论至善与极恶》3.68;关于弃绝政治生活,见狄都谟斯的论述,载司托拜俄斯,《读本》111.3－9,以及塞涅卡,《论闲暇》3.2。克律希珀斯在其《论修辞术》(*On Rhetoric*)中说圣贤会公共演说和参与统治,就仿佛他把财富视为一种善(普鲁塔克《论廊下派的自相矛盾》1034b＝《早期廊下派辑语》3.698),这一定程度上暗示了他在实际政治中会如何来引导自己。

因此,柏拉图在解释圣贤为何参加也许是必然的政治活动时所遇到的难题,没有一个是芝诺需要去面对的。①

我们由此走向芝诺可能为改进柏拉图的最优政制中的生活方式而采用的第二种方式。芝诺似乎主张,柏拉图极端误解了实现自然正义所需的必要条件。毕竟,这个政制起源于一项不义的行动:当猪的城邦因为引入不必要的欲望而转变成发烧的城邦时,它最初的行动之一是攻占领邦的土地,以便供给过度的生产(373d－e)。进一步,它区分朋友和敌人,不是依照德性,而是基于出身和公民权这一全然武断的理由。苏格拉底主张各种野蛮人应得的对待没有自然的差异,这区分于希腊同胞的情况:前者是"天生的敌人",而后者是"天生的朋友";相应地,苏格拉底反对奴役后者,而不反对奴役前者(469b－471b)。

克律希珀斯(载斐洛德谟斯,《论廊下派》卷十五 31 至卷十六 4)引用了犬儒第欧根尼的武器无用论(参照《名哲言行录》6.70－71,85)。如果克律希珀斯在这里正如在《论政制》的其他地方那样,是在为芝诺《政制》所提出的一项犬儒信条辩护(对此例参 Baldry[1959],页 10,注 12),那么我们可以假定,芝诺在这本书中着手彻底取消外部战争——因此清除了柏拉图的哲人护卫者的

---

① 对廊下派关于政治参与的立场的一种评价,参见 Vander Waerdt(1991),页 202－203。

核心专注点之一。

另一方面,芝诺认为,自然正义要求根除所有纯粹约定的边界。① 纯粹依据种族来源而认可区别对待,这似乎公然地违犯了自然法。这里,芝诺通过严格解释柏拉图笔下的苏格拉底关于正义的教诲的要求,再次改进了后者的观点。更特别的是,芝诺试图避免其中的一个明显的矛盾:柏拉图的最优政制的公民被要求以各人应得的方式来对待各人,从而一个人在该政制中的位置由他的灵魂品质来决定(那些具有黄金灵魂的人成为哲人护卫者,等等),异邦人不让共享这个政制纯粹是由于偶然的出身,而与他们的自然品性和成就无关。因此,仅凭约定性的理由,他们不能共享柏拉图认为合乎自然的那种生活方式。② 相反,芝诺的最优政制,是一个公民权仅由理性来决定的共同体;只有有德之人才可以属于它,诸如王权、友爱的关系仅有的基础在于德性(《名哲言行录》7.122－124)。在规定我们不被各个约定的共同体的正义原则所划分时,芝诺似乎再次旨在解除一项困难,该困难似乎威胁着柏拉图关于自然正义的阐述的内在一致性。

关于芝诺如何使他自己的推理变得更加明确,以图改进柏拉图的教诲,我们最后一个例子是柏拉图(451c－456d)和芝诺(《名哲言行录》7.33,131)均倡导的共妻制。芝诺遵循安提司忒涅斯而采取了这样的立场:男女有同样的能力来臻达德性。

这是从芝诺关于服饰的戒令(《名哲言行录》7.33)中推论出来的,但可以稳妥地证实,该学说是早期廊下派领导人的:参见克律希珀斯的论述,载斐洛德谟斯,《论虔敬》卷五 8－11,克勒昂忒斯,《关于男女共有德性这个主题》

---

① 普鲁塔克,《论亚历山大大帝的机运或德性》329a－b;参照西塞罗,《论共和国》3.33。

② 可以假定,护卫者们对公民同胞和异邦人采取不同的态度,需归咎于他们的ϑυμός[血气](375a－376c);关于 thymos[血气]引发的政治难题,参照 Vander Waerdt(1985),页 249－273。

(*On the Thesis That Virtue Is the Same in Both a Man and a Woman*,《名哲言行录》7.175),还有,据拉克坦提乌斯(Lactantius)在《神圣原理》(*Divinae institutiones*)3.25 中的记述,廊下派主张女人应该从事哲学,这显然是因为她们同样具有朝向德性的能力。关于性关系上的平等,参见芝诺的论述,载恩披里柯《皮浪主义述要》3.245 =《驳学问家》11.190。

相应地,他把基于性别的社会区分视为纯粹约定,认为这种区分没有自然基础——所以他的观点是男女应当穿同样的衣服(《名哲言行录》7.33),并以克拉特斯之妻希帕基娅的观点作为先例。①此观点也是柏拉图的共妻制的特点(《王制》452a - b,457a - b),但在动机上芝诺与柏拉图根本有别。在柏拉图的最优政制中,女人在体力和性以外(451d,456a)的所有重要方面都与男人平等,并且女性护卫者会享受同样的教育规划。但苏格拉底不得不为这种平等立法(参照 452c,453d,456b - c,457a - c),并认为其中好多都会被视为可笑的。因此,柏拉图的苏格拉底不得不求助于实定法的强制性,来确立两性的自然平等。然而,从芝诺的观点来看,苏格拉底的护卫者们纯粹是些朝向德性的进步者——他们若没有法规的强制,显然就不能维持这些平等主义的(egalitarian)安排。另一方面,对芝诺的最优政制来说,女人的自然平等无需法律来巩固,既然他的所有公民都是智慧的,那么就会自然出现这种平等。

苏格拉底的另一项尝试亦是如此,他通过那些旨在培育同甘共苦的共同体的约定——诸如称所有孩子为"我的孩子",等等——来培育统一性(《王制》462b;参照《法义》739c - e)。芝诺主张,通过爱若斯的作用,这种城邦和谐能够自然产生,因为爱若斯提供了友爱、和谐与自由(阿忒纳欧斯《欢宴上的智者》561c =《早期廊下派辑语》1.263;参照《名哲言行录》7.130)。

---

① 《名哲言行录》6.93,97;参照爱比克泰德《清谈录》3.22,76。参照 Rist(1969),页 65 - 67。

因此,苏格拉底为了让那个可以显现出自然正义的最优政制产生,不得不去建立那些反常的约定,但它们在芝诺的智者政治体中毫无地位可言。芝诺的公民们根据自然法来生活,他们的幸福生活无需求助于约定性法规的强制性。

关于实现《法义》第五卷雅典异乡人的最优政制所必需的那些实践,柏拉图提供了最简明的阐述(739c – e)。通过上述三个例子将柏拉图的阐述与芝诺圣贤政治体中的制度安排进行对比,就能够看到,该政治体例证了异乡人规划中的每一个要素。这个规划所凭的原则是,最优政制应尽可能最大程度地去体现一条箴言——"朋友之间的东西是共有的"。为了实现这个目的,异乡人列举了一些规定:(1)共妻共子制,(2)财产共有制,以及(3)为排除"私有"而设置的各项措施。我们已经看到,芝诺的圣贤政治体例证了所有这些建议:关于(1),参见《名哲言行录》7.33,133;关于(2),参见《名哲言行录》7.33(为了旅行或国内交换而取消货币),7.124 和阿忒纳欧斯《欢宴上的智者》561c(圣贤之间的友爱提供了生活所需事物的共有制),还有《名哲言行录》7.125(唯有知识才能使财产权正当化);关于(3),参见《名哲言行录》7.33(男女应该穿同样的衣服)。

这些规划上惊人的相似性提供给我们强烈的理由去认为,芝诺尝试说明如何能够满足柏拉图为实现最优政制所定下的各项条件,并从中发展出了关于 koinos nomos[共同法]的阐述——如果一个人抛弃柏拉图由懂哲学的治邦者所执行的前后不一致的实定法规规划,并代之以一个圣贤政治体的话。在其中,圣贤道德上永远可靠的正当理性,使得以下所有资源变得毫无必要:诸法典、司法制度、社会强制手段。因此,我们有充分的理由假定,芝诺在《政制》中细述自然法理论时,试图改进柏拉图的自然正义阐述,使之变得更加精确一致。

长久以来,学者们业已认识到,自然法理论起源于哲人尝试解决苏格拉底的一个难题:如何构造一种自然正义教诲,来恰当回应约定论引发的难题。① 但尚待认识的是,早期廊下派的理论以及他们对政治与哲学之关系的阐述,在多大程度上效法了柏拉图的观点。他们不仅挪用了他的问题,还试图改进他向他们给出的答案。如果本文对芝诺《政制》提出的阐释正确,那么,早期廊下派立场最显著的特点中有一些——该立场将自然法等同于圣贤的正当理性,将 megalopolis[巨型城邦]的公民权仅限圣贤持有,以及将政治体想象成无需诸法律、社会阶级或司法制度——代表着他们尝试使柏拉图的自然正义教诲变得更加精确一致,从而来改进该教诲。②

① 对此,除了其他研究外,还可参见 Strauss(1953),页 138 - 142,以及不那么明显与此有关的论文,Striker(1986),页 79 - 94。

② 在本文准备付梓之际,笔者从一些会议的与会者那里获得了许多评论和提议,让笔者受益匪浅。这些会议有:1990 年 4 月在杜克大学召开的“苏格拉底运动”会议,1990 年 7 月在悉尼大学召开、9 月在新南威尔士州的纽卡斯尔大学以及在奥克兰大学召开、1991 年 3 月在康奈尔大学召开、1992 年 6 月在格拉斯哥大学召开的“古希腊哲学”会议;还有 1992 年 10 月在伯尔尼大学召开的“廊下派实践哲学”会议。笔者尤其感谢这最后一次会议上点评拙文的弥特西斯(Phillip Mitsis),他富有挑战性和思想性地回应了笔者对自然法理论之起源的阐述,也感谢克莱(Diskin Clay)、弗雷德(Michael Frede)及希尔(Gerhard Seel)有助益的批判。

苏格拉底与廊下派自然法

德菲利波(Joseph G. DeFilippo)
弥特西斯(Phillip T. Mitsis) 撰

朱雯琤　徐健　译

人们广泛认为,苏格拉底是廊下派重要的榜样。廊下派不仅将苏格拉底引为哲学权威,并且在发展自身的理论时也不时地反思苏格拉底的言行。① 然而,在关键问题上,说廊下派跟随着苏格拉底脚步也许并不真实。比如说,他们自觉构想了包含逻辑学、自然哲学和伦理学在内的统一化哲学系统,这就并非典型的苏格拉底式的思考方式。事实上,如果一个人接受了通俗的苏格拉底形象,认为苏格拉底拒斥自然哲学而专注于伦理学,那么,基于廊下派与这种大众眼中的苏格拉底大相径庭,他就很难避免得出一个结论,即廊下派那种意图被视为"苏格拉底学派"的愿望实际上很奇怪。② 此外,尽管苏格拉底和廊下派在伦理学说方面有着不可否认的相似处——比如两者都完全相信理智主义(intellectualism)以及相信德性是统一的——但在库瑞涅派(Cyrenaics)、犬儒派和学园派怀疑论

---

① 参见 A. A. Long,"Socrates in Hellenistic Philosophy",*Classical Quarterly* n. s. 38(1988),页 150 – 171;M. Schofield,"Ariston of Chios and the Unity of Virtue",*Ancient Philosophy* 4(1984),页 83 – 96;以及 G. Striker,"Plato's Socrates and the Stoics",载 P. A. Vander Waerdt 编,*The Socratic Movement*(Ithaca, London, 1994),页 252 – 271。

② 廊下派认为自己是"苏格拉底学派"的一个典型声明,可见于斐洛德谟斯,《论廊下派》卷十二至卷十三,版本参见 T. Dorandi,*Cronache ercolanesi* 12(1982),页 91 – 132。

者等思想分歧甚大的哲人群体中间,苏格拉底同样扮演着模范的作用。因此也许有人会合理地质疑道:廊下派何以将他们自身视为,或者希望在他人面前表现自己为苏格拉底的特殊继承人?

当我们将廊下派与其他声称继承于伟大先驱的古代哲学流派相比较时,这个问题变得更值得关注。比方说,现今没有人会认为柏拉图在写作《王制》时,脑中有新柏拉图主义的形而上学,但即便除却普罗提诺(Plotinus)直言柏拉图对他的影响,柏拉图的作品直接影响到了新柏拉图主义这一点也是毋庸置疑的。普罗提诺对柏拉图的文本进行了诠释,并找出了其中的哲学含义,除了一些明显的分歧,他所构建的思想系统确实可被认为是源于柏拉图。

乍看之下,并没有明显证据显示,廊下派如何用相似的方式,从苏格拉底那里发展出了自身的自然法理论诸要素。伦理学从自然哲学当中的分离经常被视为苏格拉底对哲学史最具代表性的贡献,而廊下派理论的标志却是,他们确信道德原则可以从治理自然世界的法则中发展出来。比如克律希珀斯所声称的,做伦理学最恰当的方法就是以自然哲学为视角:

> 他[克律希珀斯]再次在他的《物理学命题》(*Physical Propositions*)中说道:"没有一种比从普遍的自然[universal nature,koinēs phuseōs]和对宇宙的分配出发更贴切的办法来接近关于善恶、德性或幸福的理论。"他又一次说道:"善恶的理论必与普遍的自然和对宇宙的分配相关,因为,善与恶并没有其他更好的起点或参照点,并且物理学推测除了用于辨别善与恶,不再承担其他功能。"(普鲁塔克《论廊下派的自相矛盾》1035c =《早期廊下派辑语》3.68,Cherniss 译)

此外,廊下派并非简单地认为自然哲学是获取伦理理解的必经之路,他们认为道德原则实际上是一些用来反思宇宙理性秩序的自然原则。因为这些原则由自然施加给理性存在者的道德命令所组成,于是它们并不单纯是描述性的自然法则(laws of nature)。① 对于这种廊下派教义的简要构想可见于克律希珀斯《论法律》的绪论部分:

> 法律是所有神圣事物②和人类事物的国王。它必须掌管荣耀之事与卑贱之事,既是统治者也是引导者;由此,它还必须是正义与不义之标准(standard,kanōn),为本性是政治的动物规定他们应该做的,而禁止他们不应该做的。(马尔基安乌斯《法学阶梯》1 =《早期廊下派辑语》3. 314,Long 和 Sedley 译,67R[有改动])

以上两段引文都呈现出了廊下派自然法理论的基本轮廓。人类行为被一种普遍性的道德法则所治理——这种法则本身被认作理性的秩序和对自然的管理者。③ 于此,一种有德性的、从而也是幸福的生活,要依赖于对自然秩序的理解和对该秩序所作出的指令的服从能力。

也许有人会推测,廊下派在自然中的理性和道德的问题上,只有用恣意或自我欺骗的解释方式,才能将自己视为苏格拉底的继承人。毫无疑问,这种推测会得到"苏格拉底拒斥自然哲学"这一悠久的传统看法的进一步支持。如亚里士多德在《形而上学》中那著名的言论所示,苏格拉底关心伦理学,而"全然不关心作为整体的自然"(987b1-2)。结合柏拉图所讲的苏格拉底对自然哲学的拒斥

---

① 因此,不像宇宙中纯粹的物理法则,自然法的命令可以被违背。可在廊下派看来,这一事实并不损害这些命令作为普遍法则的地位。廊下派认同在任何背离中都势必会产生有害的后果——这种背离某种程度上妨害了作为理性存在者的人的功能(见下文)。

② "神圣事物"(τὰ θεῖα)在这里几乎确凿无疑地意指天体及其运动,进而表示作为整体的自然世界。

③ 参照克勒昂忒斯,《宙斯颂》(=《早期廊下派辑语》1. 537);西塞罗,《论神性》1. 36。

来看时,①亚里士多德的此种评价,显示了苏格拉底对于廊下派那种基于自然的伦理学抱有敌意。② 事实上就这一点,斯特莱克(Gisela Striker)在撰写自然法理论的起源时就找到了廊下派与苏格拉底的分歧:

> 因此,[据廊下派所言,]关于善的知识准确讲来最终就是关于自然中的理性秩序的知识。并且,因假定是神之理性创造出了这种秩序,于是这种秩序也能被设想成神这位立法者所指定的法则。
>
> 当然,这种作为理性架构整体的自然理论超出了苏格拉底曾言明的观点。③

但我们想要证明,在这个问题上,廊下派是将自身完全置于他们所认为的苏格拉底言论的范围之内;事实上,他们能够从色诺芬与柏拉图的权威文本当中,为自己理论的主要部分找到苏格拉底的传统。

我们的论证将分两个阶段进行。第一阶段,我们会表明,廊下派如何将《回忆苏格拉底》1.4 中的苏格拉底作为权威来援引,以便构建起他们关于自然中神圣有序的理性的概念。色诺芬使得廊下派有权威文献可依,从而使他们能够拒绝"苏格拉底从不关心作为整体的自然"这一传统看法;同时,色诺芬的阐述还为廊下派的自然神学提供了苏格拉底式的依据。④ 第二阶段,我们会思考一些文本,它们能够向廊下派暗示,苏格拉底主张道德法则是一位理性神

---

① 《苏格拉底的申辩》18b - 23e;《斐多》96a - 99d。

② 比如,弗拉斯托斯(Gregory Vlastos)论证了苏格拉底并没有"涉足目的论宇宙学……就他执迷于伦理学来看,他不可能去制造一种自然神学"(*Socrates: Ironist and Moral Phulosopher*[Ithaca, N. Y., 1991],页 162)。

③ "Origins of the Concept of Natural Law", *Proceedings of the Boston Area Colloquium in Ancient Philosophy* 2(1986),页 90 - 91。

④ 这里我们受益于朗格的观察(1988),页 163,他认为色诺芬重要地使得芝诺能够援引苏格拉底来阐述"廊下派的基本学说——彻底的目的论、神圣天意、诸神对人的特殊关怀,以及法律和社会的宇宙性基础"。

祇所制定的。《回忆苏格拉底》4.4 里就显露出苏格拉底的这种观点。此外,在柏拉图笔下苏格拉底平静而理性地接受死亡这一幕,也被廊下派视为个人何以根据自然中的神法来生活的典范。对廊下派而言,苏格拉底在面对死亡之时所作的道德选择,并不仅仅出于一位雅典的具有杰出德性的公民,更是神之理性为作为整体的自然所制定的原则的体现。

当然这并不意味着,我们在色诺芬和柏拉图那里所发现的苏格拉底,更别提历史上的苏格拉底,曾明确地构想出关于自然法的理论。但此种理论的基本组成出现在有关苏格拉底的文本中,这使得廊下派能够通过辨识出苏格拉底的相关思想来构建他们自己对自然法的阐述。事实上,廊下派之所以自认为苏格拉底的继承人,完全是因为,他们将自己的伦理学原则建立在了作为理性秩序整体的自然这一概念之上。

1 苏格拉底与“自然中的理性”

在《回忆苏格拉底》的第一卷中,①色诺芬详细叙述了苏格拉底与阿里斯托德谟斯(Aristodemus,一位恶名昭著的无神论者)之间的对话(1.4.2)。苏格拉底的主要目标就是向阿里斯托德谟斯证明虔敬对幸福的必要性,②但为了做到这一点,他首先必须说服对方相

---

① 关于《回忆苏格拉底》的一般性讨论,参见 L. Robin,“Les ‘Memorables’ de Xenophon et notreconnaissance de la philosophie de Socrates”,*L'année philosophique* 12(1910),页 1 – 47。关于色诺芬作为历史上的苏格拉底的记录者,一种极端消极的看法可见 H. Maise,*Sokrates,sein Werk und seine geschichtlicheStellung*(Tübingen,1913)。

② 康纳(David O'Connor)讨论了苏格拉底对阿里斯托德谟斯的无神论进行抨击的其他方面,参见“The Erotic Self – Sufficiency of Socrates:A Reading of Xenophon's *Memorabilia*”,载 P. A. Vander Waerdt 编,*The Socratic Movement*(Ithaca,London,1994),页 151 – 180。

信诸神确实存在。苏格拉底论证的基本策略,就是证明个人可以从人类的理性当中推论出自然世界的理性,接着通过自然当中的理性秩序表现,制造出一个强有力的假设,来支撑神的存在。就廊下派对苏格拉底的看法和他们自身哲理神学(philosophical theology)的发展来看,这些论证是重要的证据,因此值得我们详细考察。

苏格拉底的论证始于他试图表明生物是理性设计的产物。一开始,他让阿里斯托德谟斯承认一个普遍的命题:如果某物明显对实现一种目的有所帮助,那么它就一定是理性的产物。苏格拉底指出,感觉器官是所有事物中通过巧妙设计来实现自身功能的首要范例,进而,他论证了感觉器官也是那种内在于所有自然有机体中的目的性的典范。接着他又快速将其论证延伸到嗜欲、情绪和对身体的一般管理当中。苏格拉底并未提出人类是否有一个总体目的这样的问题,但他确有提到,既然人是设计出来的产物,那么在这设计的发起上就必有一个类似于工匠的存在。

然后,苏格拉底转向了人类理性(*νοῦς*),更为直观地显示宇宙中理性力量的存在(1.4.8)。此论述并不是说我们的理性明显是一位理性设计者的造物,苏格拉底这里事实上是在 nous[理性]和质料性元素(material elements)之间建构了一个类比。他声称,如果一小部分的土、水和其他元素组成了我们的身体,而它们大量地贮藏在自然之中,那么同样地,每一个人也拥有一小部分的理性。在这类比的基础上,他归纳得出,作为整体的自然当中必有理性在运行:

> 你真以为在别处就没有理智的(phronimon)事物吗?特别是,你知道土是极多的,而在你的身体里所有的只不过是一小撮,水是浩瀚的,而你的身体里也只有一小点,你的身体的构造也只能使你从其他无量数的事物中每样接受一小部分。即便现在理性不在其他地方存在,你就能够以为自己幸运地把它尽皆攫为己有(sunharpasai)了吗?并且,你以为那些广漠无限、

无限无量的事物可以不通过理智而组织起良好秩序吗？（1.4.8－9）①

开始时，阿里斯托德谟斯以声称自己观察不到治理这个世界的理性势力为依据，来拒斥苏格拉底这一论述（参照《回忆苏格拉底》4.3.14）。但在苏格拉底指出人的灵魂掌管身体后，阿里斯托德谟斯被迫承认“一个解释性的实体既存在又不可观察”的说法并非自相矛盾。

接着，色诺芬用目的论的观点，对苏格拉底的看法进行了局部化和全局化的延伸。就局部化目的论方面，他设计论证了小规模的实体——也就是动物身体——的部分与整体结构如何展现其目的。而在自然中的大规模目的论方面，他则运用了理性和质料（matter）的类比来加以论述。就像人的身体由巨量的质料性材料中的一小点所组成，每一个人的理性也来自世间总体的理性。

但值得注意的是，苏格拉底并没有证明为何能够用对待质料相似的观点来对待理性。他的论述也许只是依赖于此种因果原则：事物不可能从无中生有——也就是说每一个人的理性必定有某种来源。又或许，他依赖于这一原则更加精确的形式，Jonathan Barnes 称之为“因果论的同义原则”（synonymy principle of causation）：如果 A 造成了“B 就是 F”的局面，那么 A 就是 F。② 然而，无论哪种解释都需要更深层次的辩护，因为苏格拉底并未提到人类理性不能从非理性的元素的聚合中产生。结果照现在来看，他的论述是不完整的。我们后面会看到，芝诺试图使自己的宇宙理性概念免于这种抨击，其部分原因也在于他看到了苏格拉底论述当中的断层。

---

① ［编者按］译文参考色诺芬，《回忆苏格拉底》，吴永泉译，北京：商务印书馆，1984 年，页 29，有改动；下同。

② 参见 J. Barnes, *The Presocratic Philosophers*（London, 1979），第一卷，页 119。

在《回忆苏格拉底》1.4 的最后部分,阿里斯托德谟斯坚持他的拒绝态度,认为即使诸神存在,他们也既不需要人类来侍奉(θεραπεία),又全然不关心人类(1.4.10)。为了反驳这种拒绝态度,苏格拉底首先举出诸神设计了人类的例子,来说明诸神施予人的恩惠。这种设计——包括直立姿势、双手、言辞的力量以及智力——将人从 scala naturae[自然阶梯]中区别开来,并在一定程度上让人类获得其他创造物所无法获得的幸福。苏格拉底归纳说,这种幸福的至高要素就是人拥有在世间的优美和秩序当中观察到神性存在的能力(1.4.13)。

色诺芬笔下的这些论证的基本倾向,与苏格拉底一贯以来被描绘的形象有所冲突,人们普遍以为,苏格拉底拒斥自然哲学,认为它对个人通向德性和幸福毫无益处。而色诺芬的苏格拉底所作的论述中,则明确利用了关于自然世界以及人是自然秩序之组成部分方面的各项事实。诚然,色诺芬的苏格拉底并不赞成以某些前苏格拉底哲人的风格,来对生物体组成进行非常细化的分析。至少在这一点上,我们可以说他拒斥了这些自然哲人的目标。然则,他依旧使用关于自然世界以及人在这个自然有机体中的位置方面的某一特定观念。他的论述暗示,将自然哲学化绝非毫无益处,相反,这对确认诸神的本性和存在,从而确认人与诸神的恰当关系是必不可少的。所以,在对人类幸福之本质的理解上,伦理论述本身也无法涵盖所有那些他视为基础的元素。

如果我们结合《回忆苏格拉底》1.1 来检验先前的分析,色诺芬对苏格拉底关于自然哲学的态度的阐述就会变得更清晰。在《回忆苏格拉底》1.1 中色诺芬描述说,苏格拉底规避对“自然整体”(τῆς τῶν πάντων φύσεως)的研究,还揭穿那些探究宇宙起源和天象起因(ἀνάγκαι)之人的自负(1.1.11)。苏格拉底由此去质问φυσικοί[物理学家们],在他们为了神圣事物(τὰ δαιμόνια,1.1.12)而忽视人类事务(τἀνθρώπινα)时,他们是否认为自己在做一件正确的事情。

有趣的是,ta daimonia 在这里被用于描述作为科学研究对象的自然世界。

对于该词的这个特定用法可在《回忆苏格拉底》1.1.6 更广的语境中找到缘由。人类知识并不允许人去预测未来事件是如何产生的，因为诸神隐藏了某些原因，并让它们仅被自己所看见。这些被隐藏的原因是前苏格拉底哲人想要去发现的，也就是说他们想要去学习仅适合于诸神的东西，因此 ta daimonia 这个术语指的是（被隐藏的）自然活动。

此外，他还从物理学家们在 ta diamonia[神圣事务]问题上的分歧中看出，人类甚至不可能获得关于具体的自然活动的知识（1.1.13）。但苏格拉底在这里并未持一种真正的怀疑态度，因为他承认诸神掌握着知识；他只是在怀疑对人类来说，是否有可能和有必要去掌握关于神圣事务的知识。

在《回忆苏格拉底》1.1 中，苏格拉底明显将他的首要关注放在了伦理知识上（参照 1.1.16）。但就色诺芬笔下的苏格拉底规避对作为整体的自然的研究这一点而言，色诺芬要为文本的前后不连贯负责。我们已经在《回忆苏格拉底》1.4 中看到苏格拉底信奉一种关于自然哲学的特定观念，那么，这种承认又如何与《回忆苏格拉底》1.1 中的规避相匹配呢？

K. Lincke，“Xenophon und die Stoa”，*Neue Jahrbucher für das klassische Altertum, Geschichte und deutsche Literatur* 17（1906），页 673 – 691，与 Vlastos（1991），页 161 – 162，二者都认为 1.4 中的自然哲学观并非历史上苏格拉底的真实看法。林克证明 1.4 一定是一段篡入的文本，因为他觉得色诺芬是苏格拉底的忠实信徒（页 680 – 681）。弗拉斯托斯则推测这段文本是可信的，进而断言色诺芬不是苏格拉底的忠实信徒。廊下派持二者结合的观点，认为色诺芬是苏格拉底的忠实信徒，且这段文本是真实的。

我们若承认在《回忆苏格拉底》1.1 中色诺芬只是有所限定地声称苏格拉底规避对作为整体的自然的研究，这种不连贯就得到了化解。他清楚地陈述道，苏格拉底并非拒绝对自然哲学做简单的研究，相反，苏格拉底的批评只是指向那种对物理原因的精细探询，而这种探询在前苏格拉底哲人思想当中相当盛行。

对这种批判的暗示，首先应该出现在色诺芬关于宇宙生成与自然世界机制（anankai，字面义即“必然规律”）等方面的问题的论述中。在《回忆苏格拉底》1.1.14 中，当苏格拉底支持对爱利亚派（Eleatics）与原子论者的理论持怀疑态度时，此种印象得到进一步验证。苏格拉底拒斥那种精细的物理解释，但并未完全否认自然哲学的价值。① 他反对的只是以漠视 tanthrōpina［人类事务］为代价的 ta daimonia［神圣事务］研究（1.1.12）。色诺芬告诉我们，苏格拉底自己的发言总是集中于“人事”（περὶτῶν ἀνθρωπίνων）上，并且他在探询的过程中提出了“什么是虔敬”等诸如此类的问题（《回忆苏格拉底》1.1.16）。但我们已经在《回忆苏格拉底》1.4 看到，苏格拉底为了证明虔敬对人类幸福的重要性，而对自然世界的目的论进行了论述，且他将这种目的论与一种关于人类的自然和行为的特定观念联系在一起。

所以，苏格拉底绝非将自然哲学排除在外，而是利用自然哲学来确认神明的存在，从而在虔敬和幸福之间建立起相关联系。这样，将苏格拉底与前苏格拉底派前辈区分开来的，并不是对自然本身是否缺乏兴趣，而是他怀疑对自然现象中隐藏的活动进行精细研究的可能性和重要性（参照 1.1.15）。他觉得，physikoi［物理学家们］在神圣事务问题上的分歧，将会导致我们怀疑自己有可能获悉这些隐藏的活动，接着导致对它们的探询不再具有伦理价值。甚至，如果物理学家们坚持卷入那些诸神希望隐藏起来的事务当中，他们就会变得不虔敬，从而也就变得险恶（参照 1.1.8）。

这些论述显示出一种对自然哲学的态度，显得比亚里士多德和柏拉图所归给苏格拉底的自然哲学立场更少落入俗套。色诺芬笔下的苏格拉底并不彻底拒斥对自然的研究；他反对的是对自然进行探询时忽视或排除了自然的天意目的论（providential teleology）。基

---

① 参照《回忆苏格拉底》4.7，其中提到苏格拉底建议要熟悉天文学和地理学。

于相信对自然(ta daimonia[神圣事物])的正确目的论观点与对神性存在的信仰相关联,他还主张诸如虔敬等基础的伦理学(ta anthrōpina[人类事务])要素也要求我们对自然有正确看法。

色诺芬所展现出的关于自然的目的论图景与廊下派的旨趣十分相符。事实上,有明显证据表明,《回忆苏格拉底》1.4 中的苏格拉底论述,对廊下派就自然之理性的问题思考产生了重大影响。比如说,西塞罗与恩披里柯就明确地从《回忆苏格拉底》1.4 中找寻依据,提出了早期廊下派关于神的存在和远见(providence)的论证。

从西塞罗《论神性》的陈述中,我们很难确定这些论证是否受芝诺或者克律希珀斯的影响。恩披里柯则直接认为这些论证出自芝诺。就这些论证的归属所涉及的学述性问题的讨论,参见 M. Dragona - Monachou, *The Stoic Arguments for the Existence and Providence of the Gods* (Athens, 1976), 页 50; P. Boyancé, "Les preuves stoïciennes de l'existence des dieux d'après Cicéron", *Hermes* 90(1962), 页 46 - 71。

此二人的记述表明,廊下派采用了苏格拉底对自然中的理性的论证,并将这种论证作为他们为自身学说作深层次辩护和发展自身学说的起始点。因此,廊下派在推进自己关于自然法的思考时,认为能够从苏格拉底本人那里获得这项工作最为重要的相关部分(对神圣的理性和自然秩序的研究)的权威观点。

在《论神性》卷二 5.13 - 8.22 中,西塞罗笔下的廊下派式对话者巴尔布斯(Balbus)详叙了芝诺、克勒昂忒斯与克律希珀斯关于神之存在的论证。在讨论中,巴尔布斯直接引用了《回忆苏格拉底》1.4.8 的句子,并将 sunharpazein 译为 arripuit:

> 但甚至根据人的理智,我们就能推论出[在宇宙中]某种精神的存在,这种精神具有超凡的能力且实际上是神圣的。然则,人又是从何处"拾起"(arripuit)(就如色诺芬笔下的苏格拉底所说的)自己所拥有的理智的呢?如果有人问我们从何处获得渗透我们全身的湿气(moisture)和热量(heat),获得我们的

> 实际上是土质的(earthy)肌肉,还有我们生命的气息(breath),那么答案显然是,我们的这些事物一样来自土(earth),一样来自水(water),而另一样则来自我们呼吸时所吸入的气(air)。(《论神性》2.6.18,Rackham 译)①

这段论述的形式与策略本质上源于《回忆苏格拉底》1.4.8。正如在色诺芬那里一样,这段论述的目的是诉诸人类理性来确认宇宙理性,且为此也在理性与质料性元素之间进行了类比。这种直接引用甚至揭示出,这里对《回忆苏格拉底》中苏格拉底论述的呼应是有意为之。也许有人会问,这段话中对色诺芬的明确援引能否视为早期廊下派所为。不管看起来如何不真实,这段引文可能仅是西塞罗为了展示学术而添加的插入语;即便如此,某些如西塞罗那般深受廊下派感染的人,还是意味深长地将苏格拉底视为廊下派自然目的论方面的智识先驱。然而我们将会看到,有明显的证据表明,对《回忆苏格拉底》1.4.8 的援用来源于早期廊下派。

很难说文本中对苏格拉底的援引是出自西塞罗本人之手而不是源自他的廊下派背景。就西塞罗来看,苏格拉底最为突出的贡献就是抛弃自然哲学而转向伦理学(参照 T. B. DeGraff,“Plato in Cicero”,*Classical Philology* 35[1940],页 143 – 153)。此外,在《论神性》第三卷中科塔(Cotta)针对上述那段引文作出了回应,表明学园派对色诺芬与早期廊下派之间的联系过于想当然了。

从恩披里柯的一段话,我们可以更为清晰地追溯《回忆苏格拉底》1.4.8 同早期廊下派关于自然的概念之间的关系。在《驳学问家》9.92 中,恩披里柯对苏格拉底的论述进行了解释,并随之声称芝诺将此论述作为自己的生殖理性(seminal reason)学说的出发点(*τὴν ἀφορμὴν λαβών*,9.101)。在色诺芬那里,苏格拉底论述了我们的理性可以与我们的质料性组成部分进行类比,并且必定来自宇宙

---

① [编者按]译文参考西塞罗,《论神性》,石敏敏译,上海:上海三联书店,2007,页 57,有改动;下同。

中一个更大的理性库。就像我们提到的,虽然这种类比是此论述的关键,但其解释未必正当,因此关于这种类比缺乏正当性的批评蜂拥而至便显得毫不奇怪。现在转向恩披里柯对这些批评的记述对于我们的理解大有帮助,因为这些批评给廊下派继承苏格拉底的论述带来了一个挑战。

就苏格拉底的那种类比,有批评者指出,如果每一种存在的事物必定分别来自整个世界中各个不同的、贮存着这种事物的仓库,那么同样地,个人身体当中的胆汁、血液和黏液也必定分别来自宇宙中贮存着这三种事物中的一种的、更大的仓库。① 批评者认为,这个结论能够说明,若追随那种类比进行推演,可能导致一个荒谬后果。

同样,在《论神性》第三卷中,科塔在以怀疑论的方式攻击廊下派对《回忆苏格拉底》1.4.8 的援用时也运用了这一策略:

> 但你告诉过我,色诺芬的苏格拉底问了这么个问题,如果世界不具有理性灵魂,那么我们从哪里拾起我们的理性呢?我也可以问这么个问题,我们从哪里获得言说的能力、算术的知识以及音乐的艺术呢?……巴尔布斯呀,这些能力是自然的礼物。但这个自然并非如芝诺所说的,是"以类工匠的身份出现的"(walking in a craftsman - like manner)[稍后我们得考虑一下芝诺的描述到底意味着什么],相反,这个自然以其自身的运动和转变来推动万物的运动与活动。(《论神性》3.27 - 28,Rackham 译)

此外,科塔让芝诺关于 artificiose ambulans[以类工匠的身份出现的]自然的概念与机械论的自然概念相抗衡,根据后面一种自然概念,所有事物都是运动的产物,而这些运动并不神圣,因为它们是自然的(3.28)。在很多方面,使机械论与目的论相抗衡,呼应的是《回忆苏格拉底》第一卷中苏格拉底将自己与前苏格拉底哲人划清界限。作为一个怀疑论者,科塔自然会反对廊下派的

---

① 对此的讨论可见 M. Schofield,"The Syllogisms of Zeno of Citium",*Phronesis* 28(1983),页 31 - 58。他提出,这些批评当中所运用的策略可追溯到阿勒克希诺斯(Alexinus)(页 44 - 49)。

上述学说,他的做法就是为廊下派最初有意追随苏格拉底而拒斥的一种立场进行辩护。这也许就显示了,《回忆苏格拉底》1.4.8 何以频繁地出现在廊下派与怀疑派对自然目的论的争论之中。

当然,因为胆汁毕竟存在于所有人的身体当中,所以,说宇宙制造了胆汁并不荒谬。这样,上述反对意见的关键就应该在于驳斥苏格拉底对理性的论述,即他假定我们的理性必定是直接得自世界上某个独立存在的理性库。如果胆汁和血液并非我们从世界当中夺来的,那么我们如何能够设想理性就是的呢?

不过,对苏格拉底类比的攻击到后来便站不住脚。辩护者们马上指出(《驳学问家》9.97),这种类比仅能适用于四种元素这样的简单物(simples),而不适用于胆汁与血液这样的混合物。因为廊下派期望对苏格拉底的论述进行辩护以回应这些批评,他们面临的挑战,就在于如何阐释理性不是一种由基本元素组合而成的事物,而是一种像这些元素那样的简单实体。

对恩披里柯来说,芝诺接受了这个为《回忆苏格拉底》1.4.8 当中苏格拉底的论述辩护的挑战,并且在此过程中发展出了他自己的一套关于生殖理性的学说。色诺芬的苏格拉底对理性与质料所作的类比,会遇到一种反对意见,即个人理性与其所源出的宇宙理性并不是同一类事物。于是,对于苏格拉底的论述而言,最要紧的是设法证明宇宙理性由个人理性所组成。芝诺试图去抵御这类攻击,他构设了一个个人理性和宇宙理性的“部分—总体”联系,并用部分和整体的因果关联分析来提供支撑。生殖学说假设了一种从作为整体的宇宙到作为部分的个人当中理性的传递机制,为理解宇宙理性和个人理性如何为同一类型提供了一种可能。芝诺证明,这种传递当中的因果关系要求个人理性和宇宙理性必须为同一类事物。

芝诺的论述以如下三段论开始:

> 能够散播理性之种子的事物,其本身便是理性的;但宇宙

> 可散播理性之种子；所以，宇宙就是理性的。（恩披里柯，《驳学问家》9.101，Bury 译）

这个论证是有效的，但要让人信服还需我们对大前提和小前提进行恰当解释——即弄清芝诺在说“散播理性之种子”时所表示的意义，以及此种想法到底如何能被运用到宇宙层面当中。

恩披里柯认为廊下派对这个三段论的辩护，其核心在部分与整体的因果关系当中。它所进行的论证与运动在灵魂中的起源问题有关。任一运动都从灵魂的统治部分（ruling part）出发，且正是由于这个统治部分（τὸ ἡγεμονικόν），整个灵魂才具有运动的能力。[①] 可见，一种能力若不被整体所拥有，也就不会被部分所具有。恩披里柯提到，

> 部分所拥有的能力，必为整体所首先拥有。（《驳学问家》9.102，Bury 译）

这一结论提供了另一种理由，使人相信宇宙之组成部分中体现出的理性能在作为整体的宇宙当中找到因果起源，尤其是当这种理性扮演 to hēgemonikon［那个统治部分］的角色来发挥随便什么功能时，就更能够找到这种因果起源，最终，该结论证明了那个三段论。芝诺的生殖理性学说接着为理性从宇宙到宇宙的组成部分的传递提供了一个载体，从而支撑了这一论断。在《回忆苏格拉底》当中，苏格拉底问道：“我们是从哪里攫取到我们的理性的呢？”而他期望的回答是“从世界而来”。再接着，生殖理性的学

---

① 参照西塞罗，《论神性》1.39，廊下派声称神是世界的 hēgemonikon［统治部分］。参见 A. A. Long，“Scepticism about Gods in Hellenistic Philosophy”，载 M. Griffith、D. J. Mastronarde 编，*Cabinet of the Muses*（Chico.，Calif.，1990），页 281－288，其中讨论了一些怀疑论式的挑战，这些挑战针对的是廊下派关于宇宙之知觉、渴望与道德方面的断言。

说对理解个人从世界当中获取理性时所需的机制提供了因果框架。

有反对者认为,个人所展现的理性也许仅简单地从个人的合成物中来,并非源于宇宙理性。芝诺同样试图驳倒这一反对意见,为此他作出了如下区分:

> 如果说宇宙散播了理性动物的种子,那么它并非像人那样通过空洞的喷射的方式,而是将理性动物的种子包括在自己之内。但这种包括并不像我们所说的,葡萄藤上“包括”葡萄那样,也就是说不是内含。这种包括说的是理性动物的“生殖理性”被包括在宇宙之中。因此,论证就可成为这样:“宇宙包括有理性动物的生殖理性;所以宇宙就是理性的。”(恩披里柯,《驳学问家》9.103,Bury 译)

芝诺的论证利用了两种意义的“包括”之间的区分,因此就产生了两种因果关系。[①] 葡萄虽然在因果关系上从属于葡萄藤,但在种类上又与之不同,因为葡萄藤与葡萄有着不同的本质属性。另一方面,芝诺证明理性动物拥有理性,就好似个人展示了宇宙中更大的理性。理性不像葡萄,不可能从更为简单的非理性元素组合中而来,也不会是更为原初的元素的混合体。葡萄则从存在于葡萄藤之中的简单元素的组合中而来,这些元素以正确的比例从葡萄藤传递给葡萄。另一方面,理性在理性自身中拥有因果性来源,并且它从宇宙到个人的传递机制保证了其不用在传递过程中改变类型。这种为个人理性到宇宙理性的同质性进行辩护的尝试,为色诺芬那里的原始论述填补了空缺。但同时,我们看出,不论是芝诺论述的框架还是总体目标都保持了苏格拉底式的风格。

---

① 参照阿弗洛底西亚的亚历山大,《论混合物》(*Mixt.*),页 216,4 Bruns =《早期廊下派辑语》2.473。

因此我们完全有理由认为,《回忆苏格拉底》1.4.8中的苏格拉底论述,对廊下派关于自然中的理性的看法产生了显著影响。显然,它使廊下派看到,苏格拉底曾主张自然世界具有神圣有序的理性。然而,廊下派不仅仅是接受了这种苏格拉底教义,因为他们想要做的是为他们的观点找到一种古代权威作支撑。就如恩披里柯所指出的,芝诺对苏格拉底关于宇宙理性的论述的反思,影响并形成了他的生殖理性学说。这么说似乎苏格拉底之于廊下派,就如柏拉图之于后来许多的柏拉图主义者一样,在他们的思想当中占有一席之地。廊下派不仅将苏格拉底的观点视作权威,还试图更为准确地传达苏格拉底的观点,并在攻击者面前为其辩护。总之,廊下派在着手发展新学说的同时,也将苏格拉底标榜为他们的理论源头。

2 苏格拉底与神圣道德原则

我们已经看到,色诺芬的那段文本如何使廊下派能够把作为理性秩序整体的自然概念归给苏格拉底。而廊下派关于自然法的理论又假定,自然的神圣秩序立下了一套道德法则体系,为人类行为提供标准结构。关于廊下派自然法理论的这一典型特征,有一个例证是本文导言部分援引过的克律希珀斯《论法律》中的一段话。其中,克律希珀斯断言法律在权威上超越所有事物,包括神圣的事物,因此他所指的是超越作为整体的自然。此外,他声称,那治理着自然的法律所作出的规定具有道德原则的地位,从而能够为人类行为提供引导。于此,他在自然和道德法则之间构想出了一种最为可能的形式关联。①

① 关于廊下派这方面道德论的很有启发的讨论,参见G. Striker,"Following Nature: A Study in Stoic Ethics", *Oxford Studies in Ancient Philosophy* 9 (1991),页1-78。

正如我们所见,在《回忆苏格拉底》第一卷中,苏格拉底提出了自然中的理性的概念,将它从其他伦理思想——特别是虔敬——当中划分出来。然而,自然以道德法则或条规(rules)的形式为个人提供引导的观点,却没有出现在讨论当中。于此,我们必须考虑,廊下派是否还是将苏格拉底作为他们在自然法理论方面的先驱。

乍看之下,苏格拉底似乎也不太可能是一个对道德条规持有积极概念的人。他总是被视作"'存在'高于'行动'"('being' is promoted over'doing')这种德性伦理的创始人,①因此,人们认为他的道德探询的目标在于描述灵魂的各个属性,而不是为了发现道德条规及为之辩护。但有证据显示,廊下派能够找到关于苏格拉底的权威文本,来支撑他们有关道德条规以及这种条规对行动所起的作用这一方面的观念。

柏拉图的《斐多》与《克力同》(*Crito*)在廊下派有关自然法的思考当中起到了关键作用。不过,我们最好还是先从色诺芬的一段话入手。在《回忆苏格拉底》4.4 中,苏格拉底和希琵阿斯(Hippias)处理了神定法问题。在他们一致同意守法(*νόμιμον*)与正义(*δίκαιον*)是相同的之后(4.4.18),苏格拉底提出了一种关于不成文法的观念:

> "希琵阿斯,你是否觉得,"苏格拉底说,"有些法律是不成文的?"
>
> "至少那些在每个国家当中都被一致遵守的法律是如此",希琵阿斯回答。

---

① 参照 M. F. Burnyeat,"Virtues in Action",载 G. Vlastos 编,*The Philosophy of Socrates*(Garden City,N. Y,1971),页 209 – 234。有人认为,苏格拉底对定义的寻求,依赖于他认为知识(也就是道德要求)可以被还原为不受环境影响的条规,最近关于此的辩护可见 H. Dreyfus,"The Socratic and Platonic Basis of Cognitivism",*Artificial Intelligence and Society* 2(1988),页 99 – 112。对该文的挑战可见 W. I. Matson、A. Leite,"Socrates's Citique of Cognitivism",*Philosophy* 66(1991),页 145 – 167。

> “你是否愿意说是人类制定了这些法律?”苏格拉底问。
>
> “那怎么能呢?人类是不可能都聚集到一起的,而且也不是都说同一种语言啊。”
>
> “那么,你觉得是谁制定了这些法律?”苏格拉底问。
>
> “我觉得是诸神为人类制定了这些法律;因为对所有人来说,第一条法律就是要荣耀诸神”,希琵阿斯回答。
>
> “这么说的话,岂不是在任何地方都还有一条荣耀父母的法律?”
>
> “是的”,希琵阿斯回答。
>
> “所以,父母不可与子女发生性关系,子女也不可与父母做这种事。”
>
> “就这而言,苏格拉底啊,”希琵阿斯说,“这看起来并不是神所制定的一条法律”。
>
> “为什么呢?”苏格拉底问。
>
> “因为我注意到有些人违犯了这条法律”,希琵阿斯回答。
>
> “他们还违反许多别的法律哩。不过,违犯诸神所定的法律的人会受到惩罚,没有人能从中幸免。”(4.4.19-21)

廊下派能从这一段话当中找到他们认为是自身理论的元素。大体上,诸神制定了在每个地方都具有效力的道德法则,这一申明听上去不可能更像廊下派风格了。① 比如在《论共和国》3.33中,西塞罗在他的廊下派化解释当中再造了色诺芬对不成文法的描述,认为真正的法律是“与自然相吻合的正当理性”。莱利乌斯(Laelius)在回应斐利乌斯(Phlius)所陈述的卡尔涅阿德斯(Carneades)对不正义的

---

① 在所引段落当中,即便是荣耀父母这样特别的申明也与廊下派的观点相类似。荣耀父母是廊下派确信的一则重要的道德条规,或是一项重要的“允许无例外的恰当功能”(ἀεὶ καθῆκον);参见《名哲言行录》7.108-109=《早期廊下派辑语》3.495,对其的讨论见《希腊化哲人》第一卷页365-366。

无耻辩护时,描述了自然之法的一些特征,其中有如下几条:

> 1. 普遍适用于所有时代的所有民族("也不会在罗马是一种法律[lex],在雅典是另一种法律,现在是一种法律,将来是另一种法律。")
>
> 2. 神为立法者("神会是一个对所有人共同的统治者和号令者,是这一种法律的创造者[inventor]、裁断者和颁布者。")
>
> 3. 违犯神法者将会遭到相应的惩罚("谁不服从它,谁就是逃避自我……从而将会遭到最大的惩罚,即便他成功躲过一般人认为的惩罚。")

因为没有古代证据显示廊下派有关神定道德法则的概念来自《回忆苏格拉底》4.4,所以,尽管上述回应与色诺芬的观点惊人地相似,还是不能建立起色诺芬与廊下派之间的直接联系。当然,我们很难不去怀疑,是否色诺芬的苏格拉底在上述方面对廊下派观点产生了影响,[①]特别是考虑到《回忆苏格拉底》对芝诺的影响早已被证实。[②] 但在没有直接验证的情况下,或许最好还是不要太过强调这种关联。

关于廊下派如何在神圣道德法则方面与苏格拉底产生联系的理解,另一个证据是赛德利(David Sedley)所著的关于廊下派对柏拉图的阐释的文章。[③] 众所周知,对苏格拉底之死这个话题的兴趣贯穿了整个廊下派历史。[④] 赛德利证明,柏拉图在《斐多》和《克力同》中描写

---

① 那三条论述所处的辩证语境,以及希琵阿斯就神之立法所作的必要申明,也许会让廊下派更难以将这三条论述当作苏格拉底学说来援用。

② 参照《名哲言行录》7.1 =《早期廊下派辑语》1.1,提供了色诺芬笔下的苏格拉底形象对芝诺的影响方面的轶事性证据。

③ "Chrysippus on Psychophysical Causality",载 J. Brunschwig、M. C. Nussbaum 编,*Passions and Perceptions*(Cambridge,1993),页 313 – 331。

④ 参见 K. Döring,*Exemplum Socratis:Studien zur Socratesnachwikung in der kynischstoischen Popularphilosophie der frühen Kaiserzeit und im frühen Christentum*,Hermes Einzelschriften 42(Weisbaden,1979),页 25 – 31、49 – 55、130 – 135、142 – 149。

苏格拉底那样平静地接受死亡,可以为廊下派提供一个范例,证明圣贤坚信自然具有理性的和天意的秩序。比如我们只消去思考关于塞涅卡之死的陈述,就能够看到苏格拉底的例子对廊下派思考产生了多么深远的影响。① 同样显而易见的是,对廊下派而言,苏格拉底在面对死亡时所表现的镇定,展现了他对宙斯的理性秩序所具有的理解和坚信。

现在的问题在于,廊下派是否相信宙斯的宇宙秩序所表现出来的道德原则激发了苏格拉底的行为?如果是,我们就可以发现他们可能是如何自然地去相信,苏格拉底根据κοινὸς νόμος[共同法]的规定来掌控自身的行为。

在西塞罗的《论预言》第一卷中,廊下派式对话者昆图斯(Quintus)详细叙述了柏拉图《克力同》中的苏格拉底之梦(1.52)。我们应该记得,这梦境正确预示了苏格拉底不会在接下来的三天内死去。赛德利观察到,

> 对一位廊下派哲人来说,似乎苏格拉底决定留下并死去,很大程度上是被他无论如何都必会在那天死去的启示所引导——一种神之指示让他的自愿赴死变得道德上更为可取。②

当然,我们也不能小觑廊下派论述向另一方向的延伸——那就是从道德上正确的行为表现当中推出神性约束。

因为廊下派对苏格拉底之死的兴趣,柏拉图的《斐多》与《克力同》对廊下派来说就成了重点研究文本。巧的是,在《克力同》这部文本中,苏格拉底还阐明了一项他所坚持的高于其他一切申明的道德原理——据弗拉斯托斯描述,这项原理能够带我们进入苏格拉底伦理学理论的"最深层次"。③ 因这个不成文原则(ἀρχή),苏格拉底

---

① 对此的全面讨论可见 M. Griffin, "Philosophy, Cato, and Roman Suicide", *Greece and Rome* 33(1986),页 67 – 77、192 – 202。

② Sedley(1993),页 316。

③ Vlastos(1991),页 199。

决定留在监狱(48e),并声称:我们在任何情势下都不可行不义(*οὐδαμῶς ἄρα δεῖ ἀδικεῖν*,49b),甚至不可因为遭受不义而进行报复(49c)。从苏格拉底拒绝 lex talionis[报复法律]来看,他最为基本的原则就是我们绝不可行不义。我们可以看到在《克力同》中,正是对这项道德原则的信奉使苏格拉底选择服从法律,宁可去死也不愿越狱而苟活。① 因为苏格拉底觉得,如果自己藐视城邦的法律,那就是在以不义报不义(*οὕτως αἰσχρῶς ἀντιδηκήσας*,54c)。

在《克力同》中,苏格拉底所作的道德性慎思的总体结构,以及他的最终决定,可以看作遵循了他一贯的受条规支配的行动做派。苏格拉底分离出一项确定的道德原则,认为它高于一切,并着手将它应用到他自己特定的情势当中。对廊下派来说,这显得不能再熟悉了。② 比如,爱比克泰德就从《克力同》所载的苏格拉底行为中精确地提炼出了这项道德原则。

就如 Sedley(1993,页 313 – 331)所说,我们相当有信心追溯回早期廊下派观点,即苏格拉底的行为昭示了神圣因果关系与道德原则的耦合。爱比克泰德对《克力同》所载的苏格拉底行为进行了更为详细的阐释,从而使这种耦合所具有的本质变得更加丰满。尽管我们无法肯定地认为他的解释的每一细节都可追溯到早期廊下派,但爱比克泰德所提供的证据表明,这样一种关于《克力同》的解读,对早期廊下派来说既有吸引力又有可行性(特别是考虑到早期廊下派关于自然原则和道德原则的理论中,有很多彼此密切相关的元素都是他们与苏格拉底文本所进行的互动的产物)。此外,朋霍费尔(Adolf Bonhöffer)业已确凿地论证了(*Epiktet und die Stoa*[Stuttgart,1890]),爱比克泰德经常以一种十分直接的

---

① 在苏格拉底当时所处的情势下而不是在所有情势下,个人绝不可行不义这一原则是如何产生服从法律这项道德义务的? 相关解释可见 J. G. DeFilippo,"Justice and Obedience in the *Crito*",*Ancient Philosophy* 11(1991),页 249 – 263,尤其是页 261。

② 对道德条规在廊下派伦理学中的作用的一般性讨论,参见 P. Mitsis,"Seneca on Reason, Rules, and Moral Development",载 J. Brunschwig、M. C. Nussbaum 编,*Passions and Perceptions*(Cambridge,1993),页 285 – 312。

方式来利用早期廊下派的著述。关于爱比克泰德对苏格拉底的态度的研究综述，参见 J. P. Hershbell,"The Stoicism of Epictetus:Twentieth Century Perspective", *Aufstieg und Niedergang der römischen Welt* II. 36. 3(Berlin,1989),页 2153 - 2155。

在《清谈录》4. 1. 159 - 169 中，爱比克泰德重述了《克力同》，并详述了其中一些众所周知的苏格拉底生活事件，用以证明苏格拉底那超于常人的自由。

《清谈录》2. 17 提出了这个对应的认识论问题：我们该如何将哲人的一般原则(θεωρήματα)和我们对正确行为的前概念(preconceptions)运用到我们的个人情势当中(参照《希腊化哲人》40S =《清谈录》1. 22. 1 - 3. 9 - 10，以及《希腊化哲人》第一卷页 253 上的评论)？在《清谈录》1. 4. 18 - 27 中，爱比克泰德在关于道德进步(προκοπή)的语境中审视了这一问题。他在讨论我们该如何在无论遇到什么问题的情况下都能将指导原则付诸行动时(1. 4. 20)，再次调用了《克力同》中的苏格拉底的例子。他引用《克力同》43d7 - 8(1. 4. 24)，以此论证苏格拉底平静接受自己的命运的态度源自他将自己的原则付诸实践的能力。《手册》(*Encheiridion*)的结论同样如此，它劝勉人们在任何场合都要记住苏格拉底的那些话(在这两个例子中，爱比克泰德毫不意外地去掉了柏拉图原作中的措辞τύχη ἀγαθή[好运])。

爱比克泰德坚称这种自由依赖于苏格拉底对正义原则的笃信，以及对宙斯理性秩序的理解与接受。正是因为苏格拉底的道德原则遵循了神的命令，所以实际上我们可将苏格拉底的行为视为一种完全自由生活的典范。

《克力同》的读者们即使在赞扬苏格拉底对正义的信奉时，也常常质疑苏格拉底在运用他的原则时是否不知不觉中犯了错。比如我们有理由怀疑，苏格拉底认为他的逃跑会破坏城邦及其法律，这一点他是不是错了。① 显然，这种反对声指出了基于条规的道德

---

① A. D. Woozley, *Laws and Obedience: The Arguments of Plato's "Crito"* (Chapel Hill,N. C. ,1979)，第六章，就《克力同》"从这种破坏出发的论证"的哲学价值提供了不错的讨论。

理论的标准难题,也就是在特定情势下错误运用条规的难题。然而,廊下派有办法对这个难题——至少就苏格拉底的抉择而言——作出一种非常有趣的解释。我们已经看到,他们相信苏格拉底已事先得到神示,知晓其死亡是命定的。所以对廊下派来说,这一神迹的出现,证实了苏格拉底决定留在狱中死去与宇宙的理性秩序和道德秩序相符。于是这一神迹就验证了苏格拉底的行为是道德的,从而也验证了他对某项基础道德原则的运用是正确的。那就是说,廊下派学说中的天意决定论(providential determinism),让他们得以挑拣并评估出对道德条规的正确运用方式。另一方面,苏格拉底承认并坚定地信守某项道德基本原则,这同样显示出他的行为也符合自然中神圣的和道德的秩序。所以,从《克力同》里苏格拉底的决定和行为当中,我们发现了廊下派的观点,即道德原则与自然的神圣理性计划之间相互暗示,甚至绝对耦合。如此,苏格拉底作为廊下派的圣贤典范,他的态度和行为便最为准确地体现了 koinos nomos [共同法]的要求。

在《伦理学史纲》中,西季威克(Henry Sidgwick)论证说,廊下派在他所谓的古代与现代伦理学概念之间提供了一个过渡。他声称,现代伦理学的特征是,

> 只要责任条规被视为构成了神定的法典,那它就将自身以一种新方法与神学联系到一块……[并且]只要它被认为是在探讨法律的条规,且这些条规能通过被理性识为自然且普遍有效的,那它就与抽象的法理学有着密切联系。①

西季威克相信,廊下派是那场朝向"现代"伦理学和伦理学理论的运动的发起者。当然,某种意义上讲他是对的,因为廊下派确实是第一批从自然之法的理性与道德层面上明确建构出一种伦理

① *Outlines of the History of Ethics*(London,1886),页 6-7。

学的哲人。但这种道德哲学史观无法解释,廊下派在反思了苏格拉底的言行之后,能将其自身观点发展到何种程度。

当然,这并不是说影响廊下派关于自然法思考的人唯有苏格拉底。有关柏拉图《王制》在廊下派理论形成当中的作用方面的一些看法,参见 P. A. Vander Waerdt,"Zeno's Republic and the Origins of Natural Law",载氏编,*The Socratic Movement*(Ithaca,London,1994),页 272 – 308;关于赫拉克利特在这方面的影响,参见 M. Schofield,*The Stoic Idea of the City*(Cambridge,1991),页 77 – 84。

对此,就像在古代伦理学史的大多数领域中一样,人们危险地忽视了苏格拉底的力量与影响范围。诚然,廊下派的苏格拉底信奉宇宙理性,并过着一种受神定道德条规治理的生活,这只不过是古代关于苏格拉底的众多相互冲突的形象之一。但这种形象对随后的道德哲学在方法和目的上有些最为基础和普遍的影响。事实上,将自然法理论的起源,从而也将"现代"伦理学的典型风格固定在苏格拉底运动的框架中来考察,绝不是一种夸张的做法。①

---

① 感谢斯特兰奇(Steven Strange)与维尔德特(Paul A. Vander Waerdt),谢谢他们的有益评价。

芝诺与廊下派的一致论

李斯特(John M. Rist) 撰
徐 健 译

1

波伦茨(Max Pohlenz)在阐述廊下派伦理学的一开始,便指出“希腊伦理学是关于幸福的伦理学”;①诚如亚里士多德所言,②希腊人确实常把εὐδαιμονία[幸福]视为道德性的善。但廊下派的伦理学相当繁复,尽管他们关于道德生活之 telos[目的]和 skopos[目标]的理论中有一些难点已经得到清理,这尤其得归功于里特③和朗格④的工作。然问题依旧不少,不过与该学派的元老们,特别是与芝诺本人相比,巴比伦人第欧根尼和塔索斯人安提帕特若斯(Antipater of Tarsus)的著作可能更好处理些。困难部分在于芝诺思想中德性与幸福(happiness)间的关系问题,对此的研究可以恰当地从一段文字开始,这段文字并不特别针对芝诺,而是针对整个廊下派。

根据司托拜俄斯,⑤廊下派常言 telos[目的]在于活得幸福(is

---

① M. Pohlenz, *Die Stoa*(第三版,Göttingen,1964),页 111。

② 《尼各马可伦理学》1095a18 – 19。

③ O. Rieth,“Über das Telos der Stoiker”,*Hermes*(1934),页 13 – 45。

④ A. A. Long,“Carneades and the Stoic Telos”,*Phronesis* 12(1967),页 59 – 90。

⑤ 司托拜俄斯,《读本》2. 77. 16(=《早期廊下派辑语》3. 16)。

being happy, τὸ εὐδαιμονεῖν)。活得幸福就是某种我们所称心的事物；我们并不拿幸福当作获取其他事物的手段。活得幸福体现在(consists in, ὑπάρχειν)有德性地生活、一致地(ὁμολογουμένως)生活，以及遵循自然地(κατὰ φύσιν)生活。我们没有被告知到底是谁给出了这些等式，不过给我们的印象是整个廊下派都承认它们。不过，那段文字随后继续说，芝诺把幸福定义成一种生活的顺畅(a smooth flow of life, εὔροια βίου)。[①] 克勒昂忒斯和克律希珀斯等人承认这个定义，[②] 但司托拜俄斯说他们将幸福称为 skopos[目标]，而把 telos[目的]视为"获取幸福"(τὸ τυχεῖν τῆς εὐδαιμονίας)。[③] 这段话表明，克勒昂忒斯和克律希珀斯(καίτοι γε λέγοντες[然而他们却说])，而非芝诺，区分了道德生活终极的目标(skopos)以及道德生活即刻的善和目的(telos)。[④] 这种区分有何哲学意义？它是否给出了什么线索，使我们能够明白廊下派向我们提供了何种道德体系？近年来，这些问题得到了极大的关注。[⑤]

也许我们应当从芝诺的εὔροια[顺畅]概念开始。幸福在于顺畅。活得幸福之人可能永不会感到困惑，以至于会去重塑自己的价值优先序列。他终归是始终如一的，可以说，他的意图和动机构成

---

① [译按]εὔροια βίου也可译为"生活的涓涓细流"。

② 参照恩披里柯，《驳学问家》11.22(《早期廊下派辑语》3.73)；11.30(《早期廊下派辑语》1.554)。当我们体内的守护神(daimon)服从宇宙主宰者的"意志"(will)时，εὔροια[顺畅]就实现了，参见《名哲言行录》7.88。但这不能被当作芝诺本人提供的说明。

③ 参照 Rieth(1934)，页 24－26。

④ skopos[目标]是某种 telos[目的]，参见司托拜俄斯，《读本》2.76.16以下(《早期廊下派辑语》3.3)。

⑤ 参照 A. A. Long, "The Logical Basis of Stoic Ethics", *Proceedings of the Aristotelian Society* 71(1970/1971)，页 85－104；A. Graeser, "Zirkel oder Deduktion: Zur Begrundung der stoischen Ethik", *Kant－Studien* 63(1972)，页 213－224，"Zur Funktion des Begriffes 'Gut' in der stoischen Ethik", *Zeitschrift für philosophische Forschung* 26(1972)，页 417－425。

了一个内在统一的整体。据司托拜俄斯,[①]芝诺还把目的(telos)定义成一致地生活,即,通过遵循一个和谐模式来生活。芝诺为此给出的理由是,那些并非过着一致的生活,而是活在冲突之中的(*μαχομένως*)人是不幸福的(*κακοδαιμονούντων*)。我们有理由认为,这不只是一个推论,还符合我们的经验。(唯独)那些活在冲突之中的人是不幸福的,这就是说,不幸福的人活在冲突和矛盾之中。因此,不幸福显然衡量着我们"内在"生活的品质(例如和谐程度)。[②]这些观点使廊下派避免了把道德论建立在从事实陈述到价值陈述的不合理的转换之上。人人都想活得幸福,因为神(神圣的理性)规定如此,并且这样才"创造"了我们。所以,如果人们认识到正是不一致性使得自己不幸福,那么他们将会设法避开它。在廊下派看来,避开不一致性的关键在于认识到道德责任的合理性。例如,我的行为不会既是一致的,又是不诚实的。因此,既然我渴求幸福,那么我就有理由觉得自己不该不诚实。

廊下派似乎常把德性看成"一致的状态"(consistent disposition),[③]或者更一般的情况是看作灵魂统治部分(*ἡγεμονικόν*)所处的某种境况。[④] 没有人会质疑这里提及的一致性是指个人内在的一致性,无论它是不是指与外部自然意义上的"自然"始终保持一致。[⑤] 普鲁塔克认为,整个廊下派都把德性看成既是一种理性所产生的状态和力量,也是一种坚定一致的理性本身,[⑥]并且在一首诗

---

① 司托拜俄斯,《读本》2.75.11(《早期廊下派辑语》1.179)。

② 廊下派对"善"之概念的类似看法(即,善是有用的),参见 Graeser(1972),页 219,注 17,其中修正了 Long(1970/1971,页 98)的观点。

③ 《名哲言行录》7.89(《早期廊下派辑语》3.39);参照塞涅卡,《致鲁基里乌斯的道德书简》31.8(《早期廊下派辑语》3.200):consonans sibi[与自身一致的]。

④ 恩披里柯,《驳学问家》11.22(《早期廊下派辑语》3.75)。

⑤ 司托拜俄斯指出,克勒昂忒斯在一致性问题上引入了自然(《读本》2.76.3 以下[《早期廊下派辑语》1.552])。

⑥ 普鲁塔克,《论道德德性》(*De virt. mor.*)441c(《早期廊下派辑语》1.202)。

篇中，克勒昂忒斯把ὁμολογούμενον［被……相一致的］列入“善”——肯定包括属人的善的概念——所带谓词的清单之中。①

让我们回到一开始提及的司托拜俄斯的那段话。② 在把活得幸福视作目的之后，司托拜俄斯告诉我们，廊下派认为活得幸福“体现在”(ὑπάρχειν)有德性地生活、一致地生活，以及遵循自然地生活。我们注意到，他们不是简单地把德性视作幸福。但我们该如何理解“体现在”这一概念呢？对此，我们可以在另外几个文本中找到答案。拉尔修用了同种表述，只是将ὑπάρχειν ἐν［体现在］替换成εἶναι ἐν［是在于］：幸福是在于德性。③ 根据普鲁塔克，克律希珀斯以某种不同的方式表达了幸福和德性的这种关系，但他的表述并没有暗示出不同的观点。邪恶是不幸福的οὐσία(“实质”)④——从而，德性也就可能是幸福的实质。这看起来不像是对οὐσία［实质］这个术语的专业用法，也不像是对我们指出廊下派的范畴说：或许克律希珀斯想说的不外是，只要你变得邪恶，你就不幸福，因此只要你有德性(即，一致的行为)，你便得到幸福。廊下派认为德性成就(ἀποτελοῦσι) 幸福，⑤ 或者德性产生 (ἀπογεννῶσι)⑥ 并构成(συμπληροῦσι)幸福，因为德性是幸福的组成部分。当读到这些观点的时候，我们只需断定，倘若拥有德性，则我们不再需要其他任何事物就能获取幸福。这样看来，德性和德行是幸福的充要条件。⑦

因而，廊下派是在说，德性(一致性)总是带来幸福，但“德性”和“幸福”这两个词不能相互替代。这个观点在古代似乎并不确

---

① 亚历山大里亚的克雷芒，《劝勉集》(*Prot.*)6.72(《早期廊下派辑语》1.557)。

② 司托拜俄斯，《读本》2.77.16(《早期廊下派辑语》3.16)。

③ 《名哲言行录》7.89(《早期廊下派辑语》3.39)。

④ 普鲁塔克，《论廊下派的自相矛盾》1042a(《早期廊下派辑语》3.55)。

⑤ 《名哲言行录》7.96(《早期廊下派辑语》3.107)。

⑥ 司托拜俄斯，《读本》2.71.15(《早期廊下派辑语》3.106)。

⑦ 司托拜俄斯，《读本》2.77.6(《早期廊下派辑语》3.113)。

定。拉克坦提乌斯在一段有趣的话中误读了这一观点。① 首先,他正确地评述道,要是没有德性,任何人都不会活得幸福。由此他再次正确地认为,幸福生活是德性的报偿。但他错误地给出了进一步的总结:德性实际上不是因其自身而应该追求。这个结论之所以不对,是因为幸福难以捕捉。它虽然是一种报偿和必需品,但无法直接获得。事实上,德性是因其自身而应该追求。

至此,我们已经概述了某种目的(telos)和目标(skopos)之间的区别。里特注意到了这一区分与下述区分之间的关系:什么是αἱρετέον[必须选择的]以及什么是αἱρετόν[值得选择的]。② 我们注意到,希腊语动词的-τέον形式被廊下派用来表达责任之义。司托拜俄斯陈述了这一在某种形式上为克律希珀斯所扩展的学说。③ 那个区分在于什么是值得选择的以及什么是必须选择的之间,其中,必须选择的事物是"每种有益的行为"。显然,幸福不是一种有益的行为;这种行为事实上应被称为德行。德行是"必须选择的",这里我们谈的还是目的(telos)。廊下派不愿说我们必须幸福;他们想说的是,"(既然渴求幸福,那么)我们必须始终如一地行动"。

对上述问题的进一步阐述,可以借助另一项区分,这个区分至少为某些廊下派哲人所承认,尽管未必包括芝诺本人:τελικὸν ἀγαθόν[目的性的善]和ποιητικὸν ἀγαθόν[工具性的善]。④ 严格讲来,廊下派更愿意只把德性称为善(同时只把邪恶称为恶),但他们也常常采用比较普通的表述——只是他们告诫说,一旦会造成哲学上的误解,那么他们将把"善"这个术语限定在德性领域。⑤ 在一段更加宽泛地使用"善"这一概念的文字中,像"愉悦"(joy)和"合宜地漫步"

① 拉克坦提乌斯,《神圣原理》5.17(《早期廊下派辑语》3.47)。

② Rieth(1934),页25。

③ 司托拜俄斯,《读本》2.78.7(《早期廊下派辑语》3.89)。

④ 司托拜俄斯,《读本》2.71.15(《早期廊下派辑语》3.106)。

⑤ 普鲁塔克,《论廊下派的自相矛盾》1048a(《早期廊下派辑语》3.137)。

(sensibly walking about)等事物被归入τελικὰ ἀγαθά[诸种目的性的善]之列,其要点在于它们本身就是善。另一方面,朋友或明智的人是"工具性的"善,也就是说,他们是实现其他善的手段。不同于这些事物,德性既是"工具性的"善,也是"目的性的"善,亦即,它们既是目的本身,也是获得其他事物——例如幸福——的工具。这段文字继续说到笔者前面业已陈述过的观点:德性生成幸福,因为它们是幸福的组成部分。因此,当具备所有德性之时,幸福就来临了。同样,邪恶与不幸福之间的关系亦如此。

但拉尔修做出了一项微妙的补充。① 他把"合乎德性的行为"归入τελικά[诸种目的性的]善之列,并将它们同德性本身区别开来,因为正如司托拜俄斯所述,德性是τελικὸν καὶ ποιητικόν[目的性的和工具性的]善。我们还须注意,幸福从未被归入τελικὸν ἀγαθόν[目的性的善]之列;这使我们更加确信,幸福本身虽可欲,却不宜径直求取。不同于此,德性应作如下描述:尽管它对幸福来说是工具性的(ποιητικόν),但我们追求它不该只是为了幸福,还要为了它本身。假如我们不把德性自身认作善,就不可能得到它。

近来,评论者朗格似乎认为廊下派拒绝了(或至少不会接受)亚里士多德的一个观点,那就是,自利是首要的或唯一的道德动机。② 但道德动机在这里的含义并不完全清楚——我们尚需明白道德体系应据道德动机的形式还是内容来定义——如果朗格的意思是,廊下派不会说人们应完全或主要出于自利而做出好的行动,则他是对的,但这样容易误导读者。事实上,一个人唯有认识到自己真正的利益所在,才能是"道德的",才能认识到"道德"事实。

廊下派说,对于幸福而言德性自身就足够了(αὐταρκὴς πρὸς εὐδαιμονίαν)。③ 但我们亟待谋取的绝不是幸福,而是德性,亦即一

---

① 参照《名哲言行录》7.96(《早期廊下派辑语》3.107)。

② Long(1970/1971),页96。

③ 《名哲言行录》7.127(《早期廊下派辑语》3.49)。

致的生活。刻意谋取幸福是无效的,相关原因有二:第一,这可能会抑制德行的实践,而这些德行是通往幸福的唯一道路;第二,这可能会产生出与我们自然驱动的发展相冲突的一种行为。[①] 每一位研习廊下派哲学的人都知道,这些驱动起初关系到我们对如下问题的认识:就任何动物而言,或者说,从任何动物的本性来看,什么是"最初适宜的"(first suited,*οἰκεῖον*)事物。[②] 最近有人指出,[③]"最初的"这个术语或许指的是时间上的优先,而非逻辑上的优先。因此,我们随着成长会发现不同的"适宜的"事物;然而,当我们最初获得关于外部世界的某种意识时,也就是在我们出生之时,我们"最初的"驱动指向保存我们所处的状态。[④] 此时我们或许处在"正确的"境况之中,不过从严格的廊下派哲学上看,我们这时显然既没有德性也没有活得幸福。但我们是第一次面对某种敌对的环境,我们得做出相应的回应,[⑤]以便尽可能地实现自我保存的本能。可随着我们的成长,oikeiōsis[适宜关系]的范围会不断扩展,实际上,如果我们

---

① [译按]原文为:and it might be productive if a kind of behaviour which is in conflict with the development of our natural impulses。其中 if 应是勘误,当改为 of。

② 在这个文段(即《名哲言行录》7.85 =《早期廊下派辑语》3.82)中,笔者仍愿意把其中一个词读作*συνείδησις*[同时理解到],尽管有不同的意见,参见 H. S. Long,*American Journal of Philology* 92(1971),页 749。在笔者看来,朗格似乎没有意识到自己显然已经把*συνείδησις*[同时理解到]这个更难的词理解成了*συναίσθησις*[同时感知到]。但这种修正毫无道理可言。

③ G. B. Kerferd,"The Search for Personal Identity",*Bulletin of the John Rylands University Library of Manchester* 55(1972),页 190–191;参照该作者提及的《名哲言行录》7.85(《早期廊下派辑语》3.178)等文本。

④ 希耶罗克勒斯,《伦理学要义》(*Ethische Elementarlehre*, Berlin 1780),载 H. von Arnim 编,*Berliner Klassikertexte* 4(Berlin,1906),卷六 23–24。

⑤ 参见 S. G. Pembroke,"Oikeiōsis",载 A. A. Long 编,*Problems in Stoicism*(London,1971),页 146,注 89(以及斐洛,《论世界的创造》161[1,56,7 以下 Cohn])。

变得智慧,自我保存的欲望就不再具有压倒一切的重要性——智者可以选择献出自己的生命——然廊下派可能会宣称,任何“已发展出的”驱动(即,不是我们出生时拥有的驱动,而是随着我们在身体和道德上变得成熟而发展出来的驱动),都不该在没有充足理由的情况下优先于之前的驱动。显然,根据这样一种人论,一致行为的观念得以保留。一个人不应轻易放弃自己的生命,这其实为自我保存的本能所支持。

然而,新的可靠的驱动和回应建立在旧的驱动和回应之上,我们须学会让旧的适应新的。兴许在一个理想的世界中,这种调适简单易行,从而我们都会发展成圣贤。但现实的外部世界这个新因素从一开始就存在着。来自自我之外的败坏性影响侵害着我们个人的自然,而该自然原本 ceteris paribus[在其他条件不变的情况下]会通过驱动的“理性化”发展出德性,再通过德性发展出幸福。因此,这个对道德产生诱惑的外部世界,如何能够与我们自身的世界、与由我们生来赋有的自我保存之本能所统治的世界相调和?在试图理解这一问题之前,首先得确定我们面对的那些外部威胁所具有的形式。其中,首要的形式是快乐(pleasure)和痛苦。拉尔修有一段话很好地总结了刚出生之人的处境。他说,自然赋予了未遭歪曲的起点(*ἀφορμαί*)。① 理性的动物走错路,是因为他被外在事物所蒙骗,或者出于同伴的教唆。这幅关于人之堕落的图景值得注意。廊下派似乎把带领灵魂从邪恶走向德性比作矫直曲棍,②因而,如果一个人自出生起就过正确的生活,那么他就有正确的开端——这是我们所有人都会有的——并一直走在笔直贯通的德性之道上。如是,他将以连贯一致的方式回应外来刺激。但这如何付诸实践?

克律希珀斯——拉尔修上述那段话可能就是他说的——认为我们一开始并不堕落,这里他必定是指,我们的发展是从最初的

① 《名哲言行录》7.89(《早期廊下派辑语》3.228)。

② 参照《早期廊下派辑语》3.489。

oikeiōsis[适宜关系]开始,并根据自我保存的本能来行动,这在某种程度上对于我们来说是正确的或可靠的。但在什么意义上可以说这是正确的、不堕落的、可靠的,等等?我们读到,自然赋予我们那些始点;这不可能指我们人本身的自然,因为它是"自然"所授予的一系列条件(circumstances),借由这些条件,我们能够有机会存于世上。所以至少克律希珀斯会认为,我们人类的起始点符合自然——即"设计之火"(designing fire,πῦρ τεχνικόν)——的某种计划或设计。从而在刚出生时,我们的行为模式必然被认为符合自然整体之类似于法则的运作方式,并且与其保持一致。而当我们发展时,如果我们应当具备德性并始终如一,那么我们的行为必须经未遭败坏的起始点涓涓流出(flow smoothly)——也就是说,我们的行为本身不得不与那赋予我们这些起始点的自然保持一致。因此我们看到,克勒昂忒斯和克律希珀斯都主张,telos[目的]这一准则当指我们必须与大的自然(Nature)相一致地生活,而不仅仅指我们的生活要保持内在的一致。

2

拉尔修不只告诉我们芝诺说过"与自然相一致地生活"这样的话,还为此给出了芝诺的相关文本《论人性》。① 不管怎样,西塞罗也认为芝诺如是说过。② 不过,司托拜俄斯却相当详尽地给出了一个不同的观点。③ 据他所言,芝诺原本只是谈到内在的一致性,但后来的思想家们认为"一致的"是个不完整的术语,还应说明是与什么相一致,所以他们补充说,我们应该是与自然相一致。这些人中,克勒昂忒斯被特别指认为第一个迈出这步的人。

---

① 《名哲言行录》7.87(《早期廊下派辑语》1.179)。

② 西塞罗,《论至善与极恶》4.14。

③ 司托拜俄斯,《读本》2.134.75 以下。

有些人倾向于否认芝诺提到过所谓“与自然相一致地生活”，拉尔修只是把廊下派内部常见的说法归到该学派创建者头上。但拉尔修对《论人性》的提及则清楚表明，拉尔修或者其素材的提供者心里装着一个具体的文本。另一方面，司托拜俄斯说克勒昂忒斯发现术语“一致”在某种程度上是不完整的，这个看法也必须严肃对待。关于上述两种观点，唯一公允的处理方式是认为芝诺既说过与自然保持一致性，也说过与自我保持一致性，而克勒昂忒斯则以为其中第二项公式是毫无必要、不精确或误导人的。并且，拉尔修还向我们记述道，克勒昂忒斯认为我们生活所依据的自然只能理解成“普遍的自然”（κοινὴ φύσις）。[①] 这可以解释成是在暗示：我们那些指向自我保存的最初驱动，那些通往德性和幸福之路的始点，是一股力量——即大的自然——赐予的礼物，这个自然包括甚至划定了人类特殊的领域。

让我们设法进一步拓展上述关于芝诺和克勒昂忒斯各自所起的作用的观点。首先，芝诺为何时而说与大的自然相一致地生活，时而又只说一致地生活？关于目的的这两种解释尽管并不相互排斥，却可以视作对不同哲学问题的解答。对内在一致的生活的谈论可以算作对一个伦理学问题的回应，而“与大的自然保持一致性”应该会使我们关心起伦理学的基础。从另一种角度看，我们或许会说，就关于目的的任一问题而言，如果我们有意给出“自我一致性”这个答案，则那个问题就包含着进一步的问题，即何种一致性的问题——对此，我们也许会回答说“与大的自然保持一致性”。

在一开始，我们假定幸福是某种意义上的目标，现在我们得试图确定这个目标如何变成现实。对于这个问题来说，何种探讨方式是自然合理的？这在任何人看来首先都是一个严格意义上的伦理学问题。在芝诺开始积极活动的时代里，每个从事哲学思考的人可能都会首先从当时的伦理学那里寻求答案。

---

① 《名哲言行录》7.89(《早期廊下派辑语》1.555)。

根据拉尔修明显可信的证据，芝诺在某种意义上曾是犬儒克拉特斯的学生。[①] 尤其是在芝诺的《政制》中，有充分的证据显示他的早期思想有着浓厚的犬儒印记。[②] 但事实上，芝诺后来便与犬儒派在许多方面划清了界线，其中最重要的方面是他主张智者不仅要懂点伦理学，还得知道些物理学和逻辑学知识。[③] 相比后来圆融的思想，芝诺早期的创作显然带有浓烈的犬儒气味；他的《政制》，据拉尔修说，是写于他还在拜克拉特斯为师的时期。[④] 因此，我们完全能够想象，尚处于物理学阶段的芝诺会把目的定义成"一致地生活"（换言之，这里没有提到自然——而对自然的提及则意味着智者应在某种程度上掌握物理学或"自然哲学"中的各个定律）。虽然犬儒派本身实际上经常谈论自然，但其中的语境仍是自然与习俗之间老套的诡辩式对立，[⑤]而与廊下派的自然观没有明显的关联，因为在廊下派那里，"自然"这个术语具有自然哲学的含义。所以，当芝诺仍然主要依托犬儒的思想背景，而把伦理学视为智者唯一需要思考的领域时，他将目的定义成"合乎自然地生活"，就不是为了指出与宇宙间的那股道德力量（Power）以外的事物保持一致性，相反，这是为了表明不要"遵循习俗地生活"，而要"遵循自然地生活"。（事实上，[廊下派所谓的]一致生活很可能是违背习俗的，但在谈论一致性时，廊下派想要强调的不是这点。）

芝诺把目的定义成一致的生活，同时，一致的生活是有德性的生活，它可以导向幸福；这里他所述的要点完全被置于一种伦理学

---

① 《名哲言行录》7.2－3（《早期廊下派辑语》1.1）。

② 参照 H. C. Baldry，"Zeno's Ideal State"，*Journal of Hellenic Studies* 79（1959），页 3－15；J. M. Rist，*Stoic Philosophy*（Cambridge，1969），页 64－67。

③ Rist（1969），页 71－76。

④ 《名哲言行录》7.4（《早期廊下派辑语》1.2）。

⑤ 《名哲言行录》7.38，7.71。[译按]准确的出处应该是 6.38 和 6.71。

框架之中。在这一框架之下的研究假定幸福是目标,德性的内涵能被正确理性所掌握。而正确理性显然必须前后一致,因为不一致的推理几乎不可能是“正确的”。这样一种关于一致性的探究,它假定每个人的原初驱动本身是可靠的且是理智的,因此在随后的思想和行动中与它们保持一致性就足以实现幸福。这可能反映了克勒昂忒斯陈述的某个观点及其内在的含混性,这一观点便是:所有人都拥有自然赋予的朝向德性的始点。① 但这里的(廊下派化的)“自然”并没有明显指涉习俗的对立面。

实际上,伦理目的是否只通过“伦理”反思来确定,对这个问题的不同回应,看起来确实在一定程度上使得芝诺遭到自己从前的学生阿里斯通的反对。② 但芝诺显然比犬儒派看得更加深远。让我们假定,他在某个阶段像拉尔修所记载的那样,也把德性定义成一致的或和谐的生活。接下来的问题显然是,与什么一致?换句话说,正如克勒昂忒斯似乎认为的那样,这里的谓词事实上被省略了。但似乎可以肯定的是,芝诺必然会回答说,“与我们最初的驱动要求我们做出的自然行为相一致”。而这将使他直接卷入当时关于何谓自然驱动的论争之中。事实上,芝诺开始研究“自然”,研究前苏格拉底哲学意义上的“自然哲学”,这点似乎最好被理解成,他希望具体地解释“德性在于一致的生活”这个公式。因为一个人或许认可这一公式,但同时拒绝芝诺对一致性之本质的解读,(比方说)这个人可以接受伊壁鸠鲁关于人之自然驱动的看法。换句话说,笔者意欲表明,芝诺或许为那些可能承认一致生活之重要性的人着想,而为自己的那个“招牌”伦理观寻找一种非伦理学式的证明。在这样做时,芝诺面对的对手中甚至可能包括伊壁鸠鲁。

伊壁鸠鲁无疑认同犬儒派对自然和习俗的划分,但仍提出一种

---

① 司托拜俄斯,《读本》2.65.7(《早期廊下派辑语》1.566)。

② 《早期廊下派辑语》1.351 和 353;J. Moreau,“Ariston et le Stoicisme”, *Revue des études anciennes* 50(1948),页 43。

不同的“自然”行为观。在他看来,我们自出生起便承认快乐为首要的善:它是幸福生活的始末。① 大部分关于廊下派和伊壁鸠鲁派之间直接冲突的证据,都来自芝诺和伊壁鸠鲁之后的时期,可即便这两个人没有直接地较劲,他们显然也处理了同样的问题——并给出了彼此对立的答案。如果说其中一个问题是“何谓最初的自然驱动的本质?”,那么,对此的回答明显决定着哲人想为成年人提供的一致生活的类型。而且,我们已经观察到,犬儒派暗示过自然事物之本质的问题。

我们能够从许多原始资料那里了解到,芝诺在某种意义上是学园派哲人珀勒蒙的学生,② 但西塞罗向我们提供了一份尤其非常宝贵的信息:芝诺认可珀勒蒙对“关于自然的各首要原理”的看法。③ 这只能意味着,正是珀勒蒙教导说最初的自然本能是自我保存,而该学说事实上又为廊下派的 oikeiōsis[适宜关系]论提供了基础,以使芝诺能够拒绝犬儒的自然观。

也许珀勒蒙不是唯一主张这个学说的人——甚或西塞罗的那份记述就是错误的——然真正重要的是,芝诺在某个地方碰巧遇到了一种自然论,从而能够发展出自己独有的关于一致生活的理论。因为正如笔者已经指出的,只讲一致性,不过是以一种形式主义的方式切入伦理学罢了,可任何一位古代理论家都不是形式主义者。然而,当准备寻找自然的具体内容时,芝诺迫切需要一种理论资源作为背景。在这方面,犬儒派对他来说几乎毫无助益。不管犬儒派的意图为何,我们有足够的证据表明,他们所谓的“自然”在很大程度上不具备积极的力量,因为他们似乎一致认为,自然行为即免受习俗限制的行为。在合乎自然的犬儒生活这一犬儒自由观中,根本

---

① 伊壁鸠鲁,《致美特若多若斯》(*ad Men.*)128 – 129。

② 《名哲言行录》7.1(《早期廊下派辑语》1.1);斯特拉波(Strabo),13,页614(《早期廊下派辑语》1.10)。

③ 西塞罗,《论至善与极恶》4.45(《早期廊下派辑语》1.198)。

没有设定具体的和即刻的目标；如果犬儒伦理学曾企图展现所谓的一致性，那么该一致性只可能是一种免受社会制约的一致的消极自由(freedom *from*)。也没有证据表明，犬儒派将他们的各种消极自由加在一起构成了某种积极自由(freedom *to*)。

我们有充分的证据显示，芝诺拒绝了犬儒的“纯道德”路线；他对“恰当事物”(*καθήκοντα*)的讨论，①连同他以非犬儒的方式探究“自然驱动”，一起指向阿里斯通所憎恨的事情：智者应研究物理学。物理学不仅使芝诺能够从形式上论证一致性是德性所必需的，是会带来幸福的，还展示了这种一致性的本质。用我们的话说，芝诺援引了伦理学之外的因素来证实一种针对伦理学的研究思路，尽管为避免年代错误，我们不得不补充说他自己并没有意识到这点。易言之，芝诺不会问：我如何能够通过自己伦理学体系以外的某种标准，来把追求一致性作为一项伦理目的？相反，他可能会问：我后来的生活必须与其保持协调的那个最初驱动的本质是什么？这是一个非伦理学的问题，因为它是价值中立的(value - free)，仅仅关乎通过找到某种方法来描述自然已经成功赋予我们的那个事物。

所有这一切总结起来无非是说，即便芝诺没有精确地论述过“一致地生活”以及“与自然一致地生活”，他也必定是以两种不同的方式来描述伦理目的，而那两种不同的表述完全适合采用这两种方式——因此，既然拉尔修把第二项表述归给芝诺，我们就没有充分的理由否认。

至此还剩一个问题需要简单地加以处理：既然我们虽由婴儿变为成年人，但仍与我们最初的自然驱动相一致地生活，那么，所谓的发展究竟可能为何意？事实上自克律希珀斯时代起，廊下派就频繁地谈论各种 oikeiōsis[适宜关系]：从出生时与自己的 oikeiōsis[适宜关系]，到根据后来生活的不同状况发展出其他 oikeiōsis[适宜关系]。诚如 Kerferd 所言，“一个有机体试图保存它当前所处的构造

① 《名哲言行录》7.2(《早期廊下派辑语》1.1)。

(constitution)”。[1] 但我们的 oikeiōsis[适宜关系]不只是使我们与自己相契合,还驱使每个人与同伴相联合。根据希耶罗克勒斯,亲属之间存在着一种 oikeiōsis[适宜关系];[2] 而后来的廊下派把 oikeiōsis[适宜关系]扩展至全人类之间。[3] 并且就像珀尔弗瑞(Porphyry)说的,“芝诺的追随者们将 oikeiōsis[适宜关系]作为正义的开端”;[4] 这一陈述得到了普鲁塔克的证实,但他更加确切地评论说,亲体本能(parental instinct)作为正义的基础是“不完善的也是不合适的”。[5] 实际上,这个问题在克律希珀斯的《论正义》(*On Justice*)一书中有过明确的处理。[6]

我们可以确定,至少克律希珀斯时代以来的廊下派认为正义源自 oikeiōsis[适宜关系]。将自我保存的最初驱动转变成一种促进正义的意图,显然需要通过运用意志和理性。廊下派谈到过 logos[逻各斯]如匠人般地介入。[7] 最初的 oikeiōsis[适宜关系]借由理性而转化为 oikeiōsis hairetikē[选择性的适宜关系]。[8]

珀尔弗瑞说,“芝诺的追随者们”认为 oikeiōsis[适宜关系]是正

---

① G. B. Kerferd,“The Search for Personal Identity”,*Bulletin of the John Rylands University Library of Manchester* 55(1972),页 191;参照塞涅卡,《致鲁基里乌斯的道德书简》121.15–16。

② 希耶罗克勒斯的论述可见于 1780 年在柏林发现的一份莎草纸文献(von Arnim[1906]),卷九 3–4;参照《论柏拉图〈泰阿泰德〉》(*Anon. Comm. on Theaet.*,作者不详,莎草纸文献第 9782 号),载 Diels、Schubart 编,*Berliner Klassikertexte* 2(Berlin,1905),卷七 28,卷八 5–6。

③ 西塞罗,《论至善与极恶》3.63(《早期廊下派辑语》3.340)。

④ 珀尔弗瑞,《论禁欲》(*De Abst.*)3.19(《早期廊下派辑语》1.197)。

⑤ 普鲁塔克,《论爱后嗣》(*De Amore Prolis*)495b(参照《论动物的聪敏》[*Soll. An.*]962a)。参照 Pembroke(1971)。

⑥ 普鲁塔克,《论廊下派的自相矛盾》1038b(《早期廊下派辑语》2.724)。

⑦ 《名哲言行录》7.86(《早期廊下派辑语》3.43)。

⑧ Kerferd(1972),页 191;希耶罗克勒斯 卷九 5–8;《论柏拉图〈泰阿泰德〉》卷七 40。

义的开端。事实上克律希珀斯似乎就是这么认为的,但“芝诺的追随者们”可以泛指廊下派,而这无法明白地揭示出芝诺本人是否也如此主张。倘若 oikeiōsis[适宜关系]学说是通过我们业已展现的方式而出现的,且与芝诺脱离犬儒派并受惠于珀勒蒙相关,那么它不是一开始就需要那种广泛的衍生。一个人在不同的生命阶段中对自己的钟爱之情,就家人和朋友来说或许是合适的——甚至不仅仅是合适的——因为芝诺意在为个人提供一种更加广泛的参照系,从而使人的自然与大的自然相结合。可事实上,随着成长,人的需求会发生改变。因此,人的一致生活必定受制于如下事实:人不是静态的存在,以及理性会开始越来越对人起到塑造作用。然而这并不意味着,oikeiōsis[适宜关系]将会撇弃自我及其所处的当下环境,也不意味着 oikeiōsis[适宜关系]将会通过理性地外延而包纳面向全人类的任何一种情感,更不用说正义感了。犬儒派不断地想让一个人挣脱习传关系和社会纽带,而 oikeiōsis[适宜关系]学说试图理解经验上可观察到的自我保存之本能,理解对父母的爱,从而利用它们来支持不同于习传纽带的自然纽带理论。

问题是,芝诺本人在多大程度上展开了 oikeiōsis[适宜关系]的衍生。这又引出了进一步的问题,智者与谁亲密?在追随犬儒派的日子里,在写作《政制》的日子里,芝诺也许会说“只与智者”亲密。[①] 但与犬儒派断绝关系以后,他便可能拓展这一亲密关系。对此,原始文献中没有提供任何线索。对那些智者以外的人产生的正义感,其起源如何?就此,我们完全不知道芝诺的相关看法。然而,即使相比克律希珀斯,芝诺的 oikeiōsis[适宜关系]学说可能更狭隘些(或许在克律希珀斯之后 oikeiōsis[适宜关系]才得以延伸),可 oikeiōsis[适宜关系]仍是芝诺必需的,所以在这位廊下派哲学创始

---

① 参见 O. Murray,“Review of Baldry, *Unity of Mankind*”, *Classical Review* 80(1966),页 369。

人那里,它不可能只是一个尚在筹划的学说。① 如果不诉诸它,廊下派哲学中那些最基本的原理就无法得到澄清。

任何一个犬儒都会提倡一致的生活,因为它完全是形式性的描述。但一种一致生活可能会排斥另一种一致生活,芝诺通过诉诸自然一致性而避免了这个问题,同时还清楚地表明德性为何是一种回报。当然上述这一问题原本还可以另一种方式加以解决:是否实际存在着一种以上的一致生活?

---

① Kerferd(1972,页 178)和 Pembroke(1971,页 114 – 115)正确地反驳了布林克(C. O. Brink)的相关看法("Oikeiosis and Oikeiotes:Theophrastus and Zeno on Nature in Moral Theory",*Phronesis* 1[1956],页 141 以下)。布林克正确地强调了珀勒蒙的作用(从而反对波伦茨),但忽视了犬儒主义的作用。

宇宙城邦中的廊下派圣贤

奥宾克(Dirk Obbink) 撰
时 霄 译

把宇宙作为城邦这种廊下派观念,这种观念作为政治模式的发展过程,以及它对后来思想(尤其是自然法理论)的影响,都已经得到了许多关注。随着时间的推移,宇宙城邦的概念在一系列思想家那里得到了发展,从芝诺、克律希珀斯到西塞罗及其后。在芝诺那里,它是完全由智者组成的城邦;克律希珀斯则把宇宙构想成由诸神和智者组成的政治体;西塞罗(及其之后)的看法是,所有人生活(或应当生活)在同一个自然法标准之中。这一发展轮廓很清楚,然而,某些其他问题的答案却没有这么清楚。解答这些问题将会有助于理解廊下派的政治理论——这种观念的变迁、学说的重塑,是由政治环境的变迁而造成的,还是反映了哲学团体中的思想火花?克律希珀斯希望我们认为,由诸神和智者组成的共同体不同于一般意义上的 polis[城邦],在前者中,廊下派圣贤为了实现自己基本的政治天性,具体会做些什么事情?在现存城邦的构架之中,普遍法(universal law)的概念如何能得到应用?

1 两个神话:社会契约对乌托邦

这两种基本的、互为对照的观念,通常作为政治理论或哲学思想而出现。它们主要属于神话领域。社会契约这种观念表达了一种对社会起源的理解。另一种观念,乌托邦,则是一种想象性的图景:它构想了社会生活的可能方向,甚至构想了社会生活的目标,但在现实之中，它肯定是不存在的。社会契约“所设想的，是遥远过去的生活；乌托邦所设想的，则是未来或远方的生活”。[①] 在古希腊传统中，我们或许可以认为，伊壁鸠鲁代表了前者，柏拉图代表了后者。根据卢克莱修（Lucretius）和伊壁鸠鲁的观点，最重要的社会原则是这样一条协议：为了不被别人伤害，不要去伤害别人（即，不伤害别人，从而也不被别人伤害），*μὴ βλάπτειν μὴ βλάπτεσθαι*。相比之下，柏拉图那“最优的言辞城邦”则被说成是一个*ἐν οὐρανῷι*［在天上］建立的*παράδειγμα*［模型］（《王制》592b），《法义》中的城邦也被说成是“也许是由诸神或诸神的孩子们”来居住的（739d）。

虽然社会契约的观念，如密尔所说，明显“把虚构当成了事实”，但通常它仍然在政治中享有相当高的理论地位，其原因在于，“契约神话中的重点切中了社会当前的某些事实、某些人认为社会契约要去进行解释的事实”（Frye［1992］，页 205）。这种契约的起源被归于神话般的遥远过去，但是，既然往昔之时也存在着历史佐证，那么，社会契约似乎提出了一些能够得到证实的主张。

另一方面，乌托邦（或者理想模式的国家）的观念则纯粹是思辨性的（speculative）。它“被设计出来，是为了给一个人的理念提供一种想象图景（或把这些理念容纳进一种想象图景之中）；它并不是一种把各种社会事实（或现实）联系在一起而产生的理论”（Frye［1992］，页 205）。如果回顾一下那些曾经对乌托邦建设进行字面理解的事情——这些事情把乌托邦当成了实际存在的共同体并企图付诸实践——就很容易看到这点：构想乌托邦并不意味着想要立即采取行动。柏拉图和亚里士多德对最优 politeiai［政制］都有记述，却都没有说过要进行怎样的制度变更、采取怎样的政治步骤（通过立宪或革命或其他方式）才能将其直接付诸

① N. Frye，“Varieties of Literary Utopias”，*Daedalus*（1965，春季卷），重刊于莫尔爵士（Sir Thomas More）著，R. M. Adams 编译，*Utopia：A revised Translation，Backgrounds，Criticism*（第二版，New York，1992），页 205。

实现。当然,这并不是说,这些构想者从来都不想让这些构想得到施行。但是,与社会契约不同,乌托邦的目的通常不是去解释什么现存的社会或政治,它反而完全是要反衬或者取代这些东西。所以,至于有人倾向于把乌托邦降格为文学中的传统主题或类型,认为它不是严肃的政治哲学,这也是有些根据的。当然,如果要把乌托邦当作政治学的核心,也可以找到一个充分的依据——即,乌托邦催生了许多观念,所以它本身也是一种政治理论。但这并非本文的论题。

把宇宙作为城邦这种廊下派观念,以及这种观念作为乌托邦政治模式的发展过程,据说是自然法理论的起源。有一种很吸引人的说法是,廊下派所描述的宇宙城邦是一个共产主义式的理想国家或乌托邦,其中的某些方面(或者是贯彻于实践的方面,或者是保持为理想的方面)影响了后来的传统。至于认为宇宙城邦这种廊下派观念符合乌托邦的特点,并认为它在上述意义上是思辨式的,以及,像某些观点那样,把它看成亚里士多德甚或柏拉图所提出的 *ἀρίστη πολιτεία*[最优政制](笔者认为这是希腊语中最类似于乌托邦的词),或认为在某些方面与之相类似——笔者认为,这些观点都是错误的。恰恰相反,廊下派规划了宇宙城邦,似乎如实地描绘了对廊下派智者而言的世界。

笔者认为,对于廊下派来说,宇宙城邦的存在是关于世界的一个事实,其政治特性——从廊下派的观点来看——就是绝对真实。这并不是说宇宙城邦跟政治毫无关系,或者被非政治化(depoliticized)了;它从如下事实中获得了另外的政治意义:天意对世界进行了设计,宇宙城邦作为这一设计的"部分之部分",必定有时与次等国家共存,即有时叠加于次等国家之上。笔者将试图支持这一论点:廊下派的物理学与伦理学总体上构成了一个更大的、有系统的意义背景,宇宙城邦的观念正是从这一意义背景出发,发挥了它的政治力量。

2 智者城邦:一个关于世界的事实

现在似乎非常清楚的是,宇宙城邦的概念不是铁板一块,而是随着时间而不断发展的。芝诺的乌托邦政治体由智者组成,由koinos[普遍的]nomos[法律]来进行治理;这种观点过渡到克律希珀斯那里(他同样吸取了赫拉克利特的观点),宇宙成了一个由诸神与人类组成的政治体,这个政治体绝非那种传统意义上的城邦、那种可能产生新的道德准则的城邦。结果是,法律的适用性得到了扩展,超越了那些个别的、互相冲突的政治体所具有的局限。这样,我们就得到了一个普遍法的概念,这个概念指向其他政治体,不再局限于任何个别的polis per se[城邦本身]。如同若干评论者所指出的那样,①这一概念不仅独立于任何已知的城邦,也独立于任何理想的城邦。这样,它就形成了一个构架,希望能去匹敌柏拉图与亚里士多德的政治理论。

有观点认为,芝诺和克律希珀斯想象了一个polis[城邦],总有一天,这个城邦将会仅仅由智者组成,而后来的廊下派哲人则以现实的政治环境进行了折中,保留了宇宙城邦的一些方面,放弃了另一些方面。但笔者认为,这种观点是靠不住的。比如,我们经常见到评论者们为这一点而伤脑筋:后期廊下派哲人坚持认为,宇宙城邦是由所有人来居住的——"他们强调的是普通学徒,而非sophos[智者、圣贤]自己,淡化了原来那种智者的共同体,使之变成了包含所有善意之人的共同体"。② 但是,如果芝诺和克律希珀斯本来

---

① 最近的评论见A. Laks,"Review of Schofield,*The Stoic Idea of the City* (1991)",*Ancient Philosophy* 14(1994),页453。

② O. Murray,"Review of H. C. Baldry,*The Unity of Mankind in Greek Thought* (Cambridge,1965)",*The Classical Review* 80(1966),页368-371。或者,这个共同体所包括的,不是所有善意之人,而是所有国家、或者宇宙的所有部分。

就是那么想的,后期廊下派哲人的观点岂能算是一个折中?

笔者将首先来谈谈克律希珀斯关于宇宙城邦的概念,这种概念在他公元前2世纪的继承者们中间得到了传递。并没有证据表明,芝诺自己提到了作为城邦的宇宙,他似乎只是把一个国家的成员界定为由智慧和良善之人组成(《名哲言行录》7.33):

> 在《政制》中,他宣称唯有良善之人才是真正的公民、朋友、亲戚或自由人。

芝诺写作《政制》,似乎至少是部分地回应了柏拉图的《王制》,这个事实或许能、或许不能表明,他是在一个与柏拉图类似的框架内阐述其观念的——也即是说,他提出的是一个理想的但不存在的政体。当然,对于爱欲与友爱的政治功能,芝诺的构想很大程度上要归之于理想化的斯巴达教育与政治模式,斯科菲尔德已经充分地指明了这一点。[①] 对于世界主义这种观念,犬儒派也曾早些提出,也有充足的证据表明,芝诺早年曾跟犬儒派学习过。但是,我们无法衡量,那些证明芝诺出于犬儒派的证据是不是被廊下派化了,甚至是不是伪造的。而且,我们没有给出一致的看法来表明,究竟在什么样的意义上,犬儒派设定了一个理想国家而不是在戏仿并嘲讽构建这种国家的努力。犬儒派似乎提出了某种乌托邦式的生活方式。第欧根尼和其他人试图以这种方式来生活,对他们这种生活的记述仿佛是在记述一个失败了的乌托邦。

芝诺是不是设想了一个真实的乌托邦之城,是不是简要描绘了一个真正的共同体,一个人们在其中居住在一起,彼此之间互相来往的共同体?或者,它是不是一个比喻意义上的城邦——其社会仅由智慧和良善之人构成,不管这些人存在于地球的什么地方——是

---

① *The Stoic Idea of the City*(Cambridge,1991),页22-56(第二章,“爱欲的城邦”)。

不是对这种社会的一种修正主义道德理想？或者，它是不是某种居于二者之间的东西，兼具二者的某些特点？芝诺提出的是不是一个具体的 politeia[政制]，这是一个不可忽视的问题，因为，后来的廊下派都以他的《政制》作为其观点之基础。

克律希珀斯当然赞同芝诺的观点，或者赞同其中一部分观点。据拉尔修所说(《名哲言行录》7.187–189)，芝诺认可由女人组成的共同体，克律希珀斯在他的《论政制》中接受了这一点；在《论正义》中，克律希珀斯认为在某些情势下人可以吃人。后人搜集了许多诋毁他的细节，这些细节所描绘的仿佛完全是另一个世界：乱伦(或许伴随着女人的城邦而产生，反之亦然)；食人(这暗示了他对其他民族习俗的兴趣，有着乌托邦色调)。[在他们的构想中，]没有以交换或外出旅行为目的的货币，没有传统的教育，没有法庭或体育场：大人们会把父母之爱给予所有的儿童；男女衣服没有任何区别；全身上下都可以不用遮盖；同性恋是可以接受的。①

但另一方面，我们不能确定这些细节是怎么来的，不知道它们是出于对一个政治体的想象，还是基于对现有、过去和潜在之政治体的观察与思考。

如果芝诺是在想象性地描绘一个理想状态的社会，其中人类事实上与自然处于完全和谐的状态，那就的确是一个乌托邦式的政治体。但是，我们要注意，芝诺说到了不同城邦之间的联系，即贸易或旅行，因此，他不太可能只是单独为一个城邦构建了一个单独的 politeia[政制]。另外，在克律希珀斯的某些政治学作品中，他显然运

① [译按]上一句说的是克律希珀斯的构想，这一句说的主要是芝诺。这一句中，货币、教育、法庭等大多数主张见于拉尔修《名哲言行录》7.33–35，都被归于芝诺；父母之爱一视同仁见于7.131，被认为是芝诺和克律希珀斯共同的主张；芝诺对同性恋的认可见于恩披里柯的《皮浪主义述要》3.245，参见斯科菲尔德，《廊下派的城邦观》，页67–68。

用了人种志,但这种人种志并不一定就是乌托邦式的(比如,他写了关于葬礼习俗的作品),①或者说,这种记述并不一定致力于去描述一个单独的、理想的构架。那些细节暗示出,其中某些令人反感的东西是一些例证,说明了什么是"中性事物";其他细节,比如 in extremis[处于绝境中]人吃人的做法,则作为例证说明了在特殊情势下(*κατὰ περίστασιν*)智者能合乎正义地做些什么。关于这些令人愤慨的东西的记载中,出现了*νομοθετεῖν*[立法]、*δογματίζειν*[制定、立法规]、*κελεύειν*[命令]这样的词;但是,如厄斯金所言,②这些是学述性记载的惯用修辞,并不(必然)表示对普通进步者颁布规定。

至少,我们还是有一点证据的:斐洛德谟斯告诉我们,芝诺在其《政制》的开篇声称,自己所描绘的政制直接关联于他的时代和地域——斐洛德谟斯在其《论廊下派》中说,显然有许多芝诺的追随者为其《政制》辩护,认为这部作品纯粹是理论性的,不过他们"忽视了这个事实——芝诺在其著作的开篇宣称,他是把它[即其《政制》]当成适用于他所生活的地域与时代的东西而出版的"(卷十二1-6)。当然,这本来就是真实的,就算芝诺的作品确实构筑了一个乌托邦,这种出发点也是真实无误的。不过斐洛德谟斯(他熟悉芝诺的这部作品)已经证明,芝诺在其作品的开头已经把这种出发点说得非常明确。

因此,我们可以猜测,在芝诺的时代,廊下派的政制并没有那么多的理想性。但笔者还不能下定论,因为这个问题还需要进一步的

---

① [译按]参见西塞罗,《图斯库卢姆论辩录》(*Tusculanae Disputationes*)1.45,载《早期廊下派辑语》3.322。

② A. Erskine, *The Hellenistic Stoa: Political Thought and Action* (London, 1990),页22,注32。进一步参见 P. A. Vander Waerdt,"Zeno's *Republic* and the Origins of Natural Law",载氏编,*The Socratic Movement*(Ithaca, London, 1994),页272-308。

探讨。然而,我们可以确定的是,芝诺对廊下派政治智者的构想足够实际,可以用他们时代的人物来做例子,而且,这样的人物可以展现在那个时代的戏剧中——一个古代抄本中保存下来的一段抑扬格诗句表现了这一点:

> 你们一定要实实在在地仰慕他——所有人都要:尤其是,他拥有所有的美德:他美丽(高贵),有着良好的家世,和善,是国王的朋友,勇敢,忠实,智慧,受到所有希腊人的爱戴,温和,善施号令,嫉恶如仇,尊重真理,拥有真知,敬重诸神,是一个掌舵者……①

一个公元前3世纪中期的选集已经收录了这段话,几乎可以确定,这些诗行来自一部谐剧。在这一谐剧中,我们不知道这个受到某人赞扬的人是谁,虽然,我们可以尝试着进行猜测——他或许是米南德《受到憎恨的男子》(Menander's *Misoumenos*)中那个有同情心的士兵忒拉索尼德斯——他在塞浦路斯服务于"国王中的一个"(辑语5)。②

[译按]这部作品仅存辑语,故事大概讲的是,忒拉索尼德斯(Thrasonides)在战斗中俘获了一个女子,并爱上了她。但这位女子以为他杀害了她的兄弟,故憎恨他。忒拉索尼德斯爱得深切真挚,百般追求,却并不施以强制,反而尊重她的选择,甚至允许她回到她父亲家里。故事的结局是个大团圆,忒拉索尼德斯最终从女孩父亲那里把她娶了过来。

---

① C. Kalbfleisch 编,*Papyri Argentoratenses Graecae*(Rostock,1901),行307,或 C. Austin 编,*Comicorum Graecorum Fragmenta in Papyris Reperta*(Berlin,1973),300,或 R. A. Pack 编,*The Greek and Latin literary texts from Greco - Roman Egypt:2nd revised and enlarged edition*(Ann Arbor,1965),1698。帕森斯(P. J. Parsons)对这些诗句进行了重新修订,详细讨论了其中形容词的含义,见"ΦΙΛΕΛΛΗΝ",*Museum Helveticum* 53(1996),页106 - 115。[译按]原文附希腊文,译文从略,该注释附于希腊文段结尾。

② A. W. Gomme、F. H. Sandbach,*Menander:A Commentary*(London,1973)。

这一段对美德的列举,其政治特征颇为惊人。关于理想城邦的统治者所完全具备的美德,芝诺的学说或许已经影响了米南德的作品。后来,在公元前 3 世纪,克律希珀斯自己在其《论爱欲》(*Περὶ ἔρωτος*)中引用了这部戏剧,用它来说明自己的主张——*ἔρως*[爱欲]是一种*φιλία*[友爱],主人公忒拉索尼德斯虽然俘虏了那位女子,但因为被她憎恨(*μισούμενος*),还是放她去了。

《名哲言行录》7.129-130。阿尼姆把这段话分割成了两个独立的片段(《早期廊下派辑语》3.716,718),遗憾的是,这样做就掩盖了一种可能的情况:克律希珀斯是在他的《论爱欲》中(甚至可能在他的《论诸种生活》中)举了这个例子——因为,编纂《名哲言行录》第七卷的人更可能是从克律希珀斯的著作中把米南德的例子拿了过来,而不太可能是自己举出了这个例子。与之类似的是,阿里安在《爱比克泰德清谈录》(Arr. *Diss. Epict.*)4.1.19 中,也把米南德的忒拉索尼德斯引为例证,见《受到憎恨的男子》辑语 2,载 *Gomme and Sandbach*(1973)。

刚刚那段话所描绘的,可能就是理想的廊下派政治统治者,这就确证了我们的如下观点:这种理想的统治者能够在"现实生活"中——至少是在展现于舞台的现实生活中——找到例证。

3 作为城邦的宇宙

关于芝诺的政制,我们缺少进一步的佐证,这就迫使我们集中去看看克律希珀斯对这种国家的表述,不过,我们有充分的理由相信,克律希珀斯诠释并发展了芝诺的观点,甚或为之进行了辩护。在克律希珀斯那里,芝诺的城邦变成了 kosmos-polis[宇宙城邦]。① 在这一点上,我们很幸运,可以从斐洛德谟斯公元前 2 世纪的资料中得到一点相对较早的证据——他的《论虔敬》中有一段话

① 亦参 J. Kerschensteiner, *Kosmos: Quellenkritische Untersuchungen zu den Vorsokratikern*(Munich,1962)。

清楚地描述说,克律希珀斯的宇宙城邦由智者居住,并由人类与诸神共同统治:

> 他(克律希珀斯)在《论自然》中写了一些具有可比性的东西,即让它们类似于赫拉克利特还有我们已经提到的那些人(即卷六 16-26 中谈到的俄耳甫斯[Orpheus],穆赛欧斯[Musaeus]、荷马等诗人)的学说。这样,在第一卷中,他说夜神(Night)乃是第一位女神;在第三卷中他说,宇宙是一个单独的、由(或"为了"?)智者组成的实体(*κόσμον ἕνα τῶν φρονίμων*,a single entity of[or for?]the wise),对于其公民权,他说,则由诸神与人类共同持有,以及,战争与宙斯是同一的,正如(他说)赫拉克利特也这么说。在第五卷中,他论证了一个论题:宇宙是个动物,是理性的,且有智虑,还是一个神。在其《论天意》(*On Pronioia*)中,他也认同宇宙灵魂是这个样子的,而且分配了诸神的姓名,其用心之细致,未有间断。①

拉克斯(André Laks)遵从了亨里希斯(Henrichs)的译文,并主张*κόσμον ἕνα τῶν φρονίμων*在这里的意思是,"宇宙是智慧物中的一个"(the universe is one of the wise)。他的理由是,克律希珀斯已经独立地证实了这一学说:宇宙自身是智慧和理性的。② 斐洛德谟斯自己在后面几行也说,宇宙"是理性的,且有智虑"。然而,笔者坚持上述的译文,因为我们尤其要记住,克律希珀斯声称*κόσμος*[宇宙]是*εἷς*[一],这个*εἷς*有*εἷς καὶ ὁ αὐτός*[同一的]、*κοινός*[普遍的]或*ξυνός*[共同的]之意。

参见克勒昂忒斯《宙斯颂》,载《早期廊下派辑语》1.537,行21;普鲁塔克,

---

① 赫库兰尼姆莎草纸文献第1428号,卷七12至卷八13。至于这段文本,参见 A. Henrichs, "Die Kritik der stoischen Theologie im PHerc. 1428", *Cronache Ercolanesi* 4(1974),页20。

② Laks(1994),页459-460;参照 Schofield(1991),页74,注19。

《论廊下派的自相矛盾》1035c,1065f;普鲁塔克,《论亚历山大大帝的机运或德性》329A－B,这个文段争议很大,但是在其中,*εἷς κόσμος*的意思一定是廊下派式的。*εἷς κόσμος*这种表述也出现在 Adler 的索引目录中。赫拉克利特辑语 64 中,*κεραυνός τὸ πῦρ*[燃烧的雷霆]被说成是*φρόνιμον*[智慧的]。如果宇宙只是(智慧物中的)一个、处于众多智慧实体之中,那就会出现一个悖论,因为宇宙也包含所有实体。[译按]Adler 的索引目录,大概是指哈钦斯(Robert Hutchins)与阿德勒(Mortimer Adler)自 1952 年开始主持编纂的大型丛书"西方世界的伟大之书"(Great Books of the Western World)中的索引。

赫拉克利特(根据斐洛德谟斯这段话来看,克律希珀斯在他的作品中是赞同赫拉克利特的)辑语 30 说,*κόσμον τόνδε, τὸν αὐτὸν ἁπάντων, οὔτε τις θεῶν οὔτε ἀνθρώπων ἐποίησεν*[宇宙,亦即对万事万物来说同样的东西,既不是某个神,也不是某个人造出来的],这句话用了后置的*ὁ αὐτός*(＝*εἷς*),以及用了宾格属格。

对于*κόσμον ἕνα*,亦参赫拉克利特辑语 89(普鲁塔克,《论迷信》[*De superstitione*]166c),参照《名哲言行录》9.8。其所带的属格:奥勒留,《沉思录》7.9;《名哲言行录》9.12。至于那段话中后面一句对赫拉克利特的引证,显然指向辑语 53:"战争是万物之父,亦是万物之王。从而,他证明这一些是神,另一些是人;也让一些人成为奴隶,一些人成为自由人。"(在荷马那里,宙斯通常被称作诸神与人类之父。)参照辑语 2:"尽管逻各斯乃是共同的,但许多人却好像以自己的智虑生活着似的。"[编者按]赫拉克利特辑语 53 和辑语 2 的中译分别参见《古希腊哲学》,苗力田主编,北京:中国人民大学出版社,1990,页 41、38;下文中的辑语 30 的中译参见刘小枫,《浑在自然之神——赫拉克利特残篇札记》,载《古典研究》,刘小枫主编,2010 年夏季卷(总第 2 期),页 14;均略有改动。

这里所说的属格用法也出现在许多廊下派对*κόσμος*的界定中:巴比伦人第欧根尼的界定见于斐洛德谟斯,《论修辞术》第三卷,赫库兰尼姆莎草纸文献第 1506 号第八卷(《早期廊下派辑语》3.117);司托拜俄斯,《读本》1.184.8 W.;狄都谟斯的界定见于尤塞比乌斯,《福音的预备》15.15,参照赫拉克利特辑语 114。

从斐洛德谟斯那段话来看,克律希珀斯所描绘的不是一个由圣贤和诸神组成的乌托邦,不是一个能够(在最好的情况下)在某一天变成现实的乌托邦,而是一个存在于世界之本质之中的σύστημα[组织结构]。

宇宙城邦不仅由人类居住,也由诸神居住——这一概念似乎同样不仅仅具有修辞术意义(比如,这是个轭式搭配法[zeugma]:诸神 + 人类 = 所有理性存在者),也不仅仅具有字面上意思,而是有着一种寓意:这不是一种浪漫主义的观念——即诸神与人类有一天能够重新一起聚餐,如同(据赫西俄德所言)普罗米修斯与宙斯发生争执之前一样——而仅仅是廊下派对诸神之所是的典型理解方式:比如,雅典娜仅仅是理性的化身,根据廊下派的观点,理性是栖居于宇宙之中的。宇宙是理性的,其自身也是一个神——这不是将要发生于未来的事情,而是存在于时间的每时每刻。同样地,人类通过其理性,也参与到同一个现实的宇宙之中。[译按]轭式搭配法,即用一个修饰成分修饰两个对象的修辞方法,在此,"居住于宇宙之中"是修饰成分,用来修饰"人类"和"诸神"。

对那些有智虑的人来说,不存在ἄφρονες[无智虑的人]所经验到的那种混乱的、充满差异性和多样性的世界,而存在一个单一的世界——这个世界在政治上是由诸神(本质上就是智慧的)与人类(具有智慧的潜质)居住的,其特点是一种赫拉克利特(正如廊下派对他解读的那样)所描述的变化、一种永不停歇的(因而也是规律的、整一的)变化。对于一般的进步者来说,这样一个世界的到来需要无限的等待,然而,对于廊下派智者而言,当下存在的宇宙就是具有这种特点的宇宙,它不仅存在于思想之中,而且是一个质料性的宇宙实在。

还有另外一个原因,可以表明廊下派的宇宙城邦可能不是一个乌托邦政治观念,即,这种宇宙城邦是廊下派天意目的论学说的必要组成部分:它是当下存在的世界之目的论结构的一部分。或许,能最清楚地表明这一点的材料,来自西塞罗《论神性》阐述廊下派神学的第二卷。在论证诸神关心人类事务的那一部分,我们被告知,宇宙是为了"诸神与人类"而创造的,它包含着让人类享用的东西,"因为宇宙如同是诸神与人类共同的家,或者说是一个属于二者的城邦。因为只有他们凭借理性,根据正义和法律来生活"(2.

154)。

> 首先,宇宙本身是为了诸神与人类而创造的,其中的事物是为了人类的享用而设计安排的。因为宇宙如同(quasi)是诸神与人类共同的家,或者说是一个属于二者的城邦。因为只有他们凭借理性,根据正义和法律来生活。所以,正如我们必须认为,雅典和斯巴达是为雅典人和斯巴达人建立的,这两个城邦中的一切也可以说是属于其中的民族,同样,整个宇宙中的任何事物必须被认为是属于诸神与人类的。(Schofield 译;[译按]见《廊下派的城邦观》,页 95)

这段话把宇宙中的东西与雅典、斯巴达的东西作类比,二者都是为其中的民族建立的。quasi[如同]这个词说明"宇宙城邦"不像是一般的城邦,至少说明了它不是人力所为——尽管如此,很重要的一点是,我们要看到,这段话按照目前的样子描述了一个存在的城邦、一个在当下世界中存在的城邦,而非一个理想的城邦、一个现在要去寻求或去建立的城邦。这个词只是说明,廊下派通过这种方式,让宇宙合乎目的论地进行运转。尽管西塞罗说了 quasi domus aut urbs[如同家或者说是城邦],尽管这句话可能暗示宇宙城邦是一个类比或隐喻,但这并不意味着它纯粹就是如此。恰恰相反,"宇宙城邦"是一种描述宇宙的方式,描述的是它"被居住"这一层面,或者可以说,描述的是"一个居住之所"(a place of habitation)。对于廊下派来说,这就形成了一个重要的定义之准则。如下一段类似的话来自尤塞比乌斯所记载的狄都谟斯:①

> 宇宙据说是一个由天空、空气、土地、大海以及其中的自然物所组成的组织结构。宇宙也被称作诸神与人类的居所,是由诸神与人类以及那些为他们创造的事物所组成的组织结构。

① 《福音的预备》15.15 =《早期廊下派辑语》2.528。

> 因为正如城邦有两种含义，一是居所，二是由其居民和其公民所组成的组织结构，同样，世界就像是一个由诸神与人类组成的城邦，其中诸神作为统治者，而人类作为其臣民。他们是一个共同体的成员，因为他们分有理性，这种理性即自然法；而且，其他一切事物都是为他们创造的。因此我们必须相信，那个规制万物的神对人类执行天意，他是仁慈的、善意的、爱护人类的，也是正义的，乃至拥有所有的美德。（A. A. Long 和 D. N. Sedley 译，有改动；[译按]参见《希腊化哲人》67L）

这段话给出了廊下派对“城邦”的两个定义——一个即是居住之所，另一个则通过类比延伸到了“组织结构”或“结构”（organization or structure；σύστημα）的各部分之间的联系。斯科菲尔德认为，这第一个定义可能来自克律希珀斯最初的主要表述（[译按]见《廊下派的城邦观》，页96－97）——比如，可以比较亚历山大里亚的克雷芒在《杂缀集》4.26（《早期廊下派辑语》3.327）中对“城邦”的定义：

> 廊下派说宇宙（οὐρανός）在确切的意义上是一个城邦，但地上的那些城邦并不是——它们被称作城邦，但事实上并不是城邦。因为城邦或民族是道德上良善的事物；也是人们组成的组织结构（σύστημα）或群体（πλῆθος），受展示文雅的（ἀστεῖον）法律规制。

这段分析听起来像是芝诺式的：先批判一种流行但不正确的观点，然后深入描述廊下派的恰当定义。这样的话，至于为什么宇宙被说成是一个城邦，就可以从两个不同的意义去看：(1)从类比的意义来说，根据宇宙各个部分（这些部分不包含那些像诸神与人类一样，通过拥有理性而被赋予了特殊地位的部分）所组成的结构，它是一个城邦；(2)就宇宙是一个所有理性存在者居于其中的现实处所而言，它是一个城邦。第二种意义可以从西塞罗《论神性》2.154（前引段）中体现出来，而且这也是狄都谟斯前面那段话中的一个定义。笔者同意斯科菲尔德的看法,认为克律希珀斯最初所表达的或许就是这第二种意义,即宇宙是一个居住之所。我们可以比较克律希珀斯《论法律》的一段序言(见于马尔基安乌斯,《法学阶梯》1.11.25,载《早期廊下派辑语》3.314):

> 法律是所有神圣事物和人类事物的国王。它必须掌管荣耀之事与卑贱之事,既是统治者也是引导者;由此,它还必须是正义与不义之标准,为本性是政治的动物规定他们应该做的,而禁止他们不应该做的。

人类在这一宇宙中享有荣耀的地位,完全是因为他们运用了理性,正如诸神是理性的体现。这样,宇宙就由理性存在者所组成,这些理性存在者依据法律和正义来生活。在此意义上,西塞罗论证了宇宙为什么构成一个共同体,以及人类和诸神为什么与这一共同体相关联(《论法律》1.23):

> 既然没有什么比理性更好,而且它既存在于人也存在于神,那么人和神的第一个关联即在于理性。但那些共同拥有理性的存在者也共同拥有正当理性。既然正当理性即是法律,那么也应该认为,我们人类与诸神的关联在于法律。还有,那些共同拥有法律的存在者也共同拥有正义;而那些共同拥有法律和正义的存在者都应被视为属于同一个国家。

如此一来,宇宙作为由所有理性存在者所组成的城邦,就构成了一个"真实的"(real)城邦;而作为整体的宇宙(由其各个部分所组成的结构)则不是以此方式来构成的,因为这种作为整体结构的宇宙主要不是基于宇宙与城邦的类比。①

---

① 如斯科菲尔德所说,quasi[如同]一词表示城邦在此意义上不是一个人类创造物;[译按]见《廊下派的城邦观》,页105。

对克律希珀斯来说，理性存在者的确在事实上形成了一个城邦，这并不是从非哲学的视角来看的，而是符合廊下派定义的（上文引用的狄都谟斯的定义）。居民的行为合乎法律与正义，这是共同体的充分条件。在所有理性存在者之中，这一条件会得以实现，因为法律中所包含的行为准则是由理性所设立的，而且根据克律希珀斯，这就意味着"为本性是政治的动物规定他们应该做的，而禁止他们不应该做的"（《早期廊下派辑语》3.314，参见上文）。如斯科菲尔德所说，

> 人类和诸神共同拥有的理性不是一种没有进一步限定的纯粹的规定理性。相反，它是一种指导他们相互间如何以社会动物相待的规定理性。（［译按］见《廊下派的城邦观》，页103）

于是，法律不仅仅是某些共同体或国家所确立的法律，而且后者正是廊下派所拒绝的东西——即我们所知的、那种来自地上国家的权威。他们把法律等同于正当理性，以便认同法律权威的另一个来源——不是国家，而是理性。正如斯科菲尔德所说，"结果是，法律被内在化了，变得像是良知之声或内心道德律"（［译按］见《廊下派的城邦观》，页99）。［这种共同体的］唯一要求是：其主要成员接受同样的关于理性之哲学观念，进行同样的推论，对推论的有效性进行同样的评估。

［译按］这句话似乎指向《廊下派的城邦观》页99－101，其中也出现了"推论""对推论有效性的评估"，但是斯科菲尔德对二者实际上是否定的。他说，现代的形式理性观念把理性局限于"推论及其有效性的评估"，但是，几个人进行同样的这类活动并不能形成一个共同体；廊下派对理性的哲学观念并非如此，而是一种"实质性的"（substantive）理性观念，要求人们对特定的价值具有同样的情感，而不仅仅是具有同样的推理技巧。本文作者在这一部分中对斯科菲尔德的观点多有征引而且非常认同，而这句话中却用了斯科菲尔德所否定的几个词，或许是一时疏忽。

就此而言,斯科菲尔德和其他一些人把廊下派的构想与现代“学术共同体”的概念以及哈贝马斯的政治理论进行了比照([译按]参见《廊下派的城邦观》,页 103 – 104)。

这种共同体的一个结果是,居于其中的主要成员彼此之间需要进行现实的、物理的联系。据克律希珀斯所说,“如果随便一个什么地方的某位圣贤审慎地(prudently)动动手指,他所居住的整个世界的所有圣贤都要受益”(普鲁塔克,《驳廊下派的一般观念》1068f)。但是,他们当然会住得彼此临近,而且不仅与其他圣贤为邻,还与其他不是圣贤的人为邻,正如学者的共同体也与其他共同体互相联系、互有重叠。当然,就此而言,如果接受了习俗的正义观念,就不能严格地符合廊下派的定义了。但是,笔者认为,廊下派那种智者的宇宙把次等的、非智者之人所采用的正义模式包含在内,从而取代了习俗的正义模式。毕竟,非智者之人也是宇宙对万物之天意规划的一部分,这些人或许也会被分配于智者的共同体之中,但是无论如何,天意必须通过圣贤来得到默许,根据克律希珀斯的观点,在习俗的政治体中,圣贤会表现得好像把财富和健康视为善的东西。在这种情况下,智者的共同体并不会[因此而]不复存在,因为从根本上讲,这样一个共同体是自然的一个产物——从芝诺最初构想的理性城邦到自然法概念的出现,这种共同体都通过其合理性起了沟通过渡的作用。正如拉克斯所指出的那样,克律希珀斯对宇宙城邦的许多讨论来自《论自然》这部物理学著作这部基本上与政治无关的著作,这绝非偶然。

事实上,廊下派关于宇宙城邦的全部观念,可以看成是顺理成章地从廊下派物理学中得到的一种理论。甚至,宇宙城邦本身也通过这样的术语得到了描述——比如,普鲁塔克《驳廊下派的一般观念》1076f 中说:

> 宇宙是一个城邦,星辰是其公民——[普鲁塔克继续说]如果是这样,他们显然就是部落同胞(φυλέτας)和国家长官

> (ἄρχοντας),而且太阳就是一个议员(βουλευτήν),金星就是一个执行主席(πρυτανίς)或治安长官(ἀστυνόμον)。

话中能够暗示出,普鲁塔克的话并不仅仅是嘲讽式的戏仿,而是反映了克律希珀斯确实说过的话。廊下派当然相信,星辰就是诸神。我们可以思考一下,在廊下派的物理学宇宙中,事实上有多少东西被说成是θεῖον[神圣的](斐洛德谟斯把岩石和空气都包括在内)。

斯科菲尔德认为,这种宇宙城邦论与廊下派的多神论(即"天体是会毁灭的神圣存在"这一学说)"匹配"[译按:见《廊下派的城邦观》,页108注3]。但是,在其政治学与物理学之间,存在着一种有目的的、直接的关联。比如,类似地,占有论(oikeiōsis – theory)将个体与诸神联系在一起:个体在最基本的层次上,只是亲近自我与家庭;而诸神则处于宇宙同心圆的外层之中。如果忽略物理学与宇宙论的联系,对于廊下派的政治理论我们就会缺少文本证据,或者相应地,就会缺少那些在当时的政治学语境中包含其政治理论的文本。

4 映现于现存国家中的宇宙城邦

然而,赫库兰尼姆的一个文本直接将廊下派的政治学付诸实践且实践于当时的语境之中。这段文本首先由苏德豪斯进行了编辑,之后数次刊行。① 凭借对莎草纸文本的一些新近校读,笔者对这段文本进行了修改,并列举于此。通过这些莎草纸,笔者取得了一些

---

① S. Sudhaus, *Philodemi Volumina Rhetorica*,第二卷(Leipzig,1896),页212;H. von Arnim,《早期廊下派辑语》卷三,巴比伦的第欧根尼辑语117;D. Obbink、P. A. Vander Waerdt,"Diogenes of Babylon:The Stoic Sage in the City of Fools",*Greek,Roman and Byzantine Studies* 32(1991),页366–368。

小小的进展。① 对于这段话中尤为引人注意的那部分，笔者将用加大的字号标识出来[译按：译文代以楷体字]，但仍会列出全部论证过程，即，先是斐洛德谟斯的引介之词，然后是引用巴比伦的第欧根尼的作品，再然后是斐洛德谟斯对第欧根尼的反驳。这样，我们就可以了解一下斐洛德谟斯贯穿在这种反驳式评注(anti-commentary)中的总结(或摘引)步骤。

> 另外，他(第欧根尼)荒谬地说，"现在，既然修辞术既不属于所有政治家，也不只属于一个人，而是属于在恰当意义上[此处有文字佚失]的人，而且这个人[若干单词佚失]能够给城邦提建议"，他就这样规定说："作为政治家，他就必然要在城邦中担任职务[10-20 个单词佚失]，而且只[两到三个单词佚失]在智慧[两到三个单词佚失]。他不仅仅是一个好的辩证法家、文法学家、诗人、演说家和教师这种掌握所有技艺之方法的人，而且也(擅长)给城邦带来益处；而且，他不仅仅是那些居住于雅典或拉刻岱蒙之人的同邦居民——因为，愚人中间是不会有城邦或法律的，在诸神与圣贤所组成的组织结构(σύστημα)之中才会有城邦或法律，而且(在那儿)，他会真正地被认为是将军(general)、海军司令(admiral)、司库(treasurer)和托收代理人(collection agent)，而且他也会被认为是其他职务的掌有者，因为，政治家(πολιτικόν)必然要拥有关于所有这些事物的知识(ἐπιστήμη)。"(斐洛德谟斯回答说：)但是，事情肯定不是这样的，对成功的政治家而言，如果他需要描述一下当前的形势，虽然他们从没有学过修辞术技能，却似乎也能做得

① 比如，斐洛德谟斯从第欧根尼的作品中引述了这段话，而第欧根尼这部作品的书名已经能够得以复原，即，这段话出自他的《论修辞术》。而之前，人们(根据西塞罗在《论法律》中提到了他)以为出自他的一篇《论行政官》(*On Magistrates*)：参见赫库兰尼姆莎草纸文献第 469 号(斐洛德谟斯，《论修辞术》第三卷)辑语 4,11-15。

> 到;这不是通过在政治学中实践技巧而得到的,而是从各种案例中得来的:比如,佩西斯特拉图斯(Peisistratus)是一个[一单词佚失],克雷斯忒涅斯(Cleisthenes)是一个演说家,忒弥斯托克勒斯(Themistocles)是所有人中最伟大的将军;伯利克勒斯(Pericles)使雅典获得了极大的优势,使她有力、强壮、卓著;泡萨尼阿斯(Pausanias)赢得了普拉提亚(Plataer)战役;客蒙(Cimon)通过遍布世界的战争,通过他在陆地与海洋上的胜利,展现了如何增强一个城邦的力量;以及阿尔喀比亚德(Alcibiades),他[动词佚失]拉刻岱蒙人和[一单词佚失]伯罗奔半岛人[二单词佚失];还有伊索克拉底(Isocrates)的学生提谟忒俄斯(Timotheus),以及无数的其他人,列举起来将会非常冗长。

对这段文本的政治学主题来说,修辞术的语境非常关键。在这部作品中,斐洛德谟斯质疑了作为一种τέχνη[技艺]的修辞术(及其成分)所具有的地位。他否认所有类型的修辞术(尤其是那种政治类修辞术)的地位,除了智术式的修辞术——他允许存在这种有些类似于审美文学(belles lettres)的技艺,但不允许过量使用。这跟廊下派哲人针锋相对——尤其是第欧根尼,后者虽然也否定任何种类的修辞术之技艺地位,却把政治类型的修辞术(即廊下派圣贤——其本质是πολιτικός[政治性的]——对政治修辞术的实践)排除在外。据斐洛德谟斯所言,第欧根尼声称所有已知的政治修辞家都已堕落,修辞术在政治事务中已经毫无用处,以及,在许多已知的城邦中,修辞术是不受待见的,比如斯巴达。① 为了让论证进行下去,斐洛德谟斯容许修辞术至少对城邦、外交等事务是有用的,但他不承

---

① 赫库兰尼姆莎草纸文献第1506号(斐洛德谟斯,《论修辞术》第三卷)卷十二8-15(Sudhaus[1986],第二卷页216)。"[第欧根尼说]就对外交活动进行良好的引导而言,修辞术毫无助益:'拉刻岱蒙人,'他说,'鄙视修辞术,而且通过日常交谈成功地管理了他们的事务。'"

认这是一种专业技术,从而对第欧根尼的观点进行了批评。我们要记住,当他说ῥήτωρ[演说家]这个词的时候(根据第欧根尼的观点,那位智者是一个"全才通人"),他指的是政治演说家,因为,廊下派哲人不认可任何其他类型的演说家。

于是,论辩集中在了政治活动自身的本性上。廊下派对于个人参与政治事务的要求是非常高的——公元前155年,第欧根尼(虽然斐洛德谟斯否定了他——见下文)与学园派的卡尔涅阿德斯、漫步派的克里托拉俄斯(Critolaus)代表雅典去罗马请愿的时候,即是如此。

[译按]公元前158或157年,雅典劫掠了邻邦俄洛珀斯(Oropus),俄洛珀斯人求诸罗马元老院,经过仲裁,雅典被判了500塔兰特的罚款。雅典派三位哲人出使罗马元老院申诉情愿,最终使500塔兰特的罚款降至100。三位哲人在罗马发表哲学演说,引起了年轻人的兴趣,却让老卡图(Cato the Elder)深感忧虑,于是劝元老院尽快把他们打发走。

值得注意的是,第欧根尼所展现的理想的廊下派πολιτικόν[政治家],是一个在诸神与智者组成的σύστημα[组织结构]中行使所有公民职务、从事所有传统技艺的人,既包括教育方面,也包括行政方面。斐洛德谟斯对这一点进行了反驳——很多成功的政治家懂得一些修辞术,并出色地为城邦做出了贡献,但他们并没有吹嘘自己拥有第欧根尼要求廊下派圣贤要具有的那种ἐπιστήμη[知识]、那种完美的ἐπιστήμη[知识]。

在后来的反驳中,斐洛德谟斯说,廊下派智者不可能存在,而且,芝诺、克律希珀斯和第欧根尼甚至都没有自称为圣贤,也都没有参与政治(非常有趣的是,他没有提到佩尔赛俄斯这位作为国王的顾问深入参与政治的人,虽然他在这本书的其他地方谈到了佩尔赛俄斯关于政治修辞术的观点)。书中有一个地方(第16-18列,第二卷页221-225 Sudhaus)记录了第欧根尼的这些话:

如果政治家有能力协调各个城邦、缔结同盟,那么,在调解

> 亲近之人的争吵(比如,一个丈夫与其爱人之间的争吵)方面,以及在培养友爱方面,他们可能就会更有能力。因为,“团结个人与个人”与“团结众人和众人”是同一种技艺(τέχνη)的特点,正如,“给一个竖琴调音”和“给许多竖琴调音”需要的也是同一种技艺。

斐洛德谟斯则回答说,苏格拉底懂得如何在个人之间取得协调,却没能以一己之力与民众取得协调;安提司忒涅斯、芝诺、克勒昂忒斯、克律希珀斯以及其他任何人都没有在这一点上取得什么程度的προκοπή[进展]。

然而,没有什么东西能够暗示出,第欧根尼提出的是一种由诸神组成的、作为一种乌托邦构架的σύστημα[组织结构]。这场论辩,以及斐洛德谟斯对προκοπή[进展]的评价,都暗示出,他们感兴趣的是普通进步者,而不是未来主义的共同体(futuristic communities)。在上面这段话中,第欧根尼指出,对普通进步者来说,智者掌握的一切公民技艺并非与生俱来的东西,而是些传统的、中性的技艺。在这一点上,我们可以看看西塞罗在《学园派》2.137中记载的一段相关轶事,看看公元前155年行政长官阿尔庇努斯(Postumius Albinus)是如何挑衅出使罗马的雅典哲人的——他愤怒地问道,当第欧根尼说只有sapiens[智者、圣贤]才能当行政长官的时候,意思是不是说,他(阿尔庇努斯)自己事实上并不是行政长官。第欧根尼的回答肯定不会是一个毫不含糊的“是”。[①] 西塞罗在记载这件轶事的时候,是让卡尔涅阿德斯回答的——卡尔涅阿德斯说,作为一个廊下派哲人,第欧根尼会这么认为;[只有智者才能当行政长官]这种说法要么完全否认了他拥有这一职位,要么让他拥有了sapiens[智者、圣贤]这一(极为罕见的)头衔。然而卡尔涅阿德斯说这话,只是为了让第欧根尼在这个有势力的官员面前陷入尴尬。但是,显

① 进一步参见Obbink、Vander Waerdt(1991),页389–395。

然廊下派实际上会这样回答:罗马同样也不是一个由诸神与人类组成的宇宙(拉刻岱蒙或任何其他城邦都不是),因而,在罗马,阿尔庇努斯仍然是一个“行政长官”。

克律希珀斯认为,恶与不完美是宇宙的一部分,与自然目的论相符合。只有在重复自身的世界循环周期终结之时,恶行与不完美才会完全去除。没有证据能够表明克律希珀斯相信一个完美、理想的社会将会成为现实。尽管如此,宇宙城邦仍符合于自然,在当下,通过与自然的和谐,它反映了可能的道德完美之实现,而且,只有真正的智者能够在其全部行动中实现它。

在最好的情况下,廊下派的宇宙城邦似乎是一个具有“雅努斯面孔的理论”(斯科菲尔德用这个词来形容芝诺的《政制》;[译按]见《廊下派的城邦观》,页102)——在这一理论中,智者组成的理想polis[城邦]与智者个体对当下社会的态度既呈现出一个理想的世界国家,也呈现出一个当下的世界国家。对最普通的进步者们来说,宇宙城邦的存在是一个理想,或者说,是一个未来主义的世界。然而,对于智者组成的共同体来说,它尽管不太可能实现,却是一个活生生的现实世界(a lived world)。

柏拉图的苏格拉底与廊下派

斯特莱克(Gisela Striker) 撰
郝晓霞 译

廊下派自任为苏格拉底的后继,这一点也不奇怪。依据拉尔修的说法(7.2),芝诺是在阅读了色诺芬《回忆苏格拉底》的第二卷之后才转向哲学的。希腊化历史学家们建立了一套"继承顺序":苏格拉底—安提司忒涅斯—第欧根尼—克拉特斯—芝诺;廊下派的苏格拉底血统被这一学派宗谱所正式承认。这种"继承顺序"暗示上一个哲人总是下一个的差不多正式的老师,里面少不了有夸张的成分。[①] 但无论如何,在廊下派伦理学中,典型的"苏格拉底"学说还是很扎眼的,例如,"德性是某种知识"这一观念及其推论:拒绝*ἀκρασία*[不自制];"德性的统一"的论点,起码是对苏格拉底广为人知的一个论点即"德性与幸福同一"的一种久已习见的诠释。

但是,这套"继承顺序"似乎也表明,廊下派的苏格拉底不是——或者说主要不是——柏拉图的苏格拉底,而是安提司忒涅斯和犬儒派的苏格拉底,还有可能是色诺芬的苏格拉底。[②] 实际上,一眼看上去,廊下派的思想系统与我们好像在柏拉图早期对话录中所发现的是如此不同,以至于人们也许会倾向于认为,廊下派版本

---

① 参照 G. Giannantoni,《苏格拉底与苏格拉底学派遗稿》(Naples,1983 - 1985),第三卷,页 706 - 711。

② 将色诺芬的苏格拉底当作思考早期廊下派的一个潜在资源,参见 J. G. DeFilippo、P. T. Mitsis,"Socrates and Stoic Natural Law",载 P. A. Vander Waerdt 编,*The Socratic Movement*(Ithaca,London,1994),页 252 - 271。

的苏格拉底学说与柏拉图的那些对话录几乎扯不上关系。这也许解释了一个事实:最近的廊下派哲学研究在缺失犬儒派的主要现存文本时,在谁是廊下派的哲学前驱问题上,倾向于集中关注亚里士多德的影响甚于柏拉图。①

这个图景当然受到桑德巴赫(F. H. Sandbach)的激烈挑战,②然而不论廊下派是否读过亚里士多德,我们也许都能将桑德巴赫的专论看作有益的提醒,即时间上的靠近并不必然意味着思想上的接近。与亚里士多德相对照,似乎有明显的证据表明廊下派阅读了柏拉图。据说,芝诺写过东西反对《王制》(普鲁塔克,《论廊下派的自相矛盾》1043e),普鲁塔克也几次提到克律希珀斯的《驳柏拉图的正义观》(*Against Plato on Justice*),③克律希珀斯在此书中似乎也主要是批评《王制》。④ 此外,据说芝诺曾是克塞诺克拉特斯(Xenocrates)和珀勒蒙的学生,但并未听说他有漫步派的老师。那么,很显然,芝诺去的是阿卡德米学园(Academy),而不是吕克昂学园(Lyceum)。芝诺肯定知道并研究过亚里士多德的著作这个假说,似乎主要基于这么一个传统:在芝诺来到雅典时,忒俄弗拉斯托斯(Theophrastus)正是当时最受欢迎的哲学老师。

---

① 参照 J. M. Rist, *Stoic Philosophy*(Cambridge, 1985),页 1:"现在,'后亚里士多德哲学'这一用语逐渐用来指主要由亚里士多德主导的哲学,而不是指亚里士多德之后的、几乎跟亚里士多德不相干的哲学。"亦参 B. Inwood, *Ethics and Human Action in Early Stoicism*(Oxford, 1985),页 9 - 17,以及笔者的讨论,*Canadian Journal of Philosophy* 19(1989),页 93 - 96。

② *Aristote and the Stoics*, Proceedings of the Cambridge Philological Society 10(Cambridge, 1985);有所保留的挑战,参见 B. Inwood, *Philosophical Review* 95(1986),页 470 - 473。

③ 《论廊下派的自相矛盾》1040a,参照 1040d,1041c - d,《驳廊下派的一般观念》1070f。

④ 更多讨论,参见 P. A. Vander Waerdt, "Zeno's *Republic* and Origins of Natural Law",载氏编,*The Socratic Movement*(Ithaca, London, 1994),页 272 - 308。

如果廊下派起码非常了解柏拉图的某些著作,而且显然并不赞同柏拉图的大多数伦理学,那么我们就可以假设:廊下派几乎不可能忽略柏拉图就他们所接受的苏格拉底学说说了些什么。换句话说,我们可以预料廊下派会找到一种方法来避开柏拉图所指出的困难,以表明他们不可能遭到相同的异议。实际上,笔者认为这也正是他们所做的:设法建立一种可以不受柏拉图批评影响的苏格拉底伦理学,接着攻击柏拉图在这种伦理学上远离了苏格拉底,借此再提出一种替代版本,用以在不同方向上代替柏拉图(碰巧还有亚里士多德)所发展出的某些学说。因此笔者认为,苏格拉底对廊下派的影响,并不仅仅局限于他们在自己领域里着手论证的某几项迷人的论题。某种程度上,廊下派的苏格拉底也曾是柏拉图的苏格拉底,他们的苏格拉底学说的版本,显然是在柏拉图提出的令人确信的异议那里找到了灵感,从而试图尝试不同的路径。

笔者将通过两个相互关联的例证来设法说明这个总体描述:第一,“德性是幸福的充分条件”的论点,① 第二,“德性是某种知识或技艺(craft)(即善与恶的知识)”的学说。此二者在柏拉图成熟的对话录中被放弃,然而却受到廊下派的捍卫。

1 德性是幸福的充分条件

《高尔吉亚》中可能有苏格拉底“德性(或正义)是幸福所需要的一切”这一论点的最详细陈述。在471e中,苏格拉底宣称:

> 我认为那些高尚的(καλός)、善良的男男女女是幸福的,而

① 将此看作苏格拉底的论点,例如G. Vlastos,“Happiness and Virtue in Socrates' Moral Theory”, *Proceedings of the Cambridge Philological Society* 30(1984),页181-213;T. Brickhouse、N. Smith,“Socrates on Goods, Virtue, and Happiness”, *Oxford Studies in Ancient Philosophy* 5(1987),页1-27。

> 那些不义的、败坏的人是不幸的。①

在《高尔吉亚》中，这个声明首先被一条间接论据所捍卫，表明不正义是最大的恶，由此与幸福不兼容；接着，在遭到卡利克勒斯驳斥之后，又以其他论据表明，即便在卡利克勒斯的观点中，正义作为灵魂的善也是幸福生活所必需。苏格拉底在507c通过如下陈述来总结自己的论据：

> 好人无论做什么事都必定是好的和高尚的，而做好事的人必定是愉悦的和幸福的，相反，做坏事的坏人必定是不幸的。

据笔者看来，苏格拉底在这则对话中的论据并不能真正支持他的声明：德性或者正义对幸福来说既是必需的，又是充分的。大家都还记得苏格拉底对其中的情形讲得有点夸张（柏拉图意识到了这点：留意卡利克勒斯的反应）。

支持苏格拉底论点的另一条路径出现在《欧蒂德谟》（278e－282e和289e－292e）中。在彼处，苏格拉底争辩说，严格来讲，“国王的技艺”（kingly craft，在其他早些时候的对话中，极易被认作是与德性完全相同的“善与恶的知识”）是仅有的善。这样说是因为其他一切所谓的善，像健康、美丽、财富和权力等事物，仅对那些以正确的方式运用它们的人来说才会是有用的。因此，正如苏格拉底所言（281d）：

> 就我们一开始所说的所有好东西来说，问题的关键不在于它们本身生来怎么个好法，而可能在于下述情况：如果是无知在引导它们，那么它们就是比它们的对立面更大的罪恶，因为

① 在本文中，笔者借用了泽埃尔（D. Zeyl）的《高尔吉亚》译文、格鲁贝（G. Grube）的《王制》译文、库珀（L. Cooper）的《欧蒂德谟》（*Euthydemus*）译文，哈克福特（R. Hackforth）的《斐勒布》（*Philebus*）译文，稍有改动。

> 它们侍奉起坏的向导来更加能干;如果是明智(φρόνησις)和智慧在引导它们,那么它们是更加伟大的善,但就其本身来说,它们无善恶可言。

在《欧蒂德谟》的这一段中,苏格拉底一再强调,唯独(μόνον)使用者的技艺能使我们幸福(参照 232c,e;292c1)。“德性即使用者的技艺”这个观念能否有力地支持苏格拉底的那个明确论点,这也是廊下派最感兴趣的问题——既然他们捍卫“德性就是使用者的技艺”这一理论。

现在,经过仔细检验,笔者认为《欧蒂德谟》已经表明,通过“统治的技艺”(ruling craft)提供的支持并不明确。当苏格拉底说“只有这种技艺能使我们幸福”时,他的意思是说这种技艺将通过它自己使得我们幸福呢,还是仅仅说这种技艺对于幸福而言是不可或缺的?“统治的技艺是唯一真正的善”这一陈述能用来支持那个更强硬的声明;而尽管传统的善,如健康、财富等,只有在正确使用时,才最终被称为善,这个事实还是能提供那个较弱的诠释。笔者并不认为《欧蒂德谟》的文本本身已清楚到能够解决这个问题。事实上,正如笔者现在马上要说的,这种“技艺模式”(craft - model)可能通过两种不同的方式以支持这种或者那种观点。

让我们做个假设:德性取决于对可用资源的正确使用。那么,人们可能会争论说,德性远远不是唯一真正的善,德性对于幸福而言还远远不够,幸福生活既需要德性也需要非道德性的善。当德性缺席时,德性以外的其他一切所谓的善就可能被误用并变得有害和危险,这点可能是真的。但是,除非有某种东西能让技能(skill)在其身上得以操作,否则使用这些“有条件的善”(conditional goods;弗拉斯托斯语)的技能将不会对我们有多大好处,这点似乎也同样确凿。如果没有钢琴师的技能,那么钢琴毫无用处,但是,没有乐器,技能也一文不值。我们似乎既看重技能也看重乐器,因为我们看重音乐。由此看来,两者我们都需要。

不仅如此,更加清楚的是,资源的质量和数量将使得结果大不相同。优秀的小提琴手甚至有可能用糟糕的乐器奏出优美的乐曲,不过假若他拥有一把斯特拉迪瓦里琴(Stradivari),乐声听起来保准更加悠扬。① 同样,德性的运作在某种程度上取决于所能采用的工具。正如亚里士多德谈论的(《政治学》2.5,1263b 13-14),为了显得慷慨,就需要一笔资金;没有财产,就无法慷慨的赠予。“财产上的善”对于亚里士多德就如对廊下派一样,都是德性活动的材料和工具。但据亚里士多德所说,如果幸福在于德性活动,那么,假若没有“外在的”或“身体性的”、允许我们全力去运作我们德性的善,幸福就无法实现。

假设采取这种方式,那么,技艺模式仍将支持这样的声明:德性,只有德性对幸福而言才是必需的。人们大概不需要非道德性的善中的这种或者那种,它们在某种程度上是可以互换的,而当人们的德性缺失时,没有什么能最终成为善,人们仅仅需要这些非道德性的善中的一部分。但同时,这个模式肯定会破坏如下声明:德性是幸福的充分条件。笔者认为,廊下派看到了这一点。但是,他们想要既捍卫技艺模式,又捍卫“德性是幸福的充分条件”这个声明,因为二者在他们看来显然都是苏格拉底的学说。于是,他们采用一种不同的方法来评价技能的表演与操作。

笔者之前假设的小提琴手的表演是根据人们听的音乐来评估的。但是,人们当然也可以单单根据表演技巧精湛与否,来评价表演好还是不好。一个好的表演者会尽可能善加利用任何特定资源。完全可以想象,一名出色的小提琴手用不怎么样的乐器也能奏出动听的乐曲,而一个糟糕的乐师则有可能暴殄天物。也有可能是:一个不怎么样的表演者用超一流的乐器比一名超一流的音乐家用劣

---

① 关于这条论据,参见阿弗洛底西亚的亚历山大,《论灵魂》(*De anima*)卷二,160.31-161.3。

质的乐器奏出的乐曲还悦耳。但是,我们仍有可能分辨出,第二出表演在某种意义上来说要比第一出好。这毫无疑问与德性有关,众所周知,一个穷人的小笔捐款比起一个百万富翁的巨大礼物更可能显得慷慨,尽管百万富翁可能使更多的人受益。因此,如果我们根据技能水准来评价表演,材料或工具似乎就显得不重要。我们只需考虑此人演奏得怎么怎么好,而不是音乐听上去怎么怎么样。为了维持德性是唯一的善,笔者应当建议采用第二种方法来诠释技艺模式,这第二种方法正是廊下派所采用的。

根据他们的理论,演得好严格地讲是技能问题,而与成功无关。他们坚持非道德性的善完全与好坏无关。例如,为此他们可能在苏格拉底《欧蒂德谟》的一再陈述中找到支持:传统的善既不是好的也不是坏的。因而,他们也可能说这些事物的数量和质量与幸福生活不相干。他们并不否认智者偏爱健康与财富,而不是偏爱它们的对立面即贫困与疾病,但是他们坚持认为行为的价值,确切地说,生活的价值,并不取决于成功或者结果。也就是说,一个卑微的制陶工人的生活在理论上讲,同一名贵族政治家的生活一样好,假如他们一样都是好人。笔者猜想,对技艺模式的这个诠释可能更符合历史上的苏格拉底的直观解释,而不是亚里士多德更加精英主义和完美主义的观念。

但是,“德性即一种技艺”这个学说,正如笔者试图表明的,存在两种诠释的可能性。如果人们强调通过技艺所达到的结果,人们将到达亚里士多德的观点。如果人们记着德性是唯一需要考虑的事情,就会更愿意采取廊下派的视角。就苏格拉底而言,笔者认为这些表明了他可能完全是“无系统的”哲人,以至于我们不应当尝试去决定哪种方法是他本应该被采纳的。问题是,归根结底,人们应该从一个拒绝著书立说,仅仅通过质询其追随者从而实践哲学的人那里指望什么?他固然有深刻的道德信念,但是,笔者不能如此确信它们达到了一种类似于理论的程度。辩驳(elenchus)是苏格拉底最中意的技术,它所需求或所保证的仅仅是一致性——“德性是幸福的充分条件”明显与“德性即一种技艺”相一致,然而,前者并不能完全根据后者得出。

2 德性即善与恶的知识

笔者的第二个例证稍显复杂:柏拉图对“德性即善与恶的知识”学说的批评,以及廊下派对柏拉图批评的回应。廊下派与柏拉图和苏格拉底相似,而与亚里士多德不同,他们似乎没在技艺与知识之间划一条清晰的线,① 因此,“德性即一种技艺”和“德性即知识”在此被用来指同一个论题。柏拉图的异议在《克利托普丰》409a－410a 和《欧蒂德谟》292a－e 得以阐明,在《王制》505b－c 再次扼要陈述。这里似乎有两个相互关联的要点。

在《克利托普丰》中,苏格拉底的追随者被要求给人们确信为正义的技艺的功能或产物(function or product,*ἔϱγον*)命名。克利托普丰在实例的基础上坚持认为,每种技艺都必然有一种区别于它自身的产物。唯有明白产物是什么,我们才能理解我们所讨论的技艺是什么,以及它在何种意义上是有用的。显而易见,苏格拉底的追随者与苏格拉底本人都不能给出满意的答案。匿名的追随者最初尝试像“有用的事物”或者“有利的事物”这样的回答,但由于太过笼统而未被接受。正如克利托普丰指出的,任何技艺都应该生产有用的东西;但是,对于每种特定的技艺,我们应有能力说出它产生了哪种特定的有用的结果。

要求技艺的一种明确产物,跟要求给每种特定学问以明确对象相类似。由此,起初大有希望的、关于“正义在城邦内产生友爱”的暗示,当证明了所提到的城邦友爱应被定义为*ὁμόνοια*[和谐]或知识上的一致时,便引发了前面所提到的困难。至此问题大概是:什么样的知识?这使我们再次回到了出发点。

① 参见 M. Isnardi－Parente,*Techne*(Milano,1966),页 287。

关于将技艺的产物跟学问的对象相类比这个问题，比方说在《卡尔米德》(*Charmides*,165e－166b)中就讲得很清楚。例如，算数技艺虽不存在外在产物，却起码有个明确的对象，即“奇数与偶数”。笔者认为，最重要的是某个概念性的东西碰巧同样地支撑着知识与技艺，即学问与技艺肯定“属于”(of)某种东西(*τινος*)，而属格可以囊括各种不同关系，比方说，知识－对象(数学)，技艺－产物(住宅建筑)，或者技能－表演(笛子演奏)。这种类似有可能由以下事实所暗示：存在着一种产物X，而各种专业技能可以被交替性地描述成X的知识或者X的技艺，例如，住宅建筑的知识或者技艺。由于知识的对象是某种能够被创造出来的东西，所以，苏格拉底假定有知识的人同样能产生对象。

现在，柏拉图的读者们大概还记得，苏格拉底在早些时候的对话中可能给出过关于正义的回答，即正义是善的知识。这个回答在《克利托普丰》中甚至只字未提，大概因为它有可能得到同“有利的”或者“有用的”一样的裁定：每种技艺产生善，但是，我们想要知道的是，技艺产生的哪种特定的善是正义。

《欧蒂德谟》借苏格拉底的立场为这个显而易见的困难提供了一种解释。苏格拉底表明，唯一真正的善是某种知识，这种知识即通晓运用人们普遍认为是善的事物，如健康、力量、财产等等的技艺(281d－282a)。当他后来提出关于这种国王技艺的功能问题时，相应的结果是，对话者可能找到了不太明确的答案。因为，一方面，智慧被视为一种能使我们获得善和幸福的技艺，另一方面，国王技艺所产生的善似乎是智慧本身(292a－b)：

> 苏格拉底：那么，国王的技艺统治它所统治的一切，这种技艺又如何？它产生什么？你也许无法准确地说出来。
>
> 克利托普丰：我确实说不出来，苏格拉底。
>
> 苏格拉底：我们都不行，亲爱的克利托普丰。但我非常清楚一件事，这就是如果它是我们要找的技艺，那么它一定有用。

克利托普丰:那当然。

苏格拉底:所以它一定会给我们提供某种善,对吗?

克利托普丰:显然如此,苏格拉底。

苏格拉底:但是克雷尼阿斯(Clinias)和我一起同意过,所谓善无非就是某种知识而不是其他。

问题因此似乎产生自以下事实:苏格拉底想要两种看法同时有效,即(1)智慧是善的知识,(2)智慧本身是它所产生的善。结果,"智慧是善的知识"这种描述并未提供任何信息,因为"善"是根据善的知识来定义的;这种描述也不合"对象或产物应该与知识或者技艺明显不同"的要求。

在《王制》505b-c中,同样的困难恰巧在苏格拉底列举善的形式(the Form of the good)之前又一次被简要陈述。柏拉图提及两种流行但并不被接受的回答用以质问什么是善:快乐与智慧或者知识(phronēsis)。其中第二项备选者,由于注意到当知识的拥护者被问及他们的知识"属于"什么(的知识)时,除了"善的知识"之外不会再有别的答案,而被取消了资格。这本身显得很滑稽(505b11),大概是因为phronēsis[知识]被认为是它自己的对象;同时也显得不太明确,原因可能是善根据善本身被定义。这些人,尽管公认为比那些信仰快乐的人更老于世故,但他们"责备我们不懂善,然后……在继续与我们交谈时好像又把我们当作懂得善的"(505c1-4)。

从学述中似乎可以明显看出,正是由于廊下派想要这两种看法同时有效而导致了苏格拉底理论的僵局:德性是善(与恶)的知识,德性是唯一的(人类的)善。① 所以,普鲁塔克声称(《驳廊下派的一般观念》1072b),他们会遭到柏拉图的异议:当被问及善是什么时,

① 例如参见,普鲁塔克,《论廊下派的自相矛盾》1034c-d,《论道德德性》441a;司托拜俄斯,《读本》2.101.5-6 Wachsmuth;阿弗洛底西亚的亚历山大,《论命运》199.12 Bruns。

他们会回答"智慧";当被问到智慧是什么时,他们会说"善的知识"。但是,我们果真应该假定廊下派全然忽略了柏拉图的批评吗?既然能肯定他们了解《王制》,那么,他们很可能也知道《克利托普丰》和《欧蒂德谟》,[①]不过,这也未必。无论如何,笔者认为这只可能表明廊下派的理论避开了柏拉图的异议;实际上,虽然不大可能得到证实,人们仍可能猜测,廊下派是通过思考柏拉图的学说而找到了他们自己的解决方案。

在提到并思考了快乐与知识作为善的备选项之后,柏拉图在《王制》中继续描述看起来是他自己的备选项的东西:善的形式。他似乎告诉我们,"每个灵魂所追逐的东西"是知识的对象,而不是知识本身。显然,要实现那个对象,除了通过哲学的方式,我们别无他法;所以,完美的德性仍将包括知识,不过,这种知识本身并不是善。但是,这种柏拉图式的推进步骤,正如亚里士多德所坚持认为的,是一个错误。笔者认为,形式理论的最大成果,是区分了主体(subjects)与属性(properties),或者你也可以说是划分了个别与普遍,而不是发现光辉的永久的欲望对象——无论柏拉图在《会饮》(*Symposium*)中可能怎么考虑过。善的形式不是人类善的另一备选项,更确切地说,它是对一切善物的善本身(goodness)的描述,包括善的生活,或幸福;它是善本身,而不是对谁善。属人的善必定是这种我们可以去实行或者去获得的善本身(参照亚里士多德,《尼各马可伦理学》卷一 1096b34)。笔者认为,柏拉图到写作《斐勒布》的时候悄悄地纠正了这个错误。在《斐勒布》中,他明确地区分了善的生活及其内在的善本身:

> 那么如果我们不能在一个单一的形式下找到善,那就让我们借助美、比例、真理三者的联合来确保善,然后将此三者视为

① 关于《克利托普丰》,参见奎尼斯(H. Cherniss)在其翻译的《伦语》第十三卷第二部分中为普鲁塔克《论廊下派的自相矛盾》1039d 所作的注(a)。

一体，让我们断言，这个结合物可以最恰当地用来决定那一混合物[即最好的生活]的性质，由于这个结合物是善的，那一混合物本身才变成善的。(65a)

但是，一旦人们发现善的形式或者好不应该下放到与快乐或者知识同样的层面，那么，更确切地说，善本身与幸福生活之间的区分，就极有可能为“德性是善的知识”这个问题提供一种解决方案。因为，当这种知识的对象被建构成善本身而非属人的善时，人们可以说德性就是属人的善，但并没有据此预先假定存在某种是其自身对象的知识。

笔者认为，廊下派注意到了这一点。至少，廊下派圣贤的“善的知识”似乎不能单纯地描述成人类善的知识。智者能够领会善的观念，他能够理解“真正值得被称为善的东西”(西塞罗，《论至善与极恶》3.21)，即理性秩序与和谐；因而，他也意识到，如果人类的生活同自然秩序与和谐相一致，那么人类的生活就是幸福的。他关于好与坏的知识来自这种洞察力。他的知识包括了关于属人的善的知识，但并不局限于此。《欧蒂德谟》中的困难在某种程度上就源自把“善的知识”当作了“关于属人的善的知识”，当然，对“关于属人的善的知识”这个用语最令人信服的诠释出现在苏格拉底的对话中。如果我们将“善的知识”主要诠释为善本身的知识，那么，由于我们现在能够区分圣贤的知识与其对象，由苏格拉底学说引发的部分问题就迎刃而解了。

但是，似乎还是遗留了一个问题，这就是，技艺是它自己的产物。根据廊下派的说法，[①] 德性归根结底是“产生幸福的生活艺术”。但是，在这里廊下派可能确实采用了状况(disposition)或技能同其实践之间的区分。严格来讲，幸福在于合乎道德地生活，而不是德性本身，合乎道德地生活区别于德性，正如吹笛者的技能与笛

① 阿弗洛底西亚的亚历山大，《论灵魂》2.159.34。

子演奏之间有严格区分一样。因此,即使他们将德性当作了关于属人的善的知识,他们也无须承认德性与其对象或者产物完全相同。

但是,这仍旧未能解决柏拉图的第二个问题,即属人的善实际上是通过善本身被定义的。廊下派仍旧需要一个定义来解释人类生活的善本身在哪儿。

众所周知,他们确实提供了这样一个定义:他们认为,善本身在于理性秩序与和谐,而最显著的是通过宇宙秩序展现出的秩序与和谐。因而,他们对人之目的的正式定义是“一致地生活”或者“与自然相一致地生活”(例参拉尔修,7. 85 - 88)。也有证据表明,他们意识到了这个定义不可能避开柏拉图在《欧蒂德谟》和《王制》中所指出的困难。普鲁塔克记录道,克律希珀斯攻击开俄斯(Chios)的阿里斯通——他也许是比克律希珀斯本人还更天真的苏格拉底信徒——意在将德性定义为“对既非善也非恶的事物不动心”,然后根据德性本身来定义善。依笔者之见,克律希珀斯坚持认为,如果德性根据善与恶定义,那么,善与恶应该通过另一种方式得以解释。① 阿里斯通显然拒绝提供这样一种解释。当他拒绝认为“物理学”是哲学中的有用部分,从而也拒绝了善的定义时——该定义为“德性即善的知识”提供了一种非循环解释——他可能完全认为自己比廊下派其他成员更加接近苏格拉底。但是,如果克律希珀斯知道自己会遭到同样的反对,普鲁塔克正巧这么反对了,那么克律希珀斯几乎不可能以这种方式批评阿里斯通。

如果考虑到技能与表演之间的区分,根据理性秩序与和谐给出善的定义,那么,柏拉图对苏格拉底学说的两种异议就可能缴械投降。但是,为了找到他们自己的解决方案,廊下派不得不超越苏格拉底本人的学说。笔者觉得在这个维度上,他们所做的显然与柏拉图在《斐勒布》中所建议的极为相似。这分明是在引导人们认为,

---

① 克律希珀斯反对阿里斯通时采用的论证,参见拙文,“Following Nature: A Study in Stoic Ethics”,*Oxford Studies in Ancient Philosophy* 9(1991),页 14 - 24。

廊下派不仅注意到了柏拉图的异议,而且还利用他来发现他们自己的解决方案。如果柏拉图在发现解决这些谜团的方法之后没有回归苏格拉底的理论,那么很有可能是他开始怀疑苏格拉底的其他学说了,比如基本的灵魂学主张,甚至怀疑“德性是幸福的充分条件”这样的论题。

廊下派的苏格拉底

布朗(Eric Brown) 撰
吴 茜 译

根据拉尔修《名哲言行录》中的记载,从苏格拉底到最早的廊下派之间存在一个不间断的师生链(1.15)。廊下派的创始人基提翁的芝诺据说师从克拉特斯(6.105 和 7.2),且吸收了锡诺普的第欧根尼的犬儒主义(6.85 和 87)。据悉后者因受到安提司忒涅斯的影响而被贴上"犬儒"这个标签(6.21),而安提司忒涅斯又被视为苏格拉底的追随者(6.2)。古代哲人们的传记展示出对这类师徒传承的钟爱,历史实情并不总是构成障碍。不仅如此,还可以肯定,促成这一特殊传承的是:苏格拉底深远地影响了廊下派。

廊下派在两个不同的方面受惠于苏格拉底。第一,廊下派以苏格拉底的风格吸纳了悖论的学说,确切地说,他们吸纳了许多专属苏格拉底的悖论。西塞罗对此看得很清楚,他声称,"廊下派所谓的那些最令人惊异的悖论是苏格拉底的"(《学园派》2.136)。西塞罗在《廊下派的悖论》(*Stoic Paradoxes*)的写作中展示了他的修辞技巧,以表现如何能使普通读者认识到廊下派悖论的可信时,集中在六个"最苏格拉底的"(《廊下派的悖论》4)论题上:只有美好的事物才是善的;德性足以实现幸福;恶行都是同等的且德行也同等;一个人如果不是个圣贤就是个精神病患者;只有圣贤是自由的,且只有圣贤是富有的。西塞罗的用意并不在于解释这些悖论的苏格拉底出处,今天的许多学者也不会关注他的列举。没有人能否认上述悖论学说将廊下派和苏格拉底联系起来,但大多数学者更愿意将如下悖论同时归功于苏格拉底和廊下派:没有人是自愿作恶、所有德性构成一个整体。

廊下派誓约拥护苏格拉底的第二个方式是:援引他作为效仿的榜样。塞涅卡、儒福斯(Musonius Rufus)、爱比克泰德以及奥勒留,这几位罗马帝国时期著名的廊下派人士都是这样。① 早期希腊廊下派的作品大多佚失,相关记载不怎么清楚,但他们对苏格拉底的兴趣还是非常明显的。

廊下派的第二位领袖克勒昂忒斯(公元前331－前232年)引用苏格拉底来表达这样的观点,即利益与正义不可分割(克雷芒,载《早期廊下派辑语》1.558);大约公元前3世纪,廊下派中西顿的芝诺(Zeno of Sidon)和安条克的忒翁(Theon of Antiochia)各自写了一部《苏格拉底的申辩》(*Apology of Socrates*,见《苏伊达斯辞书》[*Suda*]中对应的词条,或《苏格拉底与苏格拉底学派遗稿》卷一 C 505);公元前3世纪另一个名叫斯菲若斯(Sphaerus)的廊下派哲人写了三卷题为《论吕库古和苏格拉底》(*On Lycurgus and Socrates*)的作品(拉尔修,《名哲言行录》7.178);公元前2世纪的廊下派领袖塔索斯的安提帕特若斯,在著作《论愤怒》(*On Anger*)中援引苏格拉底(阿忒纳欧斯,载《早期廊下派辑语》3.65:安提帕特若斯),并收集了苏格拉底那些著名的预言(西塞罗,《论预言》1.123);此外,对漫步派指控苏格拉底犯有重婚罪一事,帕奈提俄斯(Panaetius,公元前185－前109年)也为其进行了辩护(普鲁塔克《阿里斯提德斯》(*Aristides*)335c－d＝辑语152 van straaten)。

当然,这些证据并不能清楚地显示他们在何种程度上视苏格拉底为值得效仿的榜样,他们在这一点上不像这之后的罗马廊下派那么明显,甚至也不如珀赛多尼俄斯(约公元前135－前50年)来得确定,此人将苏格拉底、犬儒第欧根尼以及原犬儒(proto－Cynic)安

① 爱比克泰德是最典型的,参见 T. Brennan,"Socrates and Epictetus",载 S. Ahbel－Rappe、R. Kamtekar 编,*A Companion to Socrates*(Oxford,2006),第十八章。

提司忒涅斯列在一起，置于那些在道德上取得进步的人之中（拉尔修《名哲言行录》7.91 = 辑语 29 Edelstein – Kidd）。

从历史记载相对缺乏的实情出发，有人可能会推断最早的廊下派并没有援引苏格拉底作为榜样。但从历史记载沉默处得出的论证很少具有说服力，在少量的记载面前就更显贫弱了。而且，早期希腊廊下派共有某些使后来的罗马廊下派也以苏格拉底为榜样的信奉原则。举例来说：第三位廊下派领导人索里（Soli）的克律希珀斯（公元前 280 – 前 206 年）和塞涅卡（约公元 1 – 65 年）一样，写“劝诫的”（protreptic）作品来鼓励一种哲学的生活方式，并且也像塞涅卡那样专心致力于“有关恰当的行为、建议和警告”的伦理学（拉尔修，《名哲言行录》7.84；参照恩披里柯，《驳学问家》7.12），廊下派称这一部分为“劝勉的”（paraenetic）或“感知的”（perceptive）伦理学（塞涅卡，《致鲁基里乌斯的道德书简》95.1：parainetikos topos 或 pars praeceptiva，希腊语和拉丁语中的“条规”[rule]）。但再次与塞涅卡相似的是，克律希珀斯认识到条规在鼓励进一步面向彻底的哲学生活方面价值有限，并且他像塞涅卡一样支持君王参与政治生活，部分原因似乎就在于，作为公民效仿的对象，国王具有榜样价值。

因此可以轻易假定：公元前 3 世纪的克律希珀斯以及他的希腊廊下派同伴们，与之后的廊下派（塞涅卡，《论心灵的宁静》[*On Tranquility of Spirit*]5.2，《论仁慈》[*On Kindness*]卷五 6.1 – 7）以及其他人观点一致，都以苏格拉底为值得效仿的榜样。至少，这比假想早期廊下派可能推崇别的哪个人要容易得多，更何况人们（如色诺芬，参见他的《回忆苏格拉底》1.2.2 – 3）普遍认为，苏格拉底通过给他人提供可供效仿的榜样而改善了他们的生活。因此，虽然我们有理由怀疑早期廊下派是否曾援引苏格拉底作为榜样，但似乎这样假定的确更为审慎：即使是最早的廊下派也从上述两方面对苏格拉底有所继承。

尽管如此，廊下派可能会发现无法真正区分这两个方面，因为任何一个廊下派成员，都不可能完全脱离苏格拉底的个人生活来谈及其理论上的悖论。毕竟，苏格拉底从未在写作中将那些悖论理论化，有关苏格拉底的作品都描述了他的活动，从而将他所说的话（包括他的悖论）与他的生活方式关联起来。这表明，对苏格拉底活动的深入思考使廊下派将其标举为效仿的榜样，进而赞同苏格拉底的悖论。因此我们可以理解，这里只有一种对苏格拉底的继承：接受其生活方式的赠礼。

从这一角度看待问题，那么，搜索具体的文本，将廊下派所说的那些"真正是"苏格拉底的悖论区分出来，这一点也是无法真正完成的。针对所有悖论，我们都可以问："廊下派是通过深入思考苏格拉底的活动才得出它们的吗？"遗憾的是，我们不可能通过研究廊下派的作品来回答这个问题了。一方面由于早期廊下派的作品太少，一方面是因为我们用以研究廊下派的那些资料的种类：我们几乎没有任何一部廊下派的思想自传。但我们仍然能够回答相关的问题——通过反思苏格拉底的活动，是否易于廊下派得出那些悖论？为回答这一问题，我们可以自己反思苏格拉底的活动，并检验这些反思在表明廊下派的悖论上究竟难易如何。

这是本文的任务。笔者将展示出，对苏格拉底生活方式的反思，如何能够引出所谓"审慎的悖论"（prudential paradox）（没有人是自愿作恶）、德性的统一，以及西塞罗强调的那六个论题。之后，为了检验笔者的假设，笔者也将考察廊下派对苏格拉底生活的推崇限定在何种方式上，笔者将主张，对苏格拉底活动的深入反思也与这些限定相联系。笔者的首要目标是解释廊下派对苏格拉底的继承，但笔者也希望证明西塞罗逆流俗学者而行是正确的，并阐明一个全新的苏格拉底。笔者将以一个简单的事实来贯穿自己的上述两个愿望：苏格拉底的生活方式表明某些哲学信奉原则，任何一个审视自己生活的人，不管是苏格拉底本人、安提司忒涅斯还是一名廊下派成员都会如此。故此，我们不能用苏格拉底在自我审视中想要弄明白的问题，更别说用其他人对话中据称是苏格拉底所说的话，来找出哪些悖论是属于苏格拉底的。同时，这也是为什么廊下派拓展了我们对如下两个方面的认识：哲学是什么，以及苏格拉底这位卓越非凡的古希腊罗马哲人是谁。

1 从苏格拉底的生活到廊下派的悖论

有关苏格拉底的故事揭示出一个核心的信奉原则：要审视自己和他人的生活。他力图审视自己的生活，同时也规劝别人这样做。如果我们注意苏格拉底生活方式上四个更为深入的特征，就会看到，深入思考这一信奉原则将易于引出廊下派的悖论。

首先，苏格拉底喜欢通过问答（question - and - answer）的方式来审视生活。他一贯不会对他人采用长篇演说，以期用制定好的理论来使别人接受或拒绝，他的方式是质疑他人的信奉原则。这一独特的方式开启了苏格拉底式的对话，且不可能没有引起廊下派的注意。例如克律希珀斯在《论辩证法》（*On Dialectic*）的第三卷坚持认为，以问答形式进行辩论对许多先哲来说很重要，其中就包括且“尤其”包括苏格拉底（普鲁塔克，《论廊下派的自相矛盾》1045f - 1046a）。

有关苏格拉底生活的这一特征虽没有直接引出廊下派的悖论，但确实暗示了三个重要问题。第一，由于苏格拉底提问是为了审视生活，因此他集中质疑那些影响我们形成各自生活的信奉原则就顺理成章了。而且很明显，他正是这么做的：在保存下来的苏格拉底对话中，他以研究“最重要的事情”为目标来询问该怎样生活。廊下派应该也注意到了这点，但这反而使得他们在如下问题上并不同意苏格拉底的观点：哪些是最重要的事情以及对生活来说哪些是必不可少的信奉原则。正如我们将看到的，在这一点上，许多廊下派哲人的观点与苏格拉底的不同。

其次，如果苏格拉底曾希望他的方法能达成一种完全的审视，那么他肯定想过，（至少）个人生活态度的基本驱动和形成是（至少可能是)可以认识的。苏格拉底并不经常描述这方面的思考,但无疑他对这一点是肯定的。因为,如果辩证法足以审视个人生活,则要么不存在不能被认识的无意识驱动,要么这些驱动并不会对个人生活产生真正不同的影响。当然,苏格拉底会让步说,至少某些人在某些时候不承认自己的某些信奉原则。甚至就像我们可能会说他们的那样,他也可能认为他们是在狡辩。但他也会且一定会主张,他们对自己认识的失败并不妨碍自我认知的可能性。所以,苏格拉底的方式并不必然违反所有的常识。但一定的违反还是有的,因为我们可以认识自己所持的含有动机的看法,而这正是形成“没有人自愿作恶”这一悖论的关键所在。

最后,苏格拉底信奉审视生活这一原则表明,存在某种好(good),它一般而言是对个人生活进行审视的好,具体而言则是以问答的方式对个人生活进行审视的好。(否则,他为何要如此信奉它?)因此,我们无疑时常认为,苏格拉底承认审视生活有着深层的重要性。但这也提出一个问题:到底什么才是苏格拉底的对话式审视所揭示出的好?

要回答这一问题,我们需要引入苏格拉底的审视所具有的第二个特征,即审视的效果。苏格拉底时常展示出被审视的人没有一套前后一致的信奉原则,这一效果通常是负面的。尽管如此,有时这种负面效果也能带来好处。就此而言,似乎坏的东西也能被看成是好的——至少我们因此可以更容易地避免或去除坏的东西——而且,在有关如何生活的问题上,个人信奉原则的前后不一致似乎就是这种坏的东西。这种不一致性至少在两方面有害。首先,不一致性会损害正当性。举例来说,如果游叙弗伦(Euthyphro)对虔诚存在不一致的看法,那么他就不能为自己起诉父亲的行为进行辩护,他将无力反驳如下指责:起诉本身意味着不敬。其次,不一致性威胁到个人生活之流的平静。在一定程度上,第二个问题是基于第一个问题之上的。设想,如果其他人反对我们做某些事情,而我们又不能为自己的行为进行辩护,那我的生活怎会平静?当然,如果他人被迫屈服于我的目标或者我被迫屈服于他人的目标，我也不可能平静。选择用欺骗来代替强迫以保证水流平缓是不可能的。轻易退出人类社会以逃避所有问题也是不可能的，因为即使一个人能够轻易克服独自生活的实际困难，他也很可能只是想和另一些人一起生活，因此哪怕只是有脱离社会的邪念，也是他没能保持一致性的又一证明。正如已经指出的，不一致性不仅威胁到整个社会生活的平静，还威胁着个体心理的平静，但是，不一致性带来心理困境的程度要远远超出任何社会问题。比如说，如果我对自己应该喝多少咖啡存在不一致的意见，就会产生心理冲突，并且，我将不可能对所有有关咖啡（还有戒酒、营养等等）的意见感到满意。由此，我的生活体验中将充斥着不满或不平。

基提翁的芝诺及其追随者将属人的善看作生活之流的平静，① 因此上述想法都非常接近廊下派的中心学说。但我们还需要有关苏格拉底生活的第三个特征来理解上面突出的那八个悖论。

我们要注意到，苏格拉底审视他人并不仅仅是为了揭露不一致性的负面效果。他也是为了积极的效果：寻求智慧或知识。如果我们注意到上述事实——我们将苏格拉底描述成一个爱智慧者的同时，却没有注意到这个事实——且视苏格拉底为榜样，我们就必须相信，至少原则上通过他的辩证性对话能够得出知识。这种相信并非毫无根据。我们已经看到，苏格拉底的审视能够触及每个人任一主要的含有动机的信奉原则，并指明那些不一致之处。因此，对于个人所持的含有动机的看法，辩证法至少能将其中的不一致性减至最小。确切地说，还不止于此。通过提问被审视者信奉原则之间的推理关系来显露其中的不一致性，是苏格拉底的典型方式。所以，在苏格拉底的辩证法下，任何一套信奉原

---

① 司托拜俄斯 卷二 7.6e 77,20－21 Wachsmuth；参照拉尔修《名哲言行录》7.88 和恩披里柯《驳学问家》11.30。

则必须同时显示出内容和方法上的一致性。这样我们就能理解，致力于获取知识的苏格拉底辩证法，如何借助在心理上保持一致的信奉原则来催生知识。

事实上，廊下派认为知识是一整套连贯的心理看法。他们把知识说成是一种“认知把握”(katalēpsis)或一个认知把握的系统(也被称作“技艺”[art]或“技术”[expertise]，即 technē)，它“通过推理或论证(逻各斯)而稳定、牢固、不可动摇”。① 这一定义的核心观念是，拥有知识的人不可能在辩证式论辩中放弃他的已有观点，也不可能通过辩证式论辩就认同那些与己冲突的观点。廊下派的知识观清晰地表达了苏格拉底辩证法中的积极目的。

但这也提出了一些难题，因为对许多哲人来说，很显然一个人可能会拥有一整套的虚假信念。有迹象表明，苏格拉底并不担心这一点，因为苏格拉底自己似乎并不关心到底什么是知识。可能他认为，至少我们有足够的常识使我们不会丧失一些真实的信念，这就足以保证一套有着充分一致性的信奉原则会自有其真实性。苏格拉底所影响的那些人以不同的方式发展了这一观点。举例来说，柏拉图至少怀有如下思想：我们的灵魂与真理天然地相适应，因为在此生之前灵魂已获得了非身体性的(disembodied)经验。相形之下，廊下派则坚持认为，至少我们对世界的某些体验是真实不虚的，由此我们与真理自然地相适应；他们坚信，拥有知识的人不仅完美地掌握了辩证性论证，还极其可靠地认同感官印象。

当然，从认识论上反思苏格拉底的生活方式，这一出色的视角已超出笔者要解释的廊下派悖论的范围。一旦一个廊下派哲人将实现心理一致性看作苏格拉底审视的积极目标，八个悖论中的四个

---

① 司托拜俄斯 卷二 7.5I 73,19 - 74,1；拉尔修，《名哲言行录》7.47；恩披里柯，《驳学问家》7.151；[托名]伽伦[Pseudo Galen]，载《早期廊下派辑语》2.93；斐洛，载《早期廊下派辑语》，2.95；参照西塞罗，《学园派》1.41 - 42，西塞罗将有关知识的这种理解归功于芝诺。

就可以轻易得出了。由于心中一致的看法(psychological coherence)就是知识,那些拥有(不连贯的或不成熟的)信奉原则的人就是无知的。那么似乎同理可得,德性或卓越就是有知识之人的特点,而邪恶或缺陷就是无知之人的特征。这是否意味着有知识之人的所有行动都是卓越的,而无知之人无论做什么都是邪恶的?如果我们回顾一下生活态度的驱动的可认识性,就要回答“是的”。一个拥有知识的人,无论意识到与否,她自身都不存在相互冲突的态度。所以,当她在这种情况下判断哪些是卓越的、值得去做的时候,就没有动机上的冲突。一个有德性的人没有去做她认为卓越的事情,是不可理解的。并且由于拥有德性就拥有知识,这就意味着,卓越之人不可能不去做真正卓越的事情。另一方面,一个无知之人的行动注定有缺陷。即使他做了某些被描述为卓越之人才会做的事情,我们也不能说这个无知的人做了什么卓越的事,因为行动是否卓越取决于该行为的动机,而无知之人的动机是有缺陷的。

现在我们来看看这些悖论。首先应注意,由于卓越的行动代表着整个心理上的一致,因此所有卓越的行动本身就是卓越的。由于数量有限的判断或情感,行动可能会不正义或缺乏节制,但如果它们变得充足起来,行动就定能正义、节制。所以那些导致正义和节制行为的条件——分别是正义和节制——是灵魂中同一种一致性状态。这就是德性的统一这个悖论。这个悖论并不表明德性之间没有区别。一个廊下派哲人能够——且已有一些廊下派哲人这样做——通过分别指出正义的行动和节制的行动中那些首要的评判标准(judgments,或“原理”[theorems])来进行区分。[①] 但是,在这一点上也有过论战。[②] 公元前3世纪的背教者开俄斯的阿里斯通

① 拉尔修,《名哲言行录》7.125-126;司托拜俄斯 卷二 7.5b5 63,6-25 Wachsmuth。

② 参见 M. Schofield,“Ariston of Chios and the Unity of Virtue”,*Ancient Philosophy* 4(1984),页83-95。

拒绝承认心理的一致性能以“普遍原理”(general theorems)的形式来进行价值评判,[①]并进而拒绝承认在相互联系的德性之外,还存在区分德性的理由(如,拉尔修《名哲言行录》7.161)。他鼓吹一种更为激进的德性统一说。从这点看起来,对于怎样理解苏格拉底所谓的德性的统一和同一,似乎曾有过争论。由阿里斯通发起的其他类似争论,我们将在下文中讨论。

其次,回忆下这一点,即出自心理一致性的行动是有德性的,而缺乏心理一致性的行动则是邪恶的,并假设一致性没有程度的差别。(这一新假设的理由很充分:一个人的心理要么和谐,要么不和谐。)我们现在可以说,所有有德性的行动都是同等有德性的,而所有邪恶的行为也都是同等邪恶的,这指出了如下悖论的一个要点:所有有德性的行动都是同等的,所有邪恶的行动也都同等。正如德性的统一,这一悖论也容得下某些区分。廊下派会承认,有理由赞赏某些有德性的行动高过其他,也有理责备某些邪恶的行为高过其他。[②]确切地说,廊下派应该是在如下范围内来承认上述这一点的,即那些基于一致心理之上的信奉原则,其本身就会赞赏某些有德性的行动甚于其他,抑制某种邪恶的行为甚于其他。尽管如此,这并不妨碍廊下派坚持声称,所有有德性的行动都具有同等的德性,所有邪恶的行为也都同等邪恶。

如果我们进一步合理假定,心理一致是一种健康的模式,那么就能得出西塞罗的又一悖论。因为现在我们可以说,每个不够智慧的人都不符合心理健康的标准,接着也就有理由说,每个不够智慧的人都患有精神病。再一次,这个悖论也能从一种使其错误的方式来理解。廊下派并不是说,缺乏智慧与偏执型精神分裂症没有区别。他们只是在一个特定的方面搬出了一个苏格拉底式的训诫。

---

① 塞涅卡,《致鲁基里乌斯的道德书简》89.13 和 94.2;以及恩披里柯,《驳学问家》7.12。

② 西塞罗,《论至善与极恶》3.48;参照《廊下派的悖论》20。

最后，由于卓越的行动都是同等地出于认知，而邪恶的行动也都是同等地出于无知，没有人会明知故犯，这就支持了那一审慎的悖论，即没有人自愿作恶。不过，这可能会再次引起混乱。廊下派没有认为恶行总是无意的(involuntary)或不该受到指责的，而是坚信那些知道自己在做什么的人将不会作恶。正是以"意愿"(willingness)来表达上述悖论，廊下派引出了混乱。但实际上，他们关注的却是自愿行动的固有的含义，即，当每个人都知道自己在做什么的时候，他就是自愿去行动。廊下派也完全没有从"知道自己在做什么"的通常意义滑向其过分严格的意义。我们发自无知的行动，就是一个发自不一致心理的行动：我们的心里存在冲突或不健全的看法。但没人喜欢心理冲突或不健全的看法，至少不是这样一种。当我们行动时，我们愿意做我们想做的事，而不愿意诋毁或反对它。而在廊下派对苏格拉底的分析中，恶行就不能以这种全神贯注、圆融的方式来意愿。

基于对苏格拉底生活方式的反思，尤其对其审视所寻求的知识——即，心中一致的看法——的反思，我们已得出了四则廊下派的悖论。剩下的四则悖论将有赖于深入思考第四个苏格拉底的生活特征：他热诚地信奉审视生活这一原则。这是苏格拉底肖像的标志性部分，是他要完成的使命。他不让其他兴趣阻碍他完成使命，即使该使命让周遭的人陷入困境，甚至使他自己面临死亡时，也不退缩。这应该表明了廊下派从苏格拉底的生活中得出，没有什么可与审视生活相提并论，任何东西都不能与之交换。显然，关于这点，廊下派可能会通过这样的话来表达：只有哲学活动是好的，其他任何事情顶多具有他种的价值，不可等同。但这一思想需要与我们此前对知识和卓越的反思联系起来考虑。事实上，哲学活动之所以好，原因在于它不是出自无知而是出自知识：这是卓越、有德性的活动。正因为这样，廊下派得出，只有有德性的活动才是好的。

这就引出了另一条悖论：只有美好的才是善的。廊下派改进了这一思想，坚信只有德性本身——严格来说——才是善，因为只有德性才是有益的动力。照这一观点来看，有德性的行动、有德性之人以及有德性之人的集合（或者说城邦）在更宽泛的意义上都是善的，因为德性通过他们才能彰显益处。[①] 这一悖论，也会引起误解。因为，如果只有德性才是善的，有人可能会认为，那就没有理由去追求像健康或者财富那样的事物。事实上，廊下派认为，并不是这类事物本身对我们有利，但出色地使用它们将是有利的，愚蠢地使用它们则有害。所以它们本身——不是对它们的运用——与我们的健康成长无关。但这并不是说，它们和我们毫不相干：依照大多数廊下派哲人——开俄斯的阿里斯通显然是例外——追求健康、财富这类事物是我们的天性。与此相似，其他那些没有德性的人与我们的健康成长无关，但也并非毫不相干，因为关心他人也是我们的天性。尽管如此，廊下派并不将健康、财富和关心他人认作善的又一代名。当一个廊下派成员寻求健康或试图帮助她的兄弟时，她只是更重视健康和她兄弟的需要，而不是看到健康或她兄弟的处境中存在任何的善，即使没能获得健康或帮助她的兄弟，她也不会担心。她的真正目的在于合乎德性地寻求健康或试图帮助她的兄弟。由于对健康、财富和关心他人以及这类其他事物的自然倾向，加上这种倾向敏于感知周遭的环境，当她选择她能采取的最好行动时，她的善就寓于她的选择中，即在周遭环境下选择她所能采取的最好行动。

最后两个悖论得自廊下派圣贤对善的事物的完美把握。首先，只有圣贤是自由的。热衷于自身德性之外的事物，将使人被命运奴役，甚至不能完全理解只有德性是善的这一点，也会使人陷入危险，因为个人不完美的判断将是软弱和“可动摇的”。但面对命运的影响，圣贤却真正自由。当然，圣贤享受的这一自由并不能保证政治

---

① 司托拜俄斯 卷二 7.5d 69，17－70，3；恩披里柯，《驳学问家》11.25－26；拉尔修，《名哲言行录》7.94，原文有疑。

上的自由,甚或脱离动产奴隶制的自由;但廊下派认为,即使一个动产奴隶也能够并应该具有哲学素养。① 第二,只有圣贤是富有的。因为,唯有圣贤才享有那些真正善的事物,唯有圣贤才拥有真实的财富和累加值(accumulated value)。当然,圣贤的财富并不意味着一大笔金钱;与其他众多希腊哲人不同,廊下派并不认为只有经济富裕才能更好地生活。

最后,德性所带来的排他性好处引出了悖论:德性足以实现幸福。幸福就是拥有并享受财物的生活。但对廊下派来说,德性之外别无财富,因此,拥有并享受财物的生活,就是指有德性的生活。

2 苏格拉底之外

深入思考苏格拉底的生活方式使我们得出了西塞罗的六个廊下派悖论,以及经常被现代学者提到的那两个悖论。事实上,苏格拉底的生活方式与廊下派的基本教义之间联系是如此之深,以至于可能有人会问,廊下派为什么不干脆建议大家完全像苏格拉底那样生活? 那么,在结束本文之前,笔者将从三个方面来思考廊下派推崇苏格拉底时的那些保留之处。

不过,其中一个不赞同苏格拉底观点的方面不必过分强调。已有记述说,廊下派称反讽(irony)是一种无价值的特性,一种不属于圣贤的特性。② 因此他们可能会被认为是在贬低反讽,而反讽在柏拉图描绘苏格拉底时却很重要。但事情不是这样。希腊语"反讽"(eirōneuesthai)的标准含义是欺骗(deception),廊下派可能是拒绝欺骗而不是贬低苏格拉底的反讽,后者只是温和的嘲讽和无意于欺

---

① 斐洛,《早期廊下派辑语》3.352;拉克坦提乌斯,载《早期廊下派辑语》,3.253;阿忒纳欧斯,载《早期廊下派辑语》,3.353。

② 司托拜俄斯 卷二 7.11m 108,12-13 Wachsmuth =《早期廊下派辑语》3.630。

骗的字谜。事实上，廊下派最好还是不要贬低苏格拉底的反讽，因为他们的悖论正保留了这一方法：这些悖论的表达方式带有温和的嘲讽——不管怎样，“只有圣贤是富有的”这个悖论就是如此——但其中打出的字谜并非意在欺骗。

但也有真正不同于苏格拉底的观点。首先，依照标准的讲述，苏格拉底在市场等露天的场所活动，并愿意向任何人提问，不论雅典人还是异乡人、少年还是老者。对此，廊下派的态度是复杂的。一方面，苏格拉底公开审视任何人，这表现出他对全人类的爱（参照《游叙弗伦》[*Euthyphro*]3d），廊下派吸纳了苏格拉底所信奉的有益于（即审视）同胞和异乡人的世界主义原则。比如在《论诸种生活》中克律希珀斯主张，如果环境允许，圣贤可以参与政治，但如果他能够在国外作为政治顾问来更好地服务于人类，那么他将不限于在祖国进行政治活动。[①] 之后廊下派的儒福斯[②]和西塞罗的廊下派化作品《图斯库卢姆论辩录》（5.108）以及普鲁塔克的《论流放》（600f–601a）明确了苏格拉底为世界主义的源头。另一方面，苏格拉底对每个人都进行审视的意愿反映出他有这样的预设，即辩证式审视不会产生什么实质危害，但廊下派则认为这个假设是鲁莽的，并加以拒绝。比如柏拉图（《王制》537e–539a）就认为，对年轻人来说，辩证法太过危险不宜参与，克律希珀斯也建议廊下派哲学的教授者在介绍那些相反的观点时要谨慎。[③] 强调这点的用意似乎在于，年轻人太容易被误导，因此不应在他们年纪还小的时候就将他们置于完全的哲学活动之中。但是这一不同于苏格拉底的观点，可以从反思苏格拉底生活的角度轻易得到解释。苏格拉底和他的一些追随者的命运，应该足够引起人们去重新思考：让年轻人充分参与哲学活

---

① 参见 E. Brown, *Stoic Cosmopolitanism*（Cambridge，即出），第七章。

② 辑语 9，“流放不是恶”[That Exile is no Evil]，42，1–2 Hense = 司托拜俄斯 卷三 40.9 749，2–3 Hense）、爱比克泰德（《清谈录》1.9.1。

③ 普鲁塔克，《论廊下派的自相矛盾》1036de。

动的想法是否智慧。这里，鉴于苏格拉底生活中的某些教训，廊下派不同意他的观点。

第二，苏格拉底好像将哲学作为一种特殊的职业，使之独立于其他例如鞋匠和普通政客等职业。苏格拉底的哲学生活不是一种退守沉思的生活，如柏拉图、亚里士多德、伊壁鸠鲁那样——事实上，按柏拉图《高尔吉亚》521d 来看，它是参与政治的——但它像沉思的生活一样，也从其他可能的职业中分离了出来。廊下派也拒绝接受苏格拉底生活方式的这一特征，因为他们坚持认为，哲学生活可与生活的任何状态共存。正如我们已经注意到的，廊下派认为，即使是动产奴隶也能够且应该具有哲学素养。尽管如此，仍可以通过反思苏格拉底的生活方式来找到这一不同观念的根源——确切地说，我们很有可能从其质询所具有的包容性中抽取出一个信奉原则，这个信奉原则并不明显妨碍他可能将自己的活动看作一种特殊职业。苏格拉底全职地从事辩证式审视——他意愿去审视鞋匠或诸如此类的人，希望在最重要的事情上，一个鞋匠能够懂得比他多。因此，尽管苏格拉底的生活方式本身看起来像一种无需挣钱的特殊职业，他履行自己使命的方式或许仍表现出某种符合廊下派愿景的东西。

最后，在标准的阐述中，苏格拉底有一个我们必须审视的、关于重要事务的狭隘概念。其中，他不仅回避了什么是知识的问题，也回避了自然界的问题。① 许多廊下派哲人，包括该学派早期的领袖们，都反对这一点；他们认为，个人需要去理解自然界的运作以获取知识，即心中一致的看法。在他们的观点中，物理学、逻辑学和伦理学是统一的，正如节制、勇气和智慧是统一的。

但这里存在着两种不同的关于苏格拉底的观点，这也正显示出苏格拉底的影响之深。第一，有廊下派成员（尤其是开俄斯的阿里斯通）反对学派领导人的教学。阿里斯通根据苏格拉底来反对研究

① 柏拉图，《苏格拉底的申辩》19b－d；色诺芬，《回忆苏格拉底》1.1.11－16；亚里士多德，《形而上学》A 6 987b1－2 等。

自然界,声称这超出了我们人类的能力。① 第二,至少有一个学派领导人坚持认为,苏格拉底确实持有宇宙论的观点。基提翁的芝诺通过一个描绘苏格拉底展示宇宙本质的记述,②将廊下派关于宇宙论的基本学说与苏格拉底明确联系起来。因此,到底阿里斯通和芝诺谁正确地描绘了苏格拉底,廊下派内部存在着分歧。对于善的生活是否需要宇宙知识这一问题的争论,也就是有关苏格拉底是谁的争论,仅在这一小小的方面,也形象地展现出廊下派通过反思苏格拉底的生活方式所获得的发展。

---

① 拉尔修,《名哲言行录》6.103 和 7.160;塞涅卡,《致鲁基里乌斯的道德书简》89.13 和 94.2;恩披里柯,《驳学问家》7.12;司托拜俄斯 卷二 1.24 8,13 – 18 Wachsmuth。

② 色诺芬,《回忆苏格拉底》1.4.5 – 18 和 4.3.2 – 18。参见西塞罗,《论神性》2.18;恩披里柯,《驳学问家》9.101;以及 J. G. DeFilippo、P. T. Mitsis,"Socrates and Stoic Natural Law",载 P. A. Vander Waerdt 编,*The Socratic Movement*(Ithaca,London,1994),页 252 – 271。

苏格拉底与爱比克泰德

布伦南(Tad Brennan)　撰
吴　茜　译

绪　论

爱比克泰德是罗马帝国时期一位著名的廊下派哲人,其确切生卒时间已不可考,大致在公元60－130年间。他出身奴隶,自幼在罗马一个有权势的家中为奴,直到十八九岁或青年时期才获得自由。之后他成为儒福斯的学生,儒福斯来自罗马贵族阶层,是一位廊下派哲人,但他和爱比克泰德一样用希腊语教学。由于被罗马皇帝多米提安(Domitian)流放,爱比克泰德在希腊城邦尼科波利斯(Nicopolis)度过余生。

苏格拉底和爱比克泰德之间的相似之处十分明显,以下的传记梗概对二者均适用:

> 一位才华横溢的著名宣讲师,但只字未留。我们对他的了解几乎全都来自他的一位忠诚的学生所作的描绘,其中记载了爱比克泰德与他人的谈话。与此同时,还有相当多的同时代人在不同的资料中提到他,因此毫无疑问,他是个真实的历史人物,大致符合那位学生对他的描绘。他因贫穷、简朴的生活而闻名。年轻人则被他显而易见的道德情操所吸引:他勇敢、正直、谦逊、令人愉悦。他的哲学活动引起了官方的不满,于是被迫终止了在故乡城邦的哲学生涯。他非常虔诚,道德上也无可指摘,此外还深具一种嘲讽式的平民式幽默,能以令人震撼的

力量影响他人。当他与重要人物说话时,他常通过审视他们的生活来揭穿和攻破对方的借口。他讲到的所有主题都有关美德;且几乎总是在谈论伦理学,而哲学中的物理学和逻辑学在他的课程中,远远属于次要地位。

为苏格拉底和爱比克泰德撰写生平记录的学生之间也存在某种相似,这使得苏格拉底与爱比克泰德之间的共同之处更显突出。在爱比克泰德那里,这位学生就是阿里安——卢修斯·弗拉菲乌斯·阿里安乌斯(Lucius Flavius Arrianus)——一位罗马贵族,他似乎从早年起就已经打算好要成为新的色诺芬,竭毕生之力来创作文学作品以与这位先哲相媲美。为相比于色诺芬的《狩猎术》(*Cynegeticus*),他写了一部如何用猎狗打猎的论著;相比色诺芬的《上行记》(*Anabasis*),他写了一部有关亚历山大的征战史;相比色诺芬的《回忆苏格拉底》,他写了《爱比克泰德清谈录》,其中记载了爱比克泰德和学生以及来访者在学园中的谈话。阿里安所写的八卷本《清谈录》有一半已经佚失,但剩下的四卷仍是无价的资料,我们能够从中得知有关晚期廊下派和晚期哲学的一般情况,同时对于了解早期罗马帝国的哲学和教育学(pedagogy)的社会历史状况,这四卷仍是弥足珍贵的资料。

本文将苏格拉底和爱比克泰德并置起来考量是出于两方面原因:以苏格拉底来深化我们对爱比克泰德的理解,同时以爱比克泰德来深化我们对苏格拉底的理解。通过了解苏格拉底对爱比克泰德的影响,我们能从中领会到前者的惠赠及其不朽精髓(afterlife)。通过了解仿效人的外在是多么地容易,而重建最关键的创造力因素又是多么地困难,我们也能从中衡量出苏格拉底的一些伟大之处。

爱比克泰德似乎每日都要援引苏格拉底的名字和命运;他引用或提及苏格拉底的次数远多于其他任何人,甚至包括他所在的廊下派的领导人。他的生活方式也显然以苏格拉底为榜样:苏格拉底被判死刑,爱比克泰德被流放;苏格拉底忍受战争和病痛,爱比克泰德需忍受奴役和折磨;苏格拉底在描述问题时以平常的鞋匠、木匠举例,爱比克泰德则以掷骰子、球类运动这类粗俗的娱乐来举例;苏格拉底对仅有的一件斗篷感到心满意足,爱比克泰德凑合着使用最普通的陶灯。

但问题在于,仿效苏格拉底这些空洞的外在(exterior)很是容易,而要再现他神圣的精神内核却无比困难——事实上,关于这个神圣的精神内核到底是什么,人们仍然争议不休,莫衷一是。爱比克泰德本人很清楚这一普遍问题,因此他明确警告:如果缺乏犬儒主义者的心态,就不要只是在装束上模仿他们(犬儒主义者热衷模仿苏格拉底)。他认为犬儒主义者的那种心灵状态才是其生活方式的真正价值所在(《清谈录》3.22)。爱比克泰德确实成功地获得了苏格拉底的某些精神气质,但并不是最显而易见的部分。笔者将从两个相似之处来论证这一问题,它们被爱比克泰德冠以苏格拉底之名:爱比克泰德对辩驳(elenchus)和对反讽(irony)的运用。

1 辩 驳

辩驳式论证可见于《清谈录》,我们能从中看出爱比克泰德也同样喜欢下定义。但是很多东西已经发生了变化。

从廊下派的经验主义遗产中,我们可以得出新的推理来回答一个问题:如何通过与普通人进行辩证式交谈来得出哲学成果?为什么街上的那些普通人,以及他们那些充满闲言碎语的流行观念中也存在着真理?柏拉图以回忆说(doctrine of Recollection)作为解答。廊下派则借助前概念(prolēpseis,单数形式 prolēpsis)来回答这一问题。

前概念是关于世界之自然特征的概念,正如"人"或者"水"这样的概念,只要一个人没有丧失感觉官能,就定能通过自然过程来获得。即便如廊下派所说,我们的思想在刚出生时都只是一张白纸,但经过整个童年时期,我们就获得了无可计数的感知印象,比如对个人的感知。由累积起来的这些感知印象,我们发展出一个关于人的概念,既能被我们直观地把握,又足以供我们进行哲学思考;而一旦我们辩证地提炼了它,使其中不甚明了或不够简练的地方得以厘清,那么,它就成了我们充分理解人所需的一切。廊下派宣称,善、美德和伦理学中其他的核心问题都属于以这种方式获得的前概念,都得自我们对人类事务的知觉性观察。这些前概念是辩驳用以质询的原材料,而质询的目的,就是要将它们置于一个经过哲学提炼的、充分精确的哲学概念体系之中。以下便是有关爱比克泰德的这一方法论的反映:

> 对所有的人来说前概念都是相同的,并且此前概念不会与彼前概念相矛盾。因为我们中间有谁不认为善是有益的,是某种值得选择的事物,是在每种情势下都应该遵循和追求的东西?我们中间有谁不认为正义是美好且相宜的?那矛盾会在什么时候出现呢?在我们把前概念运用到特殊事例的时候。当有人说"他行为高贵、勇敢"时,另一个人却说"不,他不过是没脑子而已"。因此就出现了矛盾……那么,接受教育意味着什么呢?意味着学会如何把自然的前概念运用到特殊事例上去,意味着把每一个自然的前概念都能合乎自然地运用到另一特殊事例上去。(《清谈录》1.22.1-4.9)①

到此都很不错;廊下派似乎已经给出了认识论上的框架,在这一框架中,以辩驳的方式"学会如何把自然的前概念运用到特殊事例上去",就可以像苏格拉底那样来寻求智慧。但实际上,爱比克泰德的做法不同于苏格拉底,即便是柏拉图最短对话中的苏格拉底。区别不仅来自每位辩论者所采用的辩驳在结构上的复杂性,同时也

---

① [编者按]译文参考爱比克泰德,《哲学谈话录》,吴欲波等译,北京:中国社会科学出版社,2004,页56-57,有改动;下同。

来自辩驳所寻求的潜在目的上的复杂性。

2 结构上的区别

爱比克泰德的论辩总是简短而不连贯。不管是从反面进行驳斥还是从正面呈现学说,几乎从不在相去甚远的观点之间建立因果之链,也从不同时进行多个辩驳。而苏格拉底那些最出色的、令人惊叹的文本则与他的这一驳斥方法有关:苏格拉底习惯在最开始诱使对话一方承认一些看似无误的观点,并在对话的过程中将这些观点悬置,直到最后,再将之前悬置的观点与对方也承认的其他观点加在一起来驳倒对方。相比之下,爱比克泰德从来不在少量的前提之外进行驳斥,他总是直接诱使对话一方赞成那些前提。而且,辩驳的阶段之分也不像在柏拉图的文本中那样突出。

《清谈录》中3.1.1–9可作为典型的例子,其中,为了使一位年轻人相信美存于德性之中,爱比克泰德通过阐述以下这些观点来赢得他的赞同:

1)每一物种(以狗、马和人为例)之中的个体都有美有丑

2)当个体与其天性最为一致的时候才是美的

3)每一物种都有各自不同的天性

4)所以,形成每一物种的美的条件也都是不同的

5)但是,一般来说,有种同样的因素能使每一物种都呈现出美

6)这一大体相同的因素就是aretē[德性],即每一物种(再次以狗和马为例)的aretē[德性]

7)当我们称赞那些沉着冷静(dikha pathous)的人的时候,我们是在称赞公正、节制和自制而不是它们的反面

8)因此,当且仅当你使自己公正、节制等等,你才能使自己美丽

如果我们只是注意这里引导问题的方法，比如用动物来举例子、提出问题再进行回答、寻求一致的认同，那么我们就会把它当作一种辩驳，其目的是反驳像“人类的美存在于柔顺的头发和价格不菲的服饰”这样的观点。但是，在那段话开头的地方，那位对话者并没有陈述这样的观点（相反，这似乎是从他的仪容上推出的），而爱比克泰德在最后不遗余力地否定了这一观点。

并不排除有时候，爱比克泰德会采用 ad hominem［从个人偏好出发］的方式来直接回驳对话者的立场，这是苏格拉底的经典方式。但笔者认为，他们对辩驳的理解是不同的，这正解释了将辩驳从苏格拉底的方法中单独抽出来往往是一种错误的做法。辩驳主导了人们对苏格拉底方法论的讨论，但绝大部分柏拉图所描绘的苏格拉底对话中，都有一个远远超出精致的辩驳之外的结构，苏格拉底绝不止于在引导我们肯定或者否定讨论的前提。如果说辩驳就是苏格拉底进行哲学思考的特征，无异于在说旋律就是巴赫（Bach）①进行音乐创作的特征：这诱使我们从一个错误的层面去理解创作的复杂性。苏格拉底当然要运用辩驳，正如巴赫要运用旋律，但问题在于，苏格拉底为何要在某个地方进行反驳？难道像在《游叙弗伦》8b 8 – d2 中那样，仅仅是用这一方法来促使对话者 ignoratio elenchi［诡辩］？或者像在《王制》卷一 338c 中那样，用来要求制定一个更加清晰的方案？还是想要通过一个繁杂且系统的反驳来草拟出一个复杂而积极的学说？

我们可以拿《普罗塔戈拉》（*Protagoras*）来举例。研究其中的辩驳，我们可以发现：普罗塔戈拉先是发表了有关美德的观点，然而在与苏格拉底进行一系列简短的交谈后，他承认，自己已经走到了之

---

① ［译按］德国最负盛名的音乐家之一，巴洛克音乐的穹顶。他的作品萃集了意大利、法国和德国传统音乐中的精华，对后来将近三百年整个德国音乐文化乃至世界音乐文化产生了深远的影响。尤因其将复调音乐发展成主调音乐，大大丰富了音乐的表现力而著称。

前所说观点的反面。但是,如果我们只是以这种方式来认识对话的特征,我们就忽略了这样的事实,即苏格拉底的论辩体系是建立在六个简短的反驳和十二个文本段落之上的。他给出的绝非一些彼此无关、毫无结构可言的反驳;苏格拉底想要做的,是通过建立四对等价证据,来证明五种美德的等价性(事实上他最后必须给出两项证据来证明勇气和智慧可以等价匹配,因为普罗塔戈拉已瓦解了他的初次尝试)。并且,在这些定理证明似的卓越技巧中,苏格拉底采用的每个证明方式都有其不同的路数,他从不重复使用相同的手法。

我们也可以来看《高尔吉亚》。卡利克勒斯声称快乐就是善,对此,从 492 直至 499 卡利克勒斯认输,苏格拉底给出了冗长且复杂的反驳,从中至少可以辨别出三次辩驳的过程,每一次都采用了方式不同但相互补充的论辩策略:从 494b 到 495c,试图直接指明卡利克勒斯认同的愉快其实是恶;从 495c 到 497d,通过分析那些相互对应的事物之间所具有的转换关系来进行论辩;从 497e 到 499b,从分析存在(presence)或者说固有属性的方面进行论辩。我们需要注意每个不同的辩驳怎样与有关非伦理事物的基本问题联系起来——对快乐及其对应事物之间的转化关系和固有属性的分析——在其他的对话中,苏格拉底将这些问题发展成独立的论题;这些主题和主旋律在这里都可以简要地读到,其他地方则谱写得更加详尽。在苏格拉底的辩驳中,这种复杂性并不少见,但爱比克泰德那里则完全没有。

3 目的上的区别

爱比克泰德用来使对方认同其前概念的方式太过简单,并且,相比苏格拉底所希望得到的最终形式(Form),他所呈现出的为人们所具有的前概念也都十分单薄,信息量极少。这是爱比克泰德式辩驳的第二个问题。

“要做正义的事”或“善是有益的”这类琐细的主张，与关于如何将这些前概念运用到具体事例中的高度集中的、排他主义(particularist)的知识之间存在天壤之别。这种高度集中的排他主义的知识，从本质上就不适宜辩驳中对枝蔓的言辞进行分析的精致风格：无论一个人是否拥有这种知识，他都简直没有必要对它多说什么。一个拥有亚里士多德式眼光的内行，不可能事先提供程序化的方法，而努力中的初学者，最好还是在行家的指导下花时间去学习判断具体事例。在将话语清晰表述出来的分散的理论中，并不存在一个中间地带，以供我们谈论我们所采用的方法，即从对前概念的最初把握直到关于它们在实例中的运用的具体知识。

阅读柏拉图笔下的苏格拉底对话让人兴奋，我们会感觉好像是在探索和描绘这一中间地带：我们正在寻求知识，这些知识虽出自普通对话者之口，却令人惊异、真实存在而且内涵丰富。并且，这种知识虽出自我们所共有的那些前概念，但向我们展示出，迥然相异的概念和信念之间存在着某种新的毋庸置疑的联系。而且如果我们对它进行总结，我们还能明白掌握伦理学真理，从而明确、轻松地处理个人事务。

以《游叙弗伦》为例，其中苏格拉底想要表明虔诚的内涵具有两个特征。第一，它是这样一种东西：如果游叙弗伦坚持不放弃，我们就能借助于苏格拉底式的问答即刻获得。第二，它还是这样的东西：一旦我们获得并拥有，就会“将它视作和用作衡量的标准，来衡量你和他人的任何行为，凡与之相符的就是虔诚，与之不符的就是不虔诚”(《游叙弗伦》6e)。只要对虔诚持有这种理解，我们就能判断任何行为、任何可能出现的具体事例及其最微妙细节的不同之处。

即使在《游叙弗伦》的上述段落中，苏格拉底的形式(Form)也具有双重性：作为被发现的事物，它是一个概念，但从其给出的信息密度和丰富细节上看，它更接近于一种可感知的具体知识。就好像是一组有二十个问题的猜谜游戏，谜底是“箱龟”(box turtle)，赢得这个游戏就能立即获得一只真正的有血有肉的箱龟，就可以从微观层面上来检验和学习有关箱龟的各种具体知识。笔者认为，苏格拉底的目的正在于此，它甚至出现在柏拉图对苏格拉底所作的最早描绘中，出现在《美诺》(*Meno*)所述的回忆说之前，而回忆说则加强了这种可能性(因为，一个在理论上微不足道的字谜游戏定能帮助我们回忆，使被我们遗忘掉的大量可感知的具体知识得以重新被记起)。

这一目的影响到我们如何来理解以对话法挫败对方的意义。当拉克斯提出，勇敢就是在战斗中坚守自己的阵地，苏格拉底提醒他，有时候撤退也同样是种英勇(《拉克斯》[*Laches*]190 - 191)。所有对话的参与者都认为，由于拉克斯忽视了这个反例，那么该反例就表明拉克斯的观点是不足的，他并不知道什么是勇敢。其定义的不足成为进一步探讨、进一步寻求和进一步讨论的动因，直接促使我们发展出一种有关勇敢的更为充分的解释。

但是，在爱比克泰德那里，情况就不会是这样，对话的一方不会提出什么质疑以暴露另一方定义的不足，也不会激发出进一步的讨论。相反，爱比克泰德会分析说，对于勇敢拉克斯已经拥有完整的“前概念”——他拥有对这样的事物所该拥有的一切客观的理论知识——只是眼前需要合理运用时，他失败了，因此他还需要更多的训练，多加重复那些规则，多加熟习。

也许我们不该认为，爱比克泰德似乎不太相信有一种综合性的先验存在(a priori)，不太相信从纯粹的推理练习中能够得出令人震惊的发现。但现在，使用被哲学纯化过的苏格拉底式问答法，只能得出可供分析的老生常谈、不必有所争议就可直接接受的美德或邪恶这类概念。道德品质上的差别并不取决于接受辩证法训练的年份长短，而是取决于训练个人抵制诱惑的能力(“从最小的事情开始……”)，训练个人熟悉格言和口号(“背诵……”，“准备好掌握……”)，还要在炎热的天气里约束自己的欲望，不去喝冷水。

对伦理知识——主要包括欲望、情绪这种非理性习惯——的这种描绘与亚里士多德的做法相似,而且许多人认为,较之笔者归于苏格拉底的观点,这些才更像是伦理学的观点。他们还可能会认为,爱比克泰德对理论知识的理解更富有经验,其解释也更具理性。在此,笔者并非要否认爱比克泰德的元伦理学(meta - ethics),也不是要采取一个立场,认为其中的某一种理性更加合理;笔者只是想指出,在认为苏格拉底和爱比克泰德存在相似之处的核心论点里,似乎还涉及他们之间存在的一种根本性的不同。没错,他们都用问答的方式来进行哲学研究,有时也都驳斥与他们对话的另一方,但是,在本质上,他们的辩驳存在着深层差异,这种差异不仅来自他们对伦理知识的定位本身有着不同的理解,还来自他们对理性对话本身所具有的本质和可能性有着不同的理解。

4 爱比克泰德式反讽与苏格拉底式反讽

苏格拉底因其反讽而闻名;同样,爱比克泰德也惯于反讽。当爱比克泰德遇到一位哲学对手时,他就先奉承对方,要求得到教导,并否认自己是一位哲人:"我们这些门外汉完全应该向你们哲人探询。"(《清谈录》3.7.1)他声称,自己不是哲人,只是个老瘸子(1.8.14;1.16.20)。很清楚,这些表达都是爱比克泰德式反讽的例子,可与苏格拉底的类似陈述相提并论。但笔者认为,进一步分析后会发现,他们之间的差别才是主要的。

如果我们从哲学上考察苏格拉底使用反讽的原因,我们可以从他对自己及他人认知状况的评价上来看,这些认知都有关道德知识。苏格拉底认为,存在一个专业的有关伦理知识的整体系统可供获取。他对这类知识可能具有的形态,从其整体构型到其中的一些细节都有自己的看法。但他并不认为,仅凭自己对这些细节以及它们之间相互关系的理解就足以完善整个知识系统。因此,他也不相信,他能给任何人做老师。从他这种更大的元伦理学和认识论观点出发,只有拥有专业知识的人才能成为他人的老师。他自己就从未有过老师;他也从没能遇到哪个比他更有资格的人作老师并从中学到专业的知识。苏格拉底的个人经验只是一再证明,那些自称能够教授道德技能的人也没有相应的知识,尽管在仔细审查他们所谓的知识之前,苏格拉底总是乐于承认他们在职业上的表面价值。

爱比克泰德学园所教授的哲学显然不同于此。其时已不再处于伦理学的早期;苏格拉底将哲学从天上带到人间已经是五百年前的事。爱比克泰德是廊下派的一名拥护者,而廊下派在最近的四个世纪中已建立起自己的学说和立场,并且编纂成典,使之不断发展,根深蒂固。爱比克泰德有一位老师——他以敬爱的口吻提到儒福斯,爱比克泰德也有自己的学生——在学校面对学生时,他没有羞怯或质疑自己的资格,没有像苏格拉底那样推三阻四拒绝委任,他希望教导学生,并认真地看待教师的作用(《清谈录》1.10.8)。尽管有时他也会受到自己能力的局限的烦扰(1.9.12),但这与苏格拉底的立场,即在原则上认为自己不能胜任教学且没有知识可教,是有根本区别的。爱比克泰德确信他能教,也相信他有一整套的学说可供传达,即正统的克律希珀斯式廊下派学说。

爱比克泰德的反讽针对的是非廊下派的专业人士(参见上文),爱比克泰德认为他们无知于廊下派的真正方式,并且,人们需要去除自我欺骗之后才能重新学习(《清谈录》2.11.6,2.17.1,3.14.8)。同时,他的反讽也针对自己,他认同这样的事实:他并不是一位廊下派圣贤——他无法使自己的每一行动都具备美德,也无法完全阻止自己妄加评判的冲动。但这并不是多大的缺陷——毕竟廊下派圣贤出了名地难寻,廊下派的领导人也并不因此就放弃教学工作。

这是苏格拉底式反讽和爱比克泰德式反讽在哲学和结构方面的一些不同,是导致这两种反讽产生差异的原因。此外,苏格拉底式反讽还传达出一种不同的情绪模式,即一种消极式攻击的敌意,这通常是爱比克泰德的反讽中所没有的。对爱比克泰德来说,谦逊也是哲人外在装束的一部分,就像他的胡子和破斗篷;而在苏格拉底那里,却成为羞辱别人的前奏。

那些柏拉图的业余读者们通常会认为,苏格拉底的反讽并不一定就辛辣或者恶毒——他们认为,苏格拉底并不那么乐于羞辱别人,只是以这种方式让对话者良好的自我感觉继续膨胀,以使他们跌得更惨。

被苏格拉底羞辱的人当中有一些是道德邪恶之人,比如卡利克勒斯、阿尔喀比亚德或者忒拉绪马科斯,也许在某种意义上,这些人不配受到更好的待遇。但是苏格拉底并不仅仅羞辱那些特别邪恶的人,他也以这种方式对待每个与他对话的人。在《苏格拉底的申辩》中,苏格拉底使我们了解到,从所遭遇的第一场对话起,他就激起了每个与之对话者的仇恨。与他对话的这些政治家、诗人以及工匠并非都是虚无主义者(nihilists),也不都是像卡利克勒斯那样的原尼采主义者(proto - Nietzscheans),但所有人都因自己受到的待遇而感到恼恨。毫不奇怪他们会恼羞成怒,特别是因为,苏格拉底告诉我们,周围还有一群年轻的见证人,这些人都是他的追随者,喜欢看他审视别人。苏格拉底还表露出,他和这些年轻人都以这种场面为乐。当这些年轻人模仿苏格拉底的方法进行对话时,他们也激起了受害者同样的仇恨——看来这种方法和态度中有某种东西能产生这种效果。色诺芬也向我们展示了苏格拉底的这一面:对话一开始,苏格拉底就以一种担忧的口吻质询格劳孔,但格劳孔很快意识到苏格拉底是在取笑他。色诺芬的希琵阿斯,一位再温和不过的智术师,要求苏格拉底先回答"什么是正义",他说:

> 你总是在嘲笑着别人,质问、驳斥每一个人,这已经够了,而你自己却不肯把理由告诉任何人,无论关于什么事都不肯把自己的意见说出来。

无疑,苏格拉底嘲弄每个人,以取笑和驳斥他们为乐,并激起了对话者的仇恨。

如果我们这些专业人士执意要忽略上述事实,那可能是出于这样的顾虑,即指责苏格拉底的恶意,往往会使我们流于对苏格拉底的方法和目标进行简化的非哲学性的解释,这就取代了我们从心理学的角度去理解他的观点和论证这一实际工作。但是,称苏格拉底"恶毒"或"专横",并没有取消我们对其对话法的结构的理解,也不能说明苏格拉底对定义的兴趣、对归纳论证的使用,以及对一致性和矛盾性的关注,因为这些真正意义上的哲学特征与苏格拉底的恶意无关。

不过,即使我们以真正意义上的哲学方式去思考那些哲学特征,苏格拉底的恶意也是明显无法归类的。这就是说,恶意不可能解释他所采用的方法,同样,也无法从方法本身来解释恶意。而且,只要我们想要充分解释苏格拉底和爱比克泰德之间的异同,我们就应该去追究他们在情绪语调上的深层差异,毕竟用哲学的方法无法解释这一差异。当然,这几乎是无从解释的,可如果必须寻求的话,那就应该从他们各自的经历和情绪状态中去寻求。

首先我们要注意苏格拉底式反讽的一个至关重要的特点:他不仅讽刺智慧和知识,同时还讽刺美貌,特别是被雅典人称颂的那些美男子。在《会饮》中,柏拉图通过阿尔喀比亚德之口说出了一个深刻的见解,即苏格拉底对待智慧的态度就像他对待美貌的态度:看起来他好像十分着迷于他人的智慧,但他的质询却表现出他并不真的那么认为,看起来他见到美貌的男子就仿佛丢了魂,其实他未曾受到任何触动。阿尔喀比亚德明确将智慧和美貌并列为苏格拉底反讽的两个对象:

> 苏格拉底对长得漂亮的人何等色迷迷的,总缠着他们献殷勤,被美色搞得不知所以;可另一方面,他又对什么都不开窍,什么都不懂……[实话]告诉你们吧,他才一点不在乎一个人漂亮还是不漂亮——对这些根本瞧不上眼,简直超乎人们的想象;他也不在乎一个人是否富裕,不在乎众人欣羡的那些优越。在他眼里,拥有这些的人全都一文不值,甚至我们这帮人在他眼里也什么都不是——[实话]告诉你们吧。他活到这岁数,

一直都在人们面前装样子，和人们玩他的搞笑游戏(a game of irony)。(《会饮》216de，Woodruff 和 Nehamas 译)①

阿尔喀比亚德以自己的例子为证：一开始，苏格拉底好像被他的年轻貌美迷得神魂颠倒，之后却表示鄙夷和嘲笑，使阿尔喀比亚德深受羞辱。阿尔喀比亚德还说，苏格拉底对"卡尔米德(Charmides)、欧蒂德谟和其他好些人"(《会饮》222b)也常常这么做。这些事件都是公开的，参与会饮的大多数人都知道。

这就令人想起另一些众所周知的事情——苏格拉底与普罗塔戈拉或高尔吉亚(Gorgias)、希琵阿斯之间的事情。在一开始，苏格拉底也表现得好像是在大谈特谈对方的智慧，随后却以公开羞辱的方式来控诉这种智慧。

笔者想指出——当然这只是抛砖引玉——苏格拉底既渴求美又否认美的态度，即这种复杂的半推半就的态度，与苏格拉底自身的丑陋有关，正如他对那些自诩智慧之人的矛盾态度与他个人的无知有关。柏拉图让苏格拉底自己来解释这种复杂的关系，或者说，柏拉图借第俄提玛(Diotima)之口来表明苏格拉底对此的解释，在那里，爱若斯的无知与丑陋正是其追求知识和美的前提(《会饮》203－204)。

但现在我们可以设想，苏格拉底在交际中所表现出的敌意，很大一部分来自他自身的丑陋。很显然，这也是苏格拉底贬低自己的原因。没错，他也泰然自若地开自己的玩笑(参见色诺芬，《会饮》[*Symposium*]5.5)，但是我们不可忘记，苏格拉底是在一种热切着迷于关注男子美貌与否、特别是年轻男子美貌与否的文化中生活和成长起来的。很难想象，年轻时的苏格拉底不会介意自己长相丑陋，不会因受到羞辱而留下某种精神创伤。成熟后的境遇使他日趋平

① [译按]译文采自柏拉图，《会饮》，刘小枫等译，北京：华夏出版社，2003，页105；后面采自该书的译文则有所改动。

和,但并不证明所受羞辱的印迹已经完全消除。

笔者想通过一个幼年时期受到羞辱的具体实例来深入一步思考这一点。和其他深入思考一样,这必是建立在内在可能性之上的判断,既能够同时用这一例子来解释一些其他的事实,也能够使那些看似无关的资料重新连贯起来。

我们回忆下,那个时候雅典年轻贵族的典型,就是依附于年长者直至自己成年,前者作为被爱欲者伴随左右,后者则教授他们智慧和美德;这种用美貌交换智慧,就是《会饮》218 中阿尔喀比亚德的例子。也正如《吕西斯》中告诉我们的(206),拥有年长的追求者是一种骄傲,因此可以想象,当你的同龄人和伙伴们都被追求者簇拥的时候,你却被所有的追求者忽视,会有多么羞愧。

鉴于这些事实,我们可以认为,很可能,苏格拉底从未有过一个erastēs[爱欲者]。从没有人以智慧交换他的美貌。从社会视角来看,这并非不可能:他在青年时代就以丑陋著称,种种迹象表明,在这个痴迷美貌的文化中,相貌丑陋使他没有机会被年长者追求。此外,从才智的角度,我们也有理由相信,苏格拉底从来没有过一位年长的指导者,一个可以信赖的智慧源泉,一位能将他保护在自己羽翼之下的老师。

这一才智的问题——即苏格拉底是一位自修者——众所周知,以至于人们或许会怀疑,如果以具有社会意义的"未被爱欲的"(unloved)一词来取代"天真纯朴的"(untutored),我们将能得出什么新的解释?然而,如果我们注意到在苏格拉底的青年时代,他是被公然排除在以美貌换取智慧的市场之外的,那么对于苏格拉底讽刺立场的情绪根源,我们就能得出新的解释。如果我们理解到作为一个男孩,自然需要赢得别人的尊重,包括赢得同伴和年长者的赞赏,那么回溯苏格拉底对他人美貌和智慧的惯有讽刺,对依赖他人才能受教的蔑视态度,正是其自尊心受到伤害的反应。在那些年间,当他的少年朋友们首先成为公民并熟练掌握成年男性社会的奥秘的时候,苏格拉底却由于显而易见的原因受到排挤,受到羞辱,成为离群孤鸟。

再次说明，笔者并没有认为这一推测可以解释苏格拉底观点、方法和行为所真正表现出的哲学面相。苏格拉底的这些面相最好从哲学方面给出解释，而不是心理学。但是如果我们想象下他在少年时期曾被成年的爱欲者拒之门外，也许从心理学的角度，就能使其生活的其他方面得到解释。

对此，我们能得出的最为清晰的轮廓勾勒出：苏格拉底一再力图使自己成为爱欲者追求的对象，而不是一个追求者。在前面提到的色诺芬《会饮》中有段话，其中苏格拉底试图证明：自己尽管肿眼泡、塌鼻子，仍比年轻漂亮的克里托波洛斯（Critobolus）更为美丽。他表现得机智迷人，但据我们之前的推测，这同时也是有些悲哀的吧？他对卡尔米德产生了难以遏抑的情欲，并想起居狄阿斯（Cydias）一首有关恋童欲掠食性本质的诗歌，但之后苏格拉底却视自己为诗歌中无助的幼鹿来掩饰自己实际的角色，而将年轻的卡尔米德看作贪婪的雄狮（《卡尔米德》155d）。这真的很机智，也很不诚实；这里难道不是已经很明显地表现出，苏格拉底的欲望只在吸引他人，因他不想成为会被大家忽略的或者厌恶的对象？在他的少年时代结束数十年之后，他仍然渴望得到他人的爱欲，并且巧妙地操控别人去实现这个从未得到满足的愿望。正如阿尔喀比亚德所说，"他欺骗了我们，他装扮成 erastēs［爱欲者］，到头来却好像是一个 paidika［少男］"（《会饮》222b）。苏格拉底为什么这么做？他为什么要巧妙地操纵年轻漂亮的男子扮演 erastēs［爱欲者］而自己扮演 eromenos［被爱欲者］？

这里我们也应该回顾一下，苏格拉底曾"躲在角落里与三四个人窃窃私语"（《高尔吉亚》485d）——他可能并不是在引诱他们，或者企图回到某个可能出现引诱他的人的时刻。况且也没有哪个引诱者能配得上他；在他不断想象应该怎样度过青年时代的思考中，一系列伟大的人物——普罗塔戈拉、高尔吉亚、希琵阿斯以及其他更多人，都向他贡献了他们的智慧，而苏格拉底，这个 beau garçon sans merci[毫无感恩的漂亮男孩]则傲慢地拒绝所有人,把他们都打发走,还通过彻底的审视来羞辱他们。苏格拉底此时一定有这样的想象:使他遭受爱神冷遇的原因并不是他不美,而是他的追求者们缺少智慧。是那些追求者在以美貌交换智慧的市场上什么也提供不了,而不是他自己,因此之后的生涯中,他将证明市场上缺少智慧。如果阿波罗已经预言到苏格拉底将与人进行辩驳的使命,那么爱欲上受挫的失望情绪,难道就不会是促成他表现这种无端恶意的祸因之一吗?但不管苏格拉底少年时代的生活究竟怎样,他都已经通过哲学升华了,使自己在一生中最好的那些日子里更为慷慨、更加与世无争、更加始终如一地实践对他人进行无私的、和善的、一以贯之的质询这一理想。

笔者认为,我们需要认真看待苏格拉底的少年时代,这毕竟是形塑个人成年之后行为模式的时期。笔者还认为,我们也需要认真思考苏格拉底极其古怪的做法,因为即使在雅典的恋童文化背景中,他对美貌少男的态度也是既被动又具攻击性的,对那些自诩智慧的人也时常恶意地讽刺。笔者并非坚信自己这一特殊的思考能够给出必不可少的解释,但在笔者看来,至少有些事实是需要解释的。

首先,需要解释苏格拉底反讽中无来由的恶意的一面;第二,需要澄清《会饮》中明确指出的那种平行关系,即他对美貌的反讽和对智慧的反讽之间的平行关系,他这种半推半就的行为,是一种基于过度敏感而表现为以退为进的行为;第三,当他不再是一名青年男子(当然也从未有过美貌)时,他仍倾向于成为美貌少男所拥有的社会中的一员。苏格拉底没有老师,这是一个不争的事实,而笔者则提出一个可能会引起争议的假设,认为原因在于苏格拉底没有爱欲者。笔者希望这一解释能够为说明以上的那些问题和其他一些事实提供些许真知灼见。

到此为止,这仍是一个过于思辨的假设。尽管如此,我们还是能够断言,爱比克泰德所呈现出的东西绝没有苏格拉底这么复杂。

爱比克泰德的反讽一般没有那么多的前提铺垫作诱饵,也没有那么多的策略;他的方式更温和,更显白,更坦率。就笔者能了解到的而言,也更“无爱”(unerotic):爱比克泰德从不讽刺美,既不假装被哪个青年男子的美貌所震慑,也不试图操控他人去扮演得不到重视的仰慕者。这里,社会环境肯定是其中一个决定性因素:有关雅典人恋童习俗的精妙制度已不再通行于罗马帝国。儒福斯是爱比克泰德的老师,而苏格拉底却没有老师——但我们没必要去思考,爱比克泰德是否曾有过,或者曾经寻求过与儒福斯之间在情绪、性关系和社会关联方面的复杂联系,但苏格拉底在看到同伴们享受 erastai [爱欲者]时却亲身体会过这些。在我们解释苏格拉底式反讽和爱比克泰德式反讽的区别时,二人个人经历上的不同或许也补充说明了两人在哲学立场上的差别。

5 总结性比较

爱比克泰德向我们展示出,在公元 2 世纪的行省城市而不是公元前 5 世纪的雅典城邦中,信奉苏格拉底或追随苏格拉底究竟意味着什么。爱比克泰德也戳穿了对话者的那些炫耀,但是他的对手更多地炫耀自己的社会地位而不是才智。因此爱比克泰德总是斥责罗马贵族(《清谈录》1. 11,2. 14. 18;2. 24. 24),却从未在哲学上遭遇足以匹配其才智的对手。可能有人想知道,如果爱比克泰德碰上一个卡利克勒斯那样的人物,甚或是一个普罗塔戈拉,他将会有怎样的表现。

爱比克泰德对着自己虚构出来的怀疑论者打了许多空拳(1. 5;2. 20. 28 – 37),与伊壁鸠鲁派中那些并不起眼的代表谈论问题(3. 7),但在尼科波利斯,其辩论的智识水平很低——较之公元前 5 世纪的雅典水平较低,甚至低于西塞罗的对话录中所预设的水准。这一不足部分归因于缺乏能与之辩论的富有才华的对手——这一点上苏格拉底是十足幸运的,他的同时代中有许多智术师。但还是有材料记录了一场旗鼓相当的较量,其中爱比克泰德狼狈败下阵来。这位哲学对手名叫德谟纳克斯(Demonax),他曾听爱比克泰德颂扬婚姻的美德,因此讽刺说,爱比克泰德竭尽所能使他确信婚姻的美德,以至于他想要求爱比克泰德把自己的一个女儿嫁给他——以嘲弄爱比克泰德未婚亦无子嗣的境遇。当然,从阿里安那里我们看不到这一轶事,但这正是问题所在。柏拉图写了《普罗塔戈拉》和《高尔吉亚》,但阿里安却没有以德谟纳克斯或者法沃里努斯(Favorinus)为题写作对话,这正向我们展示出,爱比克泰德的追随者们完全沐浴在爱比克泰德夺目的光辉之中。

类似情况都说明,爱比克泰德是一位深受爱戴的人物、热情的卫道士、颇具感染力的宣讲师。他深信,只要自己努力维护灵魂的美德,尘世的罪恶将不能削弱他的幸福,此外他还以全部的信任将自己的命运托付于神灵。他从《克力同》中多次引用的,是一位以真诚著称、并不反讽他人的苏格拉底,并且这位苏格拉底坚决地——爱比克泰德说——仰赖自己通过不断自我审视这样的检验所得出的大量信奉原则。

如果我们认为柏拉图和阿里安都是忠实的记录者,那我们必须承认,与爱比克泰德相比,苏格拉底要伟大得多,因为柏拉图笔下的苏格拉底比阿里安笔下的爱比克泰德要伟大得多。但是,如果我们深究爱比克泰德不及苏格拉底的地方,我们也应该认可这种可能性:是阿里安造成了这一不足之处。笔者并不是说阿里安对爱比克泰德的记录不够明确,相反,《清谈录》中有许多地方是逐字记录下来的,只是做出了细微的改动。笔者只是想指出,阿里安的错误可能正在于太过忠实,而没有使爱比克泰德看起来比现实中的更显伟大。

细细分析两者在方法上的同异之处,我们将发现,苏格拉底的出场与否,似乎并不是决定哲学伟大程度的最终因素。比如色诺芬的苏格拉底就不如柏拉图的苏格拉底那么伟大,色诺芬的苏格拉底倒是与阿里安的爱比克泰极为相似。说到底,很可能苏格拉底并不比爱比克泰德更好，但显而易见，柏拉图要比这个色诺芬第二[译按：即阿里安]出色得多。

这可能并不符合对苏格拉底的一般思考以及由此得出的对他的称颂，但是我们仍应追问：难道苏格拉底，历史上的苏格拉底，就不可能几乎与爱比克泰德一样，浅薄又唠叨，精通于公开论辩的博弈术却无力建构理论或发展出积极的观点？《克利托普丰》的作者，不管是不是柏拉图，也以这一问题质疑苏格拉底：在对人们进行最初的劝告以激励他们寻求美德的任务方面，苏格拉底是无可超越的，但是之后，除了那些陈词滥调比如"公正的人才能做有益的事"，对于美德，他简直没有更多可说的了。我们可以从《克力同》中得知，苏格拉底在其中的对话里所主张的每一个观点，他和克力同都已听过许多次了。如果我们转录一下早期的那些引段还能发现，它们读起来很接近于爱比克泰德的风格：狭窄的伦理关注范围，动辄抛出精炼的格言警句，重复强调多于探讨，无力进行积极的理论建构（比如在柏拉图中期及后期对话中所表现出的那种理论建构）。

尽管提出这些观点，使笔者在这部纪念论文集（*Festschrift*）中像个很不礼貌的客人，笔者的论题令人扫兴——但很可能，真正的苏格拉底就是唠叨且平凡的，没有什么哲学上的建树，正如爱比克泰德那样。考虑下柏拉图在对话中为苏格拉底所设置的特别方法，即以对话者的立场来铺垫自己进行论辩的路径，或者考虑下早期苏格拉底的对话是如何处理主题的，而后期发展这些主题时又用了怎样的处理方法，难道就没有可能得出，这些都出自柏拉图一个人的天才？在文本之外沉默的唯一的神，也许就是柏拉图，是西塞罗所称的 deus noster[我们的神]。在笔者看来，这就是通过比较苏格拉底与爱比克泰德所能得出的最为重要且意义最为深远的结论。

爱比克泰德哲学中的苏格拉底印记

朗格(Anthony A. Long)　撰
郝晓霞　译

[原作者注]本文的另一个版本已经作为第三章发表于笔者2002年出版的书中(见 *Epictetus*:*A Stoic and Socratic Guide to Life*, Oxford)。非常感激牛津大学出版社允许笔者再版此文。摘录柏拉图的《高尔吉亚》时,笔者采用(有个别的改动)T. H. Irwin 的译文(Oxford,1979)。爱比克泰德的原文由笔者自己翻译,除非另有说明,都引自《清谈录》。笔者还采用了自己于2000年发表的一篇文章中的某些材料(见"Epictetus as Socratic Mentor",*Proceedings of the Cambridge Philological Society* 41,页79－98),那篇文章构成了笔者在埃默里大学召开的关于廊下派的勒姆克(Loemker)会议(2000年4月)上所宣读论文的基础。

> 高贵善良的人不与人争斗，也尽力不让别人争斗。在这一点上，就如其他许多方面一样，苏格拉底的一生为我们树立了典范，他不仅处处避免与人争斗，还不让别人争斗。（《清谈录》1.5.1－2）

> 如今苏格拉底已逝，他的言行虽然已成记载，却仍然有益于人们，甚至胜于他还活着的时候。（《清谈录》4.1.169）

廊下派作品《清谈录》为爱比克泰德所著，书中到处闪现着苏格拉底的身影。连芝诺和第欧根尼这样的哲人，被提及的次数也不如苏格拉底那么多。爱比克泰德将苏格拉底当作了独一的范例，努力向学生们阐明什么是哲学的方法论、如何自我审视、哪一种生活模式可供仿效。苏格拉底竟如此明显地符合爱比克泰德的宗旨，这令《清谈录》中的廊下派思想显得别具一格。

为评估上述观点，我们需要考察苏格拉底在早期廊下派传统中所扮演的角色。最早的廊下派哲人十分着迷柏拉图笔下的苏格拉底，连色诺芬笔下的苏格拉底也很受欢迎，学校的学生们都乐于被称作苏格拉底的信徒。

苏格拉底对廊下派的影响，参见 A. A. Long，“Socrates in Hellenistic Philosophy”，*Classical Quarterly*（1988）38，页 150－171；D. N. Sedley，“Chrysippus on Psychophysical Causality”，载 J. Brunschwig、M. Nussbaum 编，*Passions and Perceptions：Studies in Hellenistic Philosophy of Mind*（Cambridge，1993），页 313－331；P. A. Vander Waerdt 编，*The Socratic Movement*（Ithaca，London，1994），见其中的某些篇章。苏格拉底对爱比克泰德的重要性仅在朋霍弗尔（A. Bonhöffer）的经典著作中勉强被提到（见 *Epictet und die Stoa. Untersuchungen zur stoischen Philosophie*［Stuttgart，1890］；*Die Ethik des Stoikers Epictet*［Stuttgart，1894］）。比较细致地处理这个问题的有 K. Döring，*Exemplum Socratis：Studien zur Sokratesnachwirkung in der kynisch－stoischen Popularphilosophie der frühen Kaiserzeit und im frühen Christentum*, Hermes, Zeitschrift für klassische Philologie, Einzelschriften 42 (Wiesbaden, 1979); Jean – Baptiste Gourinat, "Le Socrate d'Épictète", *Philosophie Antique* 1(2001),页 137 – 165,这篇文章提到了本论文。

与此相关的细节充斥着廊下派的众多学说:伦理学、道德心理学、神学,包括灵魂的善优越于任何别的事物、德性的统一、美德与知识的一致,以及神圣的天意。对于廊下派的著名悖论如真正的自由与财富对贤人的限制,早期苏格拉底和犬儒派的文献早就说出大半了。廊下派最艰深又最广为人知的观点如下:真实而完整的幸福仅源自道德德性。因而廊下派至为推崇苏格拉底受审时说的名言,"好人无论生前还是死后都受不到任何伤害,诸神不会罔视他的处境"(柏拉图,《苏格拉底的申辩》41d)。

廊下派也把苏格拉底的一生视为践行廊下派智慧的一例典范。苏格拉底的刚毅、自制、无感于身心双方面的压力,给廊下派留下了深刻印象。当爱比克泰德将廊下派教义与苏格拉底相联系时,或当他询问学生们如何看待苏格拉底在受审、受囚,以及受死的整个过程中所表现出的镇定时,他只是重复了早先希腊及罗马的廊下派做过的事。

看起来,早期廊下派在挪用苏格拉底的理论时,似乎完全忽视了后者在柏拉图的对话录中所展示的辩证法,即,通过问答进行解释性的讨论,借辩驳与反讽揭露无知和矛盾。

芝诺是经证实写了一本名为《辩驳》(*Elenchoi*)的书的唯一廊下派哲人(《名哲言行录》7.4),而在克律希珀斯和其他某些廊下派成员流传下来的辑语中,我们甚至无法找到 Elenchoi[辩驳]这个词的任何一种形式。但事实上,克律希珀斯以及别的某些廊下派成员,在辩证法方面包含着如何以问答形式正确地讨论各种论据这样的知识(参见 A. A. Long, *Stoic Studies* [Cambridge, 1996],页 87),就如爱比克泰德本人所承认的那样(《清谈录》1.7.3)。但在他们那个时代,这种规定十分通行,以至于我们不能视其为苏格拉底的讨论所特有的。至于反讽,则被正式地排除出圣贤的品质(圣贤的美德之一就是不会被驳倒[anelenxia]),而被认为是下等人的标志(《早期廊下派辑语》3.630)。

但就爱比克泰德而言，他仰赖苏格拉底并对其进行反思的强烈的趣味性与显而易见的新颖之处，正在于他对我们刚刚提到的苏格拉底式辩证法的援引。虽然我们不能简单地宣称，爱比克泰德是第一个且唯一一个这样做的廊下派哲人，但笔者仍该在文献资料缺乏的情况下为这个可能性尽可能地给出理由。① 笔者这么解释，并不是说爱比克泰德把苏格拉底的辩证法看得比苏格拉底任何别的资源都更为重要；而是说，爱比克泰德的苏格拉底所具有的统一性，可以帮助我们理解为何他在教学法上以苏格拉底作为最重要的榜样。但本文的主要论题在于他对苏格拉底辩证法的援引。这点至今几乎尚未得到研究，通常对清谈录的思考缺乏一个重要的维度。

爱比克泰德或引用、或改述、或暗指了柏拉图16篇对话中的大约一百段话，其内容几乎都是苏格拉底的谈话。② 他之所以被柏拉图吸引，不是由于自己对柏拉图思辨哲学的兴趣，而是因为柏拉图是记载苏格拉底之生活、思想和谈话的最丰富的源泉。爱比克泰德评断一篇名为“什么是生活的规则？”的清谈录时说：

> 理论是容易被用来审视和反驳无知之人的，但在实际生活当中，没人愿意屈从于这种检验，并且憎恨别人拿自己进行审视。但苏格拉底曾经说过，未经审视的生活是不值得过的。(1.26.17-18)

如同在别处所做的那样（参见3.12.15），这里爱比克泰德从《苏格拉底的申辩》(38a)中引用了苏格拉底在受审时最著名的总结性陈词之一。他评论说，“我们”憎恨那些证明我们的生活是虚假的人，这不仅可以从《苏格拉底的申辩》的这一上下文中看出来，

---

① 有材料向笔者表明，爱比克泰德可能深受他的老师儒福斯影响。也许确实如此。但在儒福斯的论述里，虽多处暗示苏格拉底，但根本没有谈及苏格拉底的辩证法。

② 参见 A. Jagu, *Épictète et Platon*(Paris, 1946)，页161-165。

还可以从苏格拉底对自己的辩驳使命的解释中、从雅典人对苏格拉底的控诉中看出来。

1 反思柏拉图的《高尔吉亚》

爱比克泰德最热衷的柏拉图对话是《高尔吉亚》。可以说这并非偶然,因为在这篇对话中,苏格拉底最为清晰地陈述了他的辩证法——尤其是在辩驳这方面——的基本原理。《高尔吉亚》也包括了柏拉图对于在当今许多学者看来是苏格拉底伦理观核心的最为清晰有力的陈述,这一陈述几乎不受柏拉图自己的形而上学与灵魂学的影响。对此,爱比克泰德都有所回应,以下是一些关键例证:

A. 没有什么比对于善和正义的错误信念更糟糕的了(458a;《清谈录》1.11.11)

B. 做一件错事比遭遇一件错事更为糟糕(474c 以下;《清谈录》4.1.122 –123)

C. 那些做尽坏事的人,还有暴君,只有最少的力量和自由(468b;《清谈录》4.1.51 –53)

D. 每个行为的动机都在于行动者自己认为好的欲望(468b;《清谈录》1.18.1 –2;3.3.2 –4)

E. [作为 D 的推论]一个人只要知道或认识到他所做或想做的是坏事,那他就不会去做或想做坏事(468d;《清谈录》2.26.1 –2)

F. [作为 D 的进一步推论]做坏事的人不是做他想做的事,而是做那些(错误地)“看上去对他来说是好的”事(468;《清谈录》4.1.3)

G. 被忽视的心灵疾病会留下难以磨灭的印迹(525a;《清谈录》2.18.11)

廊下派的传统赞成以上所有命题，但爱比克泰德通过回忆苏格拉底在《高尔吉亚》中关于它们的原初表述，将它们明确地表达出来。他为什么这么做？笔者想，有两个密切相关的原因。

首先，在这篇对话里，苏格拉底的三个对话者，除了细节上的出入之外，与爱比克泰德的学生们有很大的共鸣与联系：高尔吉亚，修辞学的著名教授者，不关心他的话对于听众来说有什么伦理上的影响（如柏拉图所展示给我们的）；珀洛斯（Polus），一个热心的讨论者，却无法在苏格拉底的挑战面前捍卫自己保守的道德观；最后，卡利克勒斯，一个雄心勃勃的政治家，提出"有可能的就是对的"这样的正义观以及极端享乐主义，与苏格拉底呼吁培养健康灵魂的主张竞争。爱比克泰德的清谈录包括或暗指了高尔吉亚、珀洛斯、卡利克勒斯的当代对应者，这些对应者都以各自的方式与他向学生提供的典范人物背道而驰。

其次，在《高尔吉亚》中，苏格拉底并不是简单地陈述上面标示的 A－G 这些惊人命题。在对话中，苏格拉底一边与珀洛斯辩论，一边将这些命题推向深入。在高尔吉亚快要被下一个对话者珀洛斯替下之前，苏格拉底对高尔吉亚说：

> 我是哪一类人？只要我说的话不够真实，我就是那些乐于被别人驳倒（elenchthentōn）的人之一，同时当别人说话不够真实时，我也乐于去驳倒他，但我绝没有认为驳倒别人会比被驳倒更令人快乐。被驳倒是一件更大的善事，因为它能更好地帮自己而非他人摆脱最大的恶。而且，对于我们正在讨论的事情来说，没有什么比一个错误的信念对人更有害。（458a = 命题 A）

在与珀洛斯对话的过程中，苏格拉底拓进了命题 C－F，以反对珀洛斯试图捍卫的、不受道德情操所节制的修辞之绝对力量的价值。珀洛斯说苏格拉底的立场荒谬，苏格拉底则在辩驳中给他上了一课。形成鲜明对比的是，在法庭中，熟练的修辞技巧常常使得被告在虚妄的证人的指控下被判有罪。苏格拉底知道珀洛斯可以举出大量证人来证明自己的立场错误，但他将他们作为与辩论不相关的人排斥掉了：

> 如果我不能使得你单独地作为一个证人同意我正在说的事，那么我想，我们的讨论是毫无收获的。我也不认为你会有任何收获，除非你让其他证人离开，只让我成为你的一个单独的证人。(472bc)

随着讨论的推进，苏格拉底使得珀洛斯认同那些支持自己立场的假定，这些假定与珀洛斯原先对修辞的绝对力量的赞同相悖。尽管珀洛斯绝没有被说服，他还是承认苏格拉底的结论正是紧追他自己已经接受的观点而来(480e)。

在最后与卡利克勒斯的争论中，苏格拉底的方式与此类似。一开始，他告诉卡利克勒斯，除非他能驳倒自己的论点，即不受惩罚地做不正义的事是最大的罪恶——卡利克勒斯激烈地反对这个论点——否则卡利克勒斯的一生将是前后不一致的(482b)。这个预言预报了他们争论的结果，因为在诱使卡利克勒斯不情愿地承认一连串命题后，苏格拉底告诉他：

> 这些在稍前的论证中看来真实的事情，已为我们所掌握并联系一起，所以我说……通过坚不可摧的论证；至少到目前为止似乎是如此。如果你，或比你更有说服力的某个人，没去化解它们，那么除了我现在说的，其他人说的任何话都不可能正确。由于我的论证总是一致，我自己也不知道这些事情如何得成，但我从来没有遇到过一个人——就像现在这样——能够说出不同于此的话而不显得荒谬。(508e－509a)

苏格拉底解释说，揭露这种荒谬有赖于他的论证的有效性和论证前提的真实性。如果这些条件都具备,那么对手将无法反驳他的论证,因为对手被认为对于“什么是对自己好的”抱着错误的信念——而且,这些信念实际上与这名对手(以及其他任何人)尽可能健康成长的愿望相悖。

在柏拉图的《高尔吉亚》中,苏格拉底是否有资格宣称这些结论,在此我们不加关注。我们只需大致描绘苏格拉底的辩驳策略,以便与爱比克泰德对方法的陈述过程相比照。我们也许可以从爱比克泰德明显暗示柏拉图对话的那些段落开始。

爱比克泰德(几乎肯定带着巨大的讽刺)感谢莱斯庇乌斯(Lesbius)“天天向我证明(exelenchein)我是无知的”(《清谈录》3.20.19)。爱比克泰德在两个地方向他的学生们推荐苏格拉底的辩驳方法,为此他引用苏格拉底对珀洛斯的评论,即只需自己的辩论对手作为唯一的证人(2.12.5;2.26.6)。他采纳了苏格拉底的观察,那就是,辩驳方法绝非对抗性的,而是同时有益于提问者和应答者,并且可以将方法转化为一个惊人的隐喻:哲人应该以某种方式来“写作”对话——不是通过直接刻画各个对话者,而是通过独立的自我审视:

> 苏格拉底没写作吗?谁写得像他那样多?他是怎么写的呢?因为,既然他不能总是找到某人来检验(elenchein)他的判断,或者被他所检验,他就养成了检验和审视自己的习惯,并锲而不舍地尝试使用某些特殊的前概念。一名哲人就是这样写作的。但那些诸如“他说”和“我说”之类的闲言碎语,他留给了别人。(2.1.32-33)

文本继续说道:“那些享有闲暇的人或那些愚蠢到无法进行逻辑推演的人。”笔者勉强认为第一组指的是柏拉图这类人,他们是对话体的文学家,对自己所记载的论证的推进过程了然于心;而第二组的人都只是在机械地模仿柏拉图的对话。在2.1.32-33中,爱比克泰德所暗指的很可能是苏格拉底关于“独立思考”的定义,即“在灵魂之中写作”(《斐勒布》39a)。有关2.1.32-33的理解,笔者尤其感谢赛得利(David Sedley)的建议。

爱比克泰德细致地描绘了辩论,说这是会见一个哲人时应重点关心的。辩论要求参与者像苏格拉底那样,准备好在共同的检视中揭示自己的信念,并为此接受反驳(3.9.13)。他也认识到,经常使用会唤起敌意(2.14.20;3.1.19–23),甚至导致在一些情况中失效(4.1.146)。①

通过以上介绍,我们现在能够转而阐明爱比克泰德对苏格拉底辩驳法的诠释及其运用。

2 《清谈录》中苏格拉底的辩驳

我们最好从爱比克泰德将苏格拉底作为规劝和辩驳方面的范例这点开始(2.26):

(1)每一个错误都内含[心理]矛盾(machē)。因为,既然犯错的人并非想要犯错,而是想要做对,那么很显然,当他做错时,他所做的并不是他想做的。

(2)贼想要达到什么目的呢?他自己的利益。因此,如果偷窃违背他的利益,他所做的就是他并不想去做的。

(3)进一步说,每一个理性的灵魂都天然地厌恶矛盾;但只要一个人没有意识到自己被卷入了矛盾,就无法阻止他做出不一致性的举动。然而,一旦他醒悟过来,就必定会极力去摒弃和避免这个矛盾。就像有人如果认识到某件事情是错误的,就必然会尽力抛弃这个错误,尽管直到这个错误显露出来时他才能如实看待。

(4)谁能向一个人表明他犯错的原因在于其矛盾,并清楚

---

① 笔者认为4.1.128中进一步提及了《高尔吉亚》。在那里,爱比克泰德就像《高尔吉亚》506c中的苏格拉底那样,正式地回顾了虚构的对话者所已经同意的各个前提假设。

地让对方知道他如何没有做他想做的事,反倒在做着他本不愿做的事情,谁就是那个能将两种论辩术——即规劝[protreptikos]和反驳[elenktikos]——结合在一起的人。

(5)除非有人能够表明那个原因,犯错之人才会承认自己的错误;但只要你无法指出原因,那对方固执己见就没有什么好稀奇的,因为他以为自己在做对的事。

(6)正因如此,苏格拉底热衷于这一才能,并曾说道:"我没有援引其他人来证实我所说话的习惯;相反,我总是满足于我的对话者,争取他的赞成,召他来做我的见证,对我来说,仅仅他个人就足以代表其他所有人。"①

(7)这是因为苏格拉底明白一个理性的灵魂会有什么动机,并且,不管你想不想,它都会像天平一样倾向一边。把矛盾展示给理性的灵魂,灵魂就会把矛盾丢弃。但如果你明知有矛盾还不向别人指出来,比起责备别人没有被你说服,你更需要责备自己。

爱比克泰德把"论辩术"(节4)与某种能力——即,揭示人之心理矛盾并调整其意志——联系起来,我们不应该认为此时他是在说明一种不同于辩驳和规劝的技能。② 相反,这些都显明了苏格拉底的论辩术。尽管如此,有趣的是,希腊语"论辩术"(deinos en logōi)令我们想到高尔吉亚,他正以这一主要成就著称,而柏拉图以他为标题的那篇对话的目的便是从智术师那里将此荣誉转献给苏格拉底。上述引文所作的如下假定显得有些幼稚:没人在认识到自己的心理矛盾后愿意继续忍受。然而,爱比克泰德在别处承认(参见

---

① 爱比克泰德改述了《高尔吉亚》474a。

② 在3.21.19中爱比克泰德说,苏格拉底受到神的指派来为辩驳进行辩护。对3.21.19的进一步讨论,和爱比克泰德将辩驳与规劝连接起来的做法,参见Long(2002),页54–57。

《清谈录》1.5)一些强硬的怀疑论者确实不为辩驳式论证所动。那么现在,我们还是集中来关注他如何完成自己关于揭示心理矛盾的理论,从而看他怎样重整意志。

爱比克泰德的哲学观及其心理学基础依赖于2.26中或明显或含蓄提及的所有主张。这些主张包括:一个人必须首先认识到自己对终极价值的无知,然后才会渴望理解并解决关于终极价值的各种意见之间的分歧;这些主张尤其假定一般人是真理和一致性的爱好者,是矛盾的反对者。① 他也依赖一个更进一步的假定,这个假定不仅为他的整个展望奠定了基础,也决定了他为什么吸取苏格拉底的辩驳来服务于自己的教育方法。该假定可以阐明如下:人类与生俱来地具备寻求自身之善(例如幸福)的动机,并采取一切方法追求那种善。我们先来观察他如何将这条假定运用到两个关于辩驳的段落中,之后笔者将评论这个假定。

首先是一个虽简短但非常有效的实例:

> 难道人们能设想一些事物有利于自己,却不去选择?——他们不会这么做。
>
> 那么怎么解释女人[美狄亚]说:"我知道我要做的事是有害的,但激情主宰了我。"②
>
> 准确说是这样:她认为满足自己的激情和报复丈夫比保护自己的孩子们更为有利。
>
> 是的;可她受骗了。——如果你向她清楚地表明她受骗了,那她就不会那么做。——但在你向她指出这一点以前,除了做那件看起来对她[更为有利]的事情之外她还会做什么

---

① 参见Long(2002),页98–104。

② 美狄亚是廊下派喜爱的典型神话之一,因为在其中高贵的人性逐渐走向错误,参看C. Gill, "Did Chrysippus Understand Medea?", *Phronesis* 28 (1983),页136–149。在2.17.19和4.13.15中,爱比克泰德再一次提到她。这里他所引用的段落来自欧里庇得斯的《美狄亚》(*Medea*)1079–1080。

呢？(1.28.6－8)

美狄亚有意使自己受到激情的支配，而去做有害之事（杀死自己的孩子们），但爱比克泰德像苏格拉底一样，否认这种对人之动机的分析能够永远正确。尽管美狄亚那么说，但爱比克泰德认为她是被完全错误的信念——关于她自身利益的真实所在——所驱使。这一段话没有明确地把美狄亚的错误归之于她的矛盾信念或欲望，但显然有此暗示。我们可以扼要地重述如下：

> 美狄亚：我想要并因而选择对自己最有利的事。
>
> 爱比克泰德：每个人都是这样的。
>
> 美狄亚：杀死我的孩子们来惹恼伊阿宋（Jason），对我来说就是最有利的。
>
> 爱比克泰德：大错特错。比起杀死自己的孩子们，任何事对你都是有利的。愤怒导致了你的矛盾：想要做对自己最有利的事，却做出了对自己最不利的事。

这一对美狄亚的重述分享了之前那段话的教导：当人们有了相互矛盾的信念之后，只要向他们有力地指出其中的矛盾，他们就会放弃那些信念。这两段话都认可苏格拉底的主要命题（之前笔者标记为D的那一条），那就是，人的行为总是受行动者（不管是错误地还是自我欺骗地）认为有益于自己的事物所驱使。这种对人类动机的理智的看法当然可以讨论，但它绝对是苏格拉底伦理学的核心，并得到爱比克泰德的全力赞同。二人同样坚定地认为，对任何一个人来说，真正的利益与道德正确相一致。

其次，笔者以《清谈录》1.11为例，事实上它是一篇对话，发生在爱比克泰德与一位来与他谈话的不知名政府官员之间。在谈话过程中，那个人告诉爱比克泰德他最近被年幼女儿的病痛弄得发狂，除非得知女儿痊愈，否则他无法忍受待在家里。接下来对话的重点，是揭示这位父亲的真正动机是否如他所宣称的那样是出于对女儿的爱。该文本太长，不能完整引用，因此笔者提供 5 – 15 节的翻译，且在中括号内标出苏格拉底最具代表性的特征：

爱比克泰德：你认为自己做对(orthōs)了吗？

父亲：我认为自己这么做是自然(phusikōs)的。[这就是要被检验的信念]

爱比克泰德：好，那就说服我让我相信你这么做是出于自然的吧。我也会说服你，使你明白任何与自然和谐一致的事物都是正确的。

父亲：所有的父亲或至少大部分的父亲都是这种感觉。

爱比克泰德：我并不否认**这一点**。我们争论的是它是否正确。根据你的推理，我们不得不说哪怕肿瘤对身体也是好的，因为它非常自然地出现了；同时，犯错也是合乎自然的，因为我们当中几乎所有人或至少大部分人都会犯错。那么告诉我，你的行为如何与自然一致？[给对话者施压，让他阐明自己用语的真实含义]

父亲：我无法解释。还是让你来告诉我为什么我做的并不合于自然，为什么它是错误的吧。[承认无知，陷入窘境]

爱比克泰德：那好，当我们区别光明与黑暗时，会采用什么标准？

父亲：视觉。

爱比克泰德：如果是研究温度或纹理呢？

父亲：触觉。

爱比克泰德：因此，既然我们的争论是关于事物是否与自然一致以及是否正确，你认为我们该采用什么标准呢？[苏格拉底式的类比推理或归纳推理]

父亲：我不知道。[再一次承认无知，陷入窘境]

爱比克泰德：不知道辨别各种颜色和气味以及口感的标准，或许并不会十分有害。可你觉得一个人要是不知道判断事物之好坏的标准,不知道判断事物符合自然与否的标准,是不是也只会带来很小的危害?

父亲:不,那是最大的危害。

爱比克泰德:请告诉我,是不是每个人关于什么是好的与合适的观点都是对的?犹太人、叙利亚人、埃及人和罗马人对食物的所有看法也都是对的?

父亲:这怎么可能?

爱比克泰德:推测起来,假如埃及人的意见是正确的,别的人就不正确;又或者犹太人是对的,其他人是错的,这是必然的吗?

父亲:当然如此。

爱比克泰德:哪儿有无知,哪儿就缺乏学习和相关的训练。

父亲:这一点我同意。

爱比克泰德:现在你该醒悟了,将来你要集中精力学习对事物是否与自然一致这点进行判断的标准,并且用它来分析具体的实例。

爱比克泰德现在使那位父亲同意对家庭的爱和好的推理(eulogiston)互为一致,这暗示着如果它们中的一个是合乎自然的、是正确的,那么另一个也必定如此。在爱比克泰德施加的压力下,那位父亲承认放弃女儿的行为不具有充分理由。这样一来,他还能宣称自己是出于爱吗?经过更进一步的归纳,父亲只好同意假如孩子的母亲和其他关心孩子之幸福的人就像他那样,他们的行为将不被视为是出于爱。因此,爱比克泰德推论,这位父亲违背自己最初的信念,其行为并非出于对女儿可原谅的自然的爱,反倒是因为在什么是真正自然而正确的事情上,他做出了错误的推理。爱比克泰德推论,这位父亲之所以逃开,是由于他错误地相信那"看起来对他是好的"事物。

爱比克泰德在反驳时,多次用这样的话语非常小心地描绘这位父亲的错误选择:“什么看起来对你是好的”(hoti edoxen soi)。这清楚地表明了《高尔吉亚》中苏格拉底所作的基本区分(参见命题 F),即区别如下二者之间的差异:做自己思考过(也许是错误的思考)的事能带来好的结果(所有人都渴求的事物),与做自己想做的事(得到自己所渴求之物)。

这个辩驳具有非常明显的苏格拉底式特征,以至于我们对此无需多加说明。最后,这位父亲只好同意:(1)他对女儿的爱是有矛盾的,因为若是其他人那样对待他的女儿,他将无法忍受;(2)他原先认为自己的行为是自然的这点也有矛盾,因为他承认只有规范的、真正理性的行为才是自然的。这次对话的要点也完全是苏格拉底式的——不去责怪或批评这位父亲,只是向他指出为什么他的判断和愿望会偏离正路,以致他行为的结果并不符合最初的行为动机。

为了弄懂爱比克泰德的苏格拉底式辩论模式背后的基本原理,我们需要阐明他的如下断言:虽然(1)人类与生俱来地希望寻求幸福,喜欢对而不喜欢错,但(2)他们通常都持有与目标相抵触的信念。下面是他最清晰的陈述之一,引自标题为“哲学的起点”这一段讨论的开头(2.11):

> 为了获得哲学真正的起点,并顺利登堂入室,一个人需要明白自己在认识绝对本质方面的软弱无能。我们生来并不懂得任何关于直角三角形或半音的自然概念,我们是从专门的学习中学会它们的。因此,不懂得这些概念的人就不会思考它们的本质。然而另一方面,谁不是生来就懂得如下天赋概念(emphutos ennoia)呢?懂得好和坏、美和丑、恰当和不当、幸福、得体、什么该得什么不该得、什么应做什么不应做。由于这个原因,我们都用这些术语并在具体情况下凭自己[关于它们]的前概念来运用,说道:“他做得很好,或他应该做的,或他不应该做的;她很不幸或幸运;他是公正的或不公正的。”我们当中谁能免于使用这些术语呢?我们当中谁能在学会它们之前一直

不使用它们,就像那些不懂得线段和音调的人一样?(6)只能这么解释,在这块领域内我们生来就在一定程度上受到自然的指导,在这个基础上,又添加上我们自己后天的意见。——宙斯在上,你是对的。那么,我是否真的生来就知道美丑?我对它们是不是毫无概念?——你有的。

难道我不能把这些概念在具体情形中加以运用吗?——你可以的。

难道我就无法很好地运用它吗?

这就是整个问题的所在,所有的意见也都是在此添加上去的。因为人们从自己一致认同的那些概念出发,在不合适的情境下加以运用,才导致他们的矛盾。

爱比克泰德根本的要点是每个人天生就具有某种倾向,这种倾向使他形成概念,这些概念又形成基本的能力以帮助他做出价值判断。由于人们生来就有这种倾向,他们便常常像爱比克泰德这里的对话者那样去思考,认为他们懂得善与幸福或对与错的全部内容,从而能在具体场合下做出正确的价值判断。爱比克泰德把注意力放在由于误用自然概念而产生的"矛盾"上,这里指的并不仅仅是人与人之间的抵牾,还包括基于同样的原因而产生的个人内部的矛盾或冲突,如美狄亚。

爱比克泰德关于天赋的价值概念的理论,是如何与苏格拉底的辩驳法拉上关系的呢?爱比克泰德提出这些概念又是为了什么?笔者将提前讨论这些问题。①

爱比克泰德经常说的天赋概念或"前概念"(prolepseis),其解

---

① 关于廊下派的概念(ennoiai)和前概念(prolēpseis),桑德巴赫(F. H. Sandbach)有过经典的研究。爱比克泰德的创新在于他使得后者作为道德领域中的"天赋"概念,论证见 A. A. Long, *Problems in Stoicism*(London,1971),页22-37。在《清谈录》1.22中,爱比克泰德完整地论述了前概念,亦参2.17。

释如下(1.22.1－2;并参见4.1.44－45):

> 前概念对每个人都是一样的,并且前概念彼此之间也不相冲突。因为对于一件好东西,我们中哪一个会认为它是有害的,是不值得选择的,自己无论如何都不应该寻找它和追求它?我们中有谁会认为正义并非高贵合宜的?那么,什么时候才会发生矛盾冲突?在把前概念运用到具体场合时。正如当有人说:
>
> "他做得很好,他很勇敢。"
>
> 另一个人却反驳道:
>
> "不,他是一个疯子。"

在此爱比克泰德对于人天赋的价值概念做出了两大声明。首先,任何两个人对同一个术语都拥有相同的前概念;或者,通过逻辑推理,他们对于某个术语的含义达成一致,例如"善"。其次,人们在前概念的基础上,形成一系列相互一致的价值概念或意义。对此,我们可以回想一下,他在之前那段引文中如何谈到以得到一致同意的概念作为起点这个问题。

这些都是极为大胆的主张。然而,这种大胆也被一个重要的条件所限制。各种前概念之所以是普遍的和相互一致的,是因为它们具有非常宽泛的含义:每个人都以为"好"东西是有益的和值得选择的,"坏"东西是有害的和不值得追求的,却不管在具体情形下什么是好的、什么是坏的。

似乎更能引起争议的是如下主张:这些普遍而相互一致的看法还同样适用于道德领域中的正义、得体等等。为此爱比克泰德可以理由充分地回答说:事实上人们一般都会一致同意正义的积极含义与非正义的消极含义,并广泛用到这些概念或术语。此外,在宣称这些概念是天赋的之后,猜想起来,他的意思并不是说连婴儿也完全具备了这些概念,而是如我们今天所说的,我们基本的价值偏好和道德偏好固定地连接在一起，早已为基因所确定；广义来看，这些概念不是出自文化的积淀。

他要强调的不是前概念本身足以指导我们的判断。我们不知道哪个具体的事物通过某种前概念——即，好就是有用——就能判断出是不是好的。我们获知的仅是一个本质层面的“好”。我们之所以需要廊下派学说，是为了认识到传统习俗所约定的“好”并不一定是真的好，例如健康与财富并不严格地是好或是坏，因为它们都不是完全有用的或完全有害的；或是为了认识到幸福不在于对快乐的持续感受，也不在于没有痛苦的感觉。我们的前概念需要界定得远比它们固有的含义还要清晰得多；并且我们需要不断地训练，以使得自己的行为符合那些精细化后的前概念。尽管如此，前概念在爱比克泰德的哲学中依然起着基础性的作用。

假使他是对的，那么全体人类的愿望就是取得蓬勃发展，满足自己对幸福的欲求，增进真正的利益，避免真正的损害，喜欢正义讨厌非正义。就如他自己所认为的，他的任务旨在表明，人们具体的价值判断通常有悖于伦理性前概念，以至于他们无法实现自己生来就有的愿望，即获得幸福和做出正确的行为。

我们现在能够相当准确地定义苏格拉底的辩驳在爱比克泰德教育法中所起的作用了。在《高尔吉亚》中，苏格拉底并没有谈到某些天赋的和普遍的前概念，例如关于幸福的前概念等等。但如果弗拉斯托斯对柏拉图《高尔吉亚》中的苏格拉底式辩驳的精彩分析是大致正确的，那么苏格拉底对这种论证模式的信赖本身，就意味着他的对话者充分相信辩驳有利于发现真理。①

弗拉斯托斯问道，为什么苏格拉底在《高尔吉亚》中会宣称他的辩驳式论证并不只是为了表明对话者的前后矛盾，同时也是为了支持苏格拉底自己的相反方案（例如，行不义要比遭受不义来得更糟）。弗拉

---

① 参见 G. Vlastos, *Socrates, Ironist and Moral Philosopher* (Cambridge, 1991)，第四章；*Socratic Studies* (Cambridge, 1994)，第一章。

斯托斯对此所给出的答案需要双重的假设：首先，任何一个相互融洽的信念体系都必然是真实的；其次，更重要的一点是，无论是谁，只要怀有一条错误的道德信念，就同时也定会怀有一些正确的信念以否定那个错误的信念。苏格拉底发现自己的道德信念满足了第一条假定，因为它们的一致性已经被彻底地检验过了。并且，在辩驳中，他提炼出了对话者的潜在的却是真实的道德信念，之后发现它们符合自己的判断。

弗拉斯托斯对柏拉图《高尔吉亚》中的苏格拉底式辩驳的解释是有争议的。① 其实笔者最重要的目的，不是关注这种解释是否正确评释了柏拉图笔下的苏格拉底，而是它与爱比克泰德方法论的关联。作为一个廊下派的哲人，爱比克泰德让自己怀有一整套真实的道德信念作为自己的前提，并且通过对话者们与生俱来的前概念这个资源，来使他们同意那些信念，从而承认他们自己一开始的具体欲望和判断已被不一致性所侵蚀。在爱比克泰德那里，天赋的前概念所发挥的作用，类似于潜在却真实的信念在弗拉斯托斯解释柏拉图《高尔吉亚》中的辩驳时所起的作用。

在提出弗拉斯托斯的苏格拉底和爱比克泰德的苏格拉底的密切关联之后，笔者随即发现在晚期柏拉图主义中，天赋的前概念在爱比克泰德利用苏格拉底的辩驳时所起的作用改由一般观念（koinai ennoiai）来承担。俄吕姆琵俄多若斯（Olympiodorus）在他对柏拉图的《高尔吉亚》的评注中，将共同的概念（由此出发才有演绎性证明）描述成是神给予的，以便我们行动正确（L. Westerink 编，*In Platonis Gorgiam Commentaria*［Leipzig，1970］，页 51）。在俄吕姆琵俄多若斯看来，苏格拉底通过展示如下矛盾来反驳高尔吉亚：高尔吉亚既承认演说家也可能犯错，又主张某种共同的概念，那就是演说家明白什么是正确的（页 63）。H. Tarrant（*Plato's First Interpreters*［Ithaca，N. Y.，2000］，页 116 – 117）发现，"当俄吕姆琵俄多若斯真正预料到弗拉斯托斯关于苏格拉底争论的许多观点——尤其是关于提问者和回答者之间存在真实的道德信念这个看法——时，他认为这是因为一个人（有意识或无意识地）认识到一般观念"。

---

① 参见 H. H. Benson，"The Dissolution of the Problem of the Elenchus"，*Oxford Studies in Ancient Philosophy* 13（1995），页 45 – 112。

前概念的批判作用和自然起源可以回溯至早期廊下派，但很可能只有爱比克泰德才将它们等同于一种天赋的道德观。正如先前所表明的，柏拉图主义已经在他身上留下了部分的影响；但爱比克泰德并没有援引柏拉图充分成熟的理论，即学习者在出生之后能够回忆起出生之前所获得的永恒真理。柏拉图吸引爱比克泰德，仅仅因为他是我们今天所说的苏格拉底对话录的作者。

在本文的前面部分，笔者注意到爱比克泰德非常依赖苏格拉底的劝告：未经审视的生活是不值得过的。辩论在柏拉图和爱比克泰德那里都是一种方法论，都是通过暴露未经认识的不一致性和未被意识到的无知，来检验他们自己的信念。柏拉图笔下的苏格拉底经常要求那些刚愎自用的对话者回答一些道德概念（例如虔敬或勇敢）的问题，从而以辩驳的方式来检验他们的回答。

爱比克泰德也是这么做的。他把苏格拉底描述为一个宣称在教育之先应当检视一些术语的人（1.17.12），并以苏格拉底夸张但可信的风格将那些不知道基本价值的人称为聋子和瞎子，认为他们什么也不是（2.24.19）。更特别的是，他将苏格拉底的标准提问“什么是X?”与他诊断人们犯错的常见理由联系起来，那个理由就是，人们在具体情形下运用自己的前概念时掉以轻心了（4.1.41；参照前面引用的2.11）：

> 这……是每个人之所以悲惨的原因。对此我们各自怀有不同意见。一种看法认为，原因在于他生病了（才不，他只是没有运用好前概念）。另一种看法认为原因在于他是一个乞丐，也有观点认为这是由于他有一个严厉的母亲或父亲，还有观点认为原因是凯撒对他不够亲切。这里只有一个原因：不知道该如何运用前概念。因为，谁会没有一种“坏”的前概念，即无论如何都是有损害的、应当避免和摒弃的这一前概念？（4.1.42－43）

爱比克泰德重复其观点，认为前概念彼此之间不相矛盾，并进一步说道：

> 那么，什么是坏的？也就是说，什么是有害的并应避免的？有观点说是他没有成为凯撒的朋友。[①] 他已偏离正道，没有正确地施展自己，他充满了苦恼。但他正在寻找的东西，与当前的困境并不相干。因为，即使他成功地成了凯撒的朋友，他的需求也依然不会得到满足。那么，什么是每个人都追求的呢？平静，幸福，做任何想做的事，不受限制或强迫。可是，当某人成为了凯撒的朋友，此人就不再受限制或强迫了吗？他平静和快乐吗？（4.1.45－46）

我们现在可以看到，爱比克泰德对于苏格拉底的辩驳法并非简单的鹦鹉学舌，而是借助于其人人普遍赋有的前概念这一特殊概念，服务于他自己的教义。在笔者提到过的，即反驳那位自称爱女儿的父亲的例子中，他或许就采用了人际对话的方式，这种方式完全遵循苏格拉底式辩证法的步骤和目标，并且，正如我们将要看到的，他还借此向学生示范如何实践。但是，在与学生的亲密相处中，爱比克泰德更喜欢通过展示类似上述的例子，而不是让他们自己直接进行对话练习，来表明如何实践苏格拉底的辩驳方式。以同样的方式，他劝说学生们审查对具体事物的印象：

> 就如苏格拉底曾经说过的，我们不应当过未经审视的生活，所以我们也不应当接受一个未经审视的印象，但可以说："等等，让我看看你是谁，你从哪里来……能够自然担保你接收到应当接收的印象吗？"（3.12.15）

---

① 凯撒的朋友享有半官方的地位，参见 F. Millar, *The Emperor in the Roman World*(31 *BC* – *AD* 337)(Ithaca, N. Y., 1977)，页 110 – 122。在《清谈录》4.1.47 – 50 中，爱比克泰德认为这将带来危险和奴役。

爱比克泰德再三强调生活中的基本原则,并给出相应的公式:“正确使用各种印象。”①这个公式和思考方式既非苏格拉底式也非柏拉图式的。然而,笔者这里讨论过的材料表明,爱比克泰德对苏格拉底式辩驳的方法和目标有一种极其精细的理解。相比柏拉图笔下的苏格拉底,他的实践方式的主要不同之处,在于他训练学生进行自我对话,以此提升自身的道德。

3 利用和滥用苏格拉底辩证法所带来的教训

爱比克泰德的一些学生立志要成为廊下派的专业教师。为了指导他们,爱比克泰德作了一则引人入胜的宣讲,谈论如何与世俗之人进行对话(2.12)。这为我们提供了更深层的视角,来观察他如何在普遍意义上来解释苏格拉底这个典范人物,又如何在具体层面上来解释苏格拉底的辩驳法。

> 廊下派的权威们已将参与讨论所需的知识说明得十分详尽,但我们自己还没有得到很好的训练,从而无法恰当地运用这种知识。任何一个世俗之人与我们讨论,我们都有可能陷入一团糟。在给他带来一丁点激发之后……我们并不能把他带向更远,我们只会嘲笑他或辱骂他:
>
> “他是一个世俗之人,跟他打交道是不可能的!”
>
> 然而一个真正的指导者若发觉某人迷失了,就会将这个人领回正路,而非嘲笑或辱骂他之后转身离开。所以,你本人应当向他揭示真理,你会看到他接下来就会追随你。假如你并没有能够向他揭示真理,那也不要嘲笑他,而应该认识到你自己的无能。

---

① 参见 1.1.7,1.3.4,1.6.13,1.7.33,1.12.34,1.20.15;以及 Long (1996)中的讨论:第十二章页 275–282。

> 苏格拉底是怎么做的呢?
>
> 他养成了一个习惯,迫使对话者成为他的见证人,并且不再需要别的见证人……[爱比克泰德引用了《高尔吉亚》474a]因为他将对方所使用的概念(ennoiai)的含义完全揭示出来,以致任何人都能发觉其中的前后矛盾,从而不得不放弃它……

在此爱比克泰德与苏格拉底进行了一场虚构的对话,以说明如何揭发一个人对于怨恨(phthonos)的自相矛盾的信念。文本非常扼要,因而论证过程无法得到充分展开。笔者猜测它的结构如下:

爱比克泰德的对话者一开始把怨恨当作幸灾乐祸(参照柏拉图,《斐勒布》48c)。在这个挑战面前,爱比克泰德接受了怨恨是一种痛苦的情感的观点,这与他最初的主张相反。然后他说,作为一种痛苦,怨恨不可能是由别人的不幸所激发,所以他不得不将怨恨重新定义为一种由别人的好运所造成的痛苦(参照《早期廊下派辑语》1.434),这与他开始的观点全然相反。

> 苏格拉底没有说"为我定义一下'怨恨'",当它被定义了之后,又这么回答说:"一个糟糕的定义——因为这个 definiens[定义]完全不相等于 definiendum[被下定义的词]。"① 这些专业行话在世俗之人眼里琐碎无聊、难以理解,但我们不能放弃。只不过,虽然我们想要使用术语来让他们关注他们自己的印象,并做出肯定或否定的回答,但我们还没能激发他们做到。那么,至少可以理解,我们中那些谨小慎微的人由于认识到自身的无能,就放弃了这种方式。更多的人则是缺乏耐心,当他们被卷入其中时,自己糊涂也让别人糊涂,最终在与对方互相辱骂之后便跑开了。
>
> 苏格拉底的首要品行是:他在对话中从不激动,从不说任

---

① 笔者参考了 J. Barnes, *Logic and the Imperial Stoa*(Leiden, 1997),页 29,他很熟练地翻译了爱比克泰德的逻辑学行话。

何辱骂或攻击性的话，却容忍其他人的辱骂……然后呢？嗯，在今天一切都不太安全，尤其是在罗马。（2.12.1－17）

爱比克泰德解释说，现在任何一位苏格拉底式辩证法的实践者"显然最好不要偷偷地去实践"。① 相反：

> 他需要尽可能地去接近一位执政官阶层的有钱人，并问他[典型的苏格拉底式问题]：
>
> 我说，你能告诉我你把马托付给谁了吗？——可以。
>
> 是随便托付给一个不懂马术的人吗？——当然不是。
>
> 那你又会把金子、银子还有衣服托付给谁呢？——当然也不是随便找个人就可以托付的。
>
> 你已经考虑过把自己的身体托付给某人来照顾吗？——当然。
>
> 我推测的话，是托付给一位在体能训练或药物使用上富有经验的人吧？——是的。
>
> 这些是你主要的财产，还是你另外有别的更宝贵的财产呢？——你指哪种？
>
> 那个东西支配着它们，以神的名义，并能够判断和深虑每件事情。——我猜，你是说灵魂？
>
> 对，这就是我要说的。
>
> 以神的名义，我认为它是我所拥有的最具价值的东西了。
>
> 那么，你能说说你是怎么照看自己的灵魂的？像你这样地位显赫的聪明人，会随随便便地忽视甚至毁灭你的主要财产吗？——当然不！
>
> 可你自己照看过它了吗？你从别人那儿学会如何照看心

---

① 参见柏拉图，《高尔吉亚》485d，那里卡利克勒斯控诉苏格拉底"在和三四个年轻人偷偷私语"。

灵了吗,还是你自己发现了照看心灵的法子?

接着,危险来了,首先,他会说:

有你什么事,老兄?你是我的主人吗?

然后,假如你还想继续烦他,他就会举起巴掌,扇你一耳光。这是我落入目前的窘境之前所热衷的事。(2.12.17–25)

我们该如何看待这场对话?它是在建议仿效苏格拉底吗,还是相反呢?其结语是爱比克泰德在坦诚供认自己与世俗之人对谈时的毛病吗?我们如何解释他对苏格拉底的赞扬,即赞扬他成功运用日常语言?我们为何无法免除专业术语?实践苏格拉底辩证法的人为什么必须公开与显赫之人对话?

笔者认为,要想回答所有这些问题,就必须把整个文本看成是学生的课堂教材,从中他们能够明白日常生活中什么时候该运用苏格拉底的辩驳法,准确地说,是什么时候不该运用它。

根据那段文本,我们无法不用专业术语;但巴尔尼斯(Jonathan Barnes)提出,爱比克泰德是在批评他的廊下派伙伴喜爱采用行话,只是他并没有捶胸顿足,因为第一人称复数暗示了这是一场文雅的共谋,而非一次坦诚供认。① 笔者确定他是对的。可假如爱比克泰德是建议他的学生们仿效苏格拉底运用日常语言,他又希望学生们如何看待他与显赫的罗马人的对话时戏仿苏格拉底提问法呢?要知道那种提问引起了愤怒,他也承认自己年轻的时候在罗马确实有过这种遭遇。

公元95年多米提安驱逐了包括爱比克泰德在内的所有哲人,在这之前,也许爱比克泰德的确受到过警告;可笔者认为他无论如何都说过:在与对话者交谈时,你要尽量顾及他们的立场,甚至在采用苏格拉底的引导式提问时,你也要小心谨慎,千万别露出专横的姿态,那只会激起他们的反抗情绪。要与高官打交道的建议几乎肯

---

① Barnes(1997),页29。

定是讽刺性的。那就是说,爱比克泰德只是在告诉他的学生们,不该试图比照苏格拉底,或是担心被批评更喜欢与年轻人对话而不是参与政治,就像卡利克勒斯嘲讽苏格拉底那样。我们应该认为,爱比克泰德是建议他的学生们在对话时要考虑到对话者的思想状况和社会地位。

柏拉图的读者非常了解,苏格拉底辩证法的风格会随着对话者的不同而改变。《高尔吉亚》中,从高尔吉亚到珀洛斯,再到卡利克勒斯,就是一个很好的例子。相似地,我们发现爱比克泰德的辩证法风格也随着对话者的不同年龄不同背景而变化。当他会见马克希谟斯(Maximus)时(3.7)——这人身兼政府官员和伊壁鸠鲁主义者,爱比克泰德与他作为两位哲人那样交谈,毫不避讳专业术语。与之相对照,当一位雄辩家在去罗马的路上向爱比克泰德咨询自己在生意上的诉讼时(3.9),爱比克泰德一开始就告诉对方,他所能提供的建议不是在一次简短的邂逅中可以交代的。

在此我们观察到,爱比克泰德吸收了柏拉图把辩证法作为提问者与应答者的共同事业的观念,其中,关于将自己的判断提交审视方面,提问者或哲人绝不亚于应答者。根据上面所引的两段话,语带嘲讽地提问显赫的罗马人注定失败,因为谈话缺乏真正的苏格拉底对话所具有的彼此之间的妥协、尊敬和鼓励。

4 自我审视和自我发现

无论把爱比克泰德的清谈录看作诽谤还是布道,都是常见的误解。这些标签似乎把他那些简练的逸闻趣事、生动跳跃的句子、夸张的修辞和规劝性的表达,视作他教导风格的核心和目标。虽然爱比克泰德频繁采用这些手段,但他是想利用修辞来实现自己最终的目的,也就是说,使他的学生们自己去观察:首先,他们具备所有潜在的资源去过一个好的、充实的生活;其次,他们需要自己去推理、自省和训练,以激活这些资源。

每一篇论说都是为了这个探索性目的。其中所有的证明都很少具有严格的逻辑形式,但至少都暗示了前提和结论。它们的说服力来自辩证法,而不是某种形式。笔者的意思是,所有论说都是针对个人的,他们希望过上没有挫折和焦虑的生活。爱比克泰德并不认为他的观点能起普遍的或抽象的作用,他假定自己的谈话对象都是些想从错误和困苦中摆脱出来的人。他的证明以这种需求为条件。他绝对不向那些安于奴隶生活的人提供建议。

在爱比克泰德之前,廊下派思想已经成为一种高度学术化的知识体系。廊下派哲人由于喜好逻辑悖论而声名狼藉,其伦理学和物理学则包含大量精微的区分,只有他们的专属术语才能表述。爱比克泰德并没有反对这些术语,但在现存他的论说中也没有再涉及它们。其原因,如他不断解释的,在于这些专业术语只有高级阶段的学生才能懂得。他自己所关心的主要是他称之为哲学第一主题的东西——欲求与厌恶,这两种状态保证一个人能够达成所愿以及免于所不愿(3.2.1)。爱比克泰德决心使廊下派转回其最初的目标,即从根本上重塑人们的价值和目标,他对苏格拉底的关注就是一个非常重要的标志。

爱比克泰德警告不要混淆学术化的学习与真正的哲学发展,这会使我们认为,他贬低推理技巧或细致论证。要反对这点,我们只需阅读一下1.17。在那里,为说明逻辑学的判别和批判功能,他不仅搬出老廊下派的权威们,还援引了苏格拉底,后者坚持要先审视词语,追问其中每一个的含义(1.17.12)。但爱比克泰德视为基本原则的逻辑是,任何一个正常人都能够反思自己的信念、欲求、动机的基础和一致性。这就解释了他为什么在很大程度上拒绝使用传统廊下派的专业术语。他不以廊下派既有的方式来解释自己的学说。相反,正如他在辩证法课程中呼吁的(2.12),他试图采用一些日常词汇来同他的听众交谈,如欲望、目的、自由和快乐,而只是最低限度地提到深奥难懂的理论。

爱比克泰德的论说是对话体课程——邀请听众思考日常词汇，并比较他们自己和他关于这些词汇的含义的不同看法，从而审视他们自己。因此，他视一件事为自明的，即人们都希望满足自身的欲望。然而，实际上他们在满足欲望时经常受挫，陷入不幸。他提出，这里的问题并不是欲望要得到满足，因为人类天生就要寻求满足自己的欲望。排除挫折的办法是把一个人的欲望完全集中于精神领域，在这个领域内是必定能够满足欲望的。

爱比克泰德对苏格拉底的反思要比笔者这篇文章里谈及的多得多。清谈录几乎每一页里都有苏格拉底的印记。因为除了利用和改编苏格拉底的方法论，爱比克泰德还经常提到苏格拉底在审判中及审判后的典范举动。此外，他喜欢通过强调来理想化和拔高苏格拉底，有违历史事实地说苏格拉底是一个极重家室的人(3. 26. 23)，甚至是一个典型的有洁癖的人(4. 9. 19)。在《手册》中，阿里安在引用爱比克泰德如下两个不变的主题时诉诸苏格拉底：是判断，而非事物本身，在搅扰人们(《手册》5)；必须关心一个人的理性(《手册》51)。

鉴于这一切，我们就会奇怪学者们为何迄今很少注意爱比克泰德那里的苏格拉底。一个理由当然是由于朋霍费尔的权威著作，在这些书里，爱比克泰德被彻头彻尾地当作一位正统的廊下派哲人，而几乎没有关注他的论说风格。① 另一个理由是，就清谈录本身来说，其中大部分对话在许多特征上与柏拉图和色诺芬所创作的苏格拉底对话极为不同。第三个理由，也是最深入的理由是，可以察觉出来，爱比克泰德并不是真正的苏格拉底，因为他没有再三宣称自己的无知，或是非常开放式地探讨伦理问题。

事实上，爱比克泰德一贯地对自己的哲人身份与能力持谨慎和怀疑态度。还有，笔者已经指出，他坚持要让那些真正有希望的学生陷入困惑并承认无知。就像柏拉图笔下的苏格拉底，他坚称不去

① Bonhöffer(1890;1894)。

猜测物理世界的详细细节。① 柏拉图的苏格拉底对话是否就像其中某些对话那样从表面上看起来是开放式的,他的苏格拉底是否相当真诚地或无条件地承认自己的无知——这些都值得学者去争论,可即便我们选择以“是”来回答这两个问题,我们也无法掩盖如下事实:柏拉图的苏格拉底甚至在所谓的苏格拉底对话中,都竭力支持那些笔者在概括《高尔吉亚》时所列出的学说。

爱比克泰德明显意识到,廊下派思想是后来发展出来的,虽然其中有很大一部分内容是苏格拉底所预示的。他表明自己是一个廊下派教员,在特定的课程中教育学生。由于时空的关系,爱比克泰德是作为一位希腊-罗马的哲人来训练希腊-罗马的青年,因此他不得不在某种程度上改变典型的苏格拉底形象。所以,他的苏格拉底像他自己一样,是家长作风很重的人,而不是一个有恋童欲的指导者,若是后者,就无法适应爱比克泰德所处时代的风俗了。接下来我们所要问的是,在所有应当具备的资格条件都考虑过后,谁是继柏拉图和色诺芬之后对苏格拉底形象最富创造性的借用者呢?

---

① 辑语 1,引自司托拜俄斯(见 C. Wachsmuth、O. Hense 编,*Anthologium* [Berlin,1974],第二卷,页 13-14)。对这个文本的讨论,参见 Long(2002),页 149-152。

希腊化哲学中的苏格拉底

朗格(Anthony A. Long)　撰

吴　茜　译

[原作者注]本文的初稿在1986年举行于剑桥大学的古代哲学南方联会上第一次被宣读;进一步修改后,又相继在华盛顿大学、康奈尔大学和伯克利大学宣读。笔者感谢能有这些讨论的机会,也感谢伯恩伊特(Myles Burnyeat)的参与,他还为此文写了评论。最要感激的是弗拉斯托斯(Gregory Vlastos),他的作品启发了笔者,而且他本人还曾与笔者一同讨论本文后半部分的问题。同时也感激来自古根海姆纪念基金(John Simon Guggenheim Memorial Foundation)的奖金,为笔者提供了研究此课题的空闲。

绪　论

在何种意义上,希腊化哲人们视自己为苏格拉底的继承人或批判者?在他们看来,对哲人苏格拉底,柏拉图是否享有至关重要的论断权威?希腊化期间,苏格拉底真正活跃的学说或观点又是什么?这三个问题(尤其是最后一个),将是本文讨论的重点。为引入并回答这些问题,笔者先摘引两个段落来呈现一些通常的观点。这两个段落分别描绘了希腊化时期伊始及其终结之时的苏格拉底形象。首先是三行出自弗里奥斯的皮浪主义者提蒙(Timon of Phlius)的《讽刺诗》(*Silloi*):

避开这些事[即探究自然]后,他摇身而为饶着舌蒙人的卫道士、希腊巫师，陈词一针见血，是个油嘴滑舌、极善冷嘲热讽的老手。①

第二段出自爱比克泰德的《清谈录》(4.5.1 - 4)：

> 高贵善良的人不与人争斗，也尽力不让别人争斗。在这一点上，就如其他许多方面一样，苏格拉底的一生为我们树立了榜样(paradeigma)，他不仅处处避免与人争斗，还不让别人争斗。从色诺芬的《会饮》可以看到，苏格拉底化解了多少争斗，他怎样耐心地忍受忒拉绪马科斯、珀洛斯和卡利克勒斯……因为苏格拉底坚信：一个人无法支配别人的主导官能(commanding - faculty，hēgemonikon)。

在爱比克泰德的《清谈录》中，苏格拉底是一位空前绝后的哲人(*the* philosopher)，一位常被奉若神明的人物，廊下派的圣人无论是第欧根尼、安提司忒涅斯还是芝诺，都没有受到如此详尽的关注。读者若仅从爱比克泰德那里了解希腊哲学史，将会得出这样一种印象：廊下派的哲学就是苏格拉底的哲学。借助爱比克泰德对柏拉图及色诺芬的征引，读者还能了解到苏格拉底生平的一些重要时刻——接受神圣使命、遭审判、下狱等等。更甚者，爱比克泰德有关苏格拉底的辩驳(1.26.17 - 18，1.1.32，2.26.4)、akrasia[不自制](3.3.2 - 4)的不可能性、去除自以为知的错误(2.17.1，3.14.9)，以及定义(4.1.41)的说法，是我们所能发现的、在柏拉图之后的古代思想家中对苏格拉底哲学较为深入的理解和运用。

---

① 《名哲言行录》2.19 = 提蒙辑语 799，见 H. Lloyd - Jones、P. Parsons 编，*Supplementum Hellenisticum*(Berlin，New York，1983)。对此段开头暗示的苏格拉底拒斥物理学的解释，参照恩披里柯，《驳学问家》7.8，亚历山大里亚的克雷芒，《杂缀集》1.14.63.3。对整个段落，科尔塔萨(G. Cortassa)有详细的讨论，见"Note ai *Silli* di Timone di Fliunte"，*RFIC* 106(1978)，页 140 - 146。

就爱比克泰德《清谈录》中的苏格拉底可做一个专题讨论，但在此不得不省略。

亦参1.9.22－24(3.1.19－21中有关柏拉图《苏格拉底的申辩》29c的释义)；1.12.3(苏格拉底与奥德修斯)；1.12.23(由于苏格拉底是出于自愿，因此不算入狱)；1.29.16－19(2.2.15－18中有关柏拉图《苏格拉底的申辩》30c－d的释义)；1.29.65－66(柏拉图，《斐多》116d)；2.1.32(苏格拉底事实上为了自我审视而著述过)；2.12.5(苏格拉底如何做的？他迫使对手来为其作证，从不需其他人；参照《高尔吉亚》474a)；3.24.60－61(苏格拉底像个自由人那样行动，敬爱神明)；4.1.159－160(根据色诺芬的《回忆苏格拉底》1.1.18，苏格拉底的一生是事事遵循法律的典范)；4.4.21－22(柏拉图，《克力同》43d)；4.11.19－21(就苏格拉底的盥洗习惯，驳斥阿里斯托芬的《云》[*Nub.*]103)。其他提及柏拉图和色诺芬笔下的苏格拉底的地方有：1.26.18，3.12.15(柏拉图，《苏格拉底的申辩》38a)；2.1.15(《斐多》77e，《克力同》46c)；2.2.8－9(色诺芬，《苏格拉底的申辩》2)；2.5.18－20(柏拉图，《苏格拉底的申辩》26e)；3.1.42(《阿尔喀比亚德》前篇[*Alcibiades* I]，131d)；3.24.26(柏拉图，《克利托普丰》407a－b)；3.23.20－26(柏拉图，《苏格拉底的申辩》30c，17c，《克力同》46b)；3.24.99(柏拉图，《苏格拉底的申辩》28d－29a)；4.1.41(色诺芬，《回忆苏格拉底》4.6.1)。K. Döring，*Exemplum Socratis：Studien zur Sokratesnachwirkung in der kynisch－stoischen Popularphilosophie der frühen Kaiserzeit und im frühen Christentum*，Hermes，Zeitschrift für klassische Philologie，Einzelschriften 42(Wiesbaden，1979)，页43－79，用了整整一章来论述爱比克泰德，但未有机会以检索的方式加以处理；参照A. A. Long，"Review of Döring 1979"，*Classical Review* 31(1981)，页298－299。

但笔者要重申，爱比克泰德的苏格拉底是廊下派的佑护者及圣人。他不善讽刺、难能刻薄，并非牙尖嘴利的牛虻或蜇刺，与爱欲者、哲人或赴宴者的身份也不沾边，除了坦言自身的无知外，已无其他主要特征。这样说来，如果爱比克泰德的苏格拉底与柏拉图、色诺芬笔下的人物难以重合，那么，爱比克泰德从后二人笔下剔选出的就只是一种理想的哲学生活，正如他自己所言：

> 苏格拉底纵然已逝，但人们从其所遗言行中获得的好处，丝毫不减于他活着的时候，甚至还要更多。(《清谈录》4.1.169)

四百年来，廊下派一直致力于保存并诠释苏格拉底的遗赠。事实上，据斐洛德谟斯的说法，廊下派希望称自己为“苏格拉底学派”。① 下文笔者将会有所选择地展示出，廊下派最初阶段的哲学如何表现出完成这一愿望的有意尝试。当然，在我们进入该论题并描绘其他希腊化学派中的苏格拉底形象之前，还是先回到提蒙。提蒙的有意挖苦历来都不减损人们对其评价内容的兴趣。他总能极尽讽刺，单凭一两个显而易见、首要的特征就描绘出意欲呈现的哲人肖像。更重要的是，提蒙写作之时，也正值新兴的希腊化哲学形成之际，他本人并未抱守某种特定的学说视野，因此，这类肖像的显隐之处都自有深意，值得进一步探讨。

提蒙笔下的苏格拉底摒弃对自然的探究，转而潜心于伦理学。这一点，我们将在下文的细节中看到，正是哲学论说传统中苏格拉底的基本特征。笔者认为，这一特征的凸显，得益于色诺芬的《回忆苏格拉底》(1.1.11－16)，而非柏拉图的《苏格拉底的申辩》或《斐多》。提蒙精巧的双关语 ennomoleschēs，也不该理解成规范意义上的“高谈法律之人”，而应指 ennomos［在道德方面］喋喋不休的人——即道德说教者。② Hellēnōn epaoidos——希腊的巫师，这一称呼则可能要归因于柏拉图，在《卡尔米德》157a 中，灵魂的“公平话语”被描述为 epōidai［咒语］；但或许，这也只不过是源自阿里斯托芬的一种对苏格拉底的常见称述；提蒙所述的 akribologous

① 《论廊下派》，卷十二至卷十三；见 G. Giannantoni，《苏格拉底与苏格拉底学派遗稿》(Naples，1983－1985)，第二卷，第欧根尼 V B 126。

② 参照柏拉图将 ennomos［在道德方面］与 spoudaios［端正的］结合的用法，《王制》卷四 424c。

apophēnas[陈词一针见血]也应归因于他。[①] 最后,提蒙道出了苏格拉底的机智过人、巧言善讽且勇于责难。

由于机智、时常会讽刺挖苦的苏格拉底形象——柏拉图而非色诺芬的苏格拉底——完全背离早期廊下派传统,[②] 提蒙凸显的这些特征就很有意味。作为安提司忒涅斯的导师,言辞尖刻挑剔的苏格拉底形象也为安提司忒涅斯的学生——第欧根尼和克拉特斯所传承,进而为整个犬儒派所珍视(对犬儒主义者,提蒙略表同情)。[③] 甚至是爱比克泰德的对话实践,和其中选择的那些生动比喻,也暗暗沿用了他们的理路。可惜的是,有关犬儒派的可靠资料中缺乏证据足以支撑以下推测:就苏格拉底的反讽和哲学对话应遵循的模式之间的关系问题,他们曾有过某种理论性观点。和其他方面一样,苏格拉底在这一点上也受到了来自伊壁鸠鲁派的抨击(参见下文)。当然,当我们论及苏格拉底在整个希腊化哲学主流中的积极作用时,就不可能说善于讽刺是其主导个性。

在我们看来,犬儒派的苏格拉底形象显然难脱柏拉图的影响。但苏格拉底的反讽,及其对话中的其他令人炫目之处,包括论证风格——伊壁鸠鲁主义者克洛特斯轻蔑地称之为 alazones logoi[炫耀的逻辑][④]——则实难效仿,无法同柏拉图的对话分开来看。色诺芬笔下的苏格拉底就常令人感到索然寡味,并不是一位讽刺大师。尽管苏格拉底的哲学原则呼吁同理复制与阐释,但一个完整的人,

---

① 参照《云》130,斯特瑞普希阿德斯(Strepsiades)想知道他将怎样学习 logōn akribōn skindalomous[逻辑的精微奥妙]。[编者按]译文采自阿里斯托芬,《阿里斯托芬喜剧六种》,罗念生译,上海:上海人民出版社,2007,页 164。

② 廊下派中,讽刺是专属下等人的特征;参照《早期廊下派辑语》3.630。

③ A. A. Long,"Timon of Phlius:Pyrrhonist and satirist",*Proceedings of the Cambridge Philological Society* 24(1978),页 68 – 91,其中笔者论述了提蒙的犬儒主义倾向。亦参 A. Brancacci,"La filosofia di Pirrone e le sue relazioni con il Cinismo",载 G. Giannantoni 编,*Lo scetticismo antico*(Naples,1981),第一卷,页 213 – 242。

④ 普鲁塔克,《驳克洛特斯》[*Adv. Col.*]1117d。

即便依其生平将他作为树立个人生活模式的典范，或者形成一套更加抽象的理论，都无法完全再现他。苏格拉底的个性太过独特，难以廓清，任何一个独立的哲学流派都可借为己用。与苏格拉底最为接近的锡诺普的第欧根尼，就从柏拉图那里荣获了如此形容："一个发疯的苏格拉底"(《名哲言行录》6.54)。

提蒙和爱比克泰德笔下的苏格拉底都不过是零碎材料的拼凑，这些材料或源于书中记载，或取自苏格拉底留下的哲学遗产。在苏格拉底谢世百年后——菜园派(the Garden)和廊下派建立之初——口述相关历史人物细枝末节的传统可能已弃之不用。即便是本人的故事，也以记载言论的方式流传，如我们探究的苏格拉底，就出现在柏拉图、安提司忒涅斯和埃斯基涅斯(Aeschines)这些苏格拉底的伙伴写成的"苏格拉底对话录"中。因此总体看来，不仅那些希腊化哲人没有忠诚于苏格拉底，就是传记作家和学述作家也没有将"苏格拉底问题"视作现代课题。纵然意识到色诺芬所述苏格拉底与柏拉图对话中的苏格拉底迥然有别，他们也不认为有什么理由去抬高一方而贬斥另一方。我们推测，对这些材料的取舍运用，并非如我们先前所认为的，出于柏拉图比色诺芬更具哲学素养或色诺芬比柏拉图更重史实，而是希腊化哲人根据自身立场的需要，从前两者的著述中择选出与自身立场内在一致的内容，进而形成各自坚实有据的哲学范式。

提蒙的评论——苏格拉底摒弃物理学转向伦理学，是希腊化哲人们理解这位伟人的基本态度。对此，亚里士多德也早有类似简评："苏格拉底忙于伦理学，对作为整体的自然置之不理"(《形而上学》A6,987b1－2)；有可能，这一评论自此便开启了哲学论说传统中有关苏格拉底个性的最常见的单曲回放。例如下文中(托名)伽伦评论苏格拉底道：

> 最初的哲人只研究自然，认为自然才是哲学探求的目标。而苏格拉底，这位远随他们之后的继任者则宣称，就人

> 来说这个目标无法企及(他认为,最困难的莫过于使人确信不明显之事),而去考察个人怎样最好地指导自己的生活,以使他最大可能地趋利避害就要有用得多。抱持这种观念使他轻视对自然的研究……致思于区分好坏,区分正确与错误等伦理倾向……要审视这类事务中的权威人士,且如果对方显然擅长以辩证式论辩说服对方,那他就得善于游说并最终能加以说服。①

我们将在下文回顾这里所论的辩证法。现在,笔者要读者先注意色诺芬的《回忆苏格拉底》1.1.11－16。希腊化时期,该段落成了论证苏格拉底钟情伦理学的权威。段中,色诺芬反驳了针对苏格拉底不虔敬的指控。他证实,苏格拉底并不像大多数哲人那样研究万事万物的自然,不仅如此,苏格拉底还让人看到,这样做的人都是傻瓜。难道他们认为自己对人类事务已了解得足够多了,所以才去研究自然?还是说他们认为置人类事务于不顾,只专注天上的事情就很合适?苏格拉底很惊讶,这些人居然没有发现这类事情显然无法揭示,并为此援引科学专家们的意见不一来加以证明。为展现苏格拉底指出的这种莫衷一是的状况,色诺芬对前苏格拉底理论进行了简要概述,并控诉这类探究的徒劳无益。最后,色诺芬说,苏格拉底自己坚持探讨人类事务,考究虔敬、正义等其他伦理概念的本质:他认为,一个懂得这些的人才算是高贵的好人,谁要不懂得,谁就该被认为是“奴性的”(andrapodōdēs)。

如果我们吃惊地发现,这段话是对柏拉图式苏格拉底的一种拙陋模仿,那么有可能,这段话要比柏拉图的任何单个文本本身都更好地捕捉了希腊化时期的苏格拉底形象。就其实质,色诺芬所描述的是安提司忒涅斯、阿里斯提珀斯(Aristippus)和第欧根尼声言要

---

① (托名)伽伦,《哲学史》(*Hist. phil.*),见 H. Diels 编,*Doxographi Graeci* (Berlin,1879),页 597,1－17。

追随的苏格拉底,是之后廊下派的阿里斯通视为楷模的苏格拉底。[①] 因此,所有这些人可能都与色诺芬的苏格拉底一样,不问物理学的研究,只关注伦理学。而段中时含欺辱之意的腔调——例如“奴性的”(andrapodōdēs)——使人想到犬儒主义的说教。并且,如果我们留意到“意见不一”是苏格拉底用以废除对物理学家的信任的论证策略,那么,就非伦理学的知识而言,他早已成为怀疑主义的代表。当然,尽管如此,伦理学仍是他的专长。苏格拉底通常坦言自己的无知,这一点色诺芬并未提及,希腊化哲人们似乎也未将这一特征列入对苏格拉底所作的最基本的描绘之中。看来,正如苏格拉底的辩证法,这类特征的提及与否都取决于后继者想要苏格拉底作为何种哲学范式的例证。

古代作家们很清楚,色诺芬描述的苏格拉底,与柏拉图后期对话中的苏格拉底并不那么吻合(据现代年表),甚至与色诺芬本人在别处评论其理论兴趣时的形象也有所不同。到希腊化时期末,人们已普遍认为,苏格拉底的光辉形象得益于柏拉图,苏格拉底的理论也完全是柏拉图的个人见解(参照西塞罗,《论共和国》1.15 - 16)。同样的情形早自亚里士多德就已露出端倪。但直到近古,我们才认为苏格拉底形象归功于柏拉图主义的形而上学(例证可见[托名]普鲁塔克,《柏拉图哲学》[*Plac.*]878b)。而在古代,这一苏格拉底问题的缺失并未使人感到惊讶或困惑,除非有谁将柏拉图的对话置于色诺芬、安提司忒涅斯和其他人的作品之先,当作理解苏格拉底哲学的参照标准。事实上,当时似乎普遍认为,较之色诺芬的作品,柏拉图——或者我们所称的柏拉图的对话,在见证的真实性上不分伯仲。

但我们不应认为上述观点的正确性——如果是正确的话——

---

① 阿里斯提珀斯也拒斥数学、辩证法和物理学,参照 Giannantoni(1983 - 1985),第一卷,阿里斯提珀斯 卷四 A170,172。至少在犬儒派看来,安提司忒涅斯轻视 grammata[语法]的学习(《名哲言行录》4.103)。

会削弱柏拉图的苏格拉底在诸如芝诺、克律希珀斯和阿尔克西拉俄斯这样杰出的哲人眼中的重要性。在本文的后半部分，笔者希望能昭示，是柏拉图而非其他人的苏格拉底，激发了我们现今所理解的严肃哲学。但考虑到公元前 4 世纪那些需求有限的读者，色诺芬的著作有两处优于柏拉图。首先，在色诺芬的作品中，更容易发现苏格拉底的观点是什么。其次，色诺芬的读者，自安提司忒涅斯至第欧根尼，都是自制(enkrateia)的大师，而自制正是色诺芬一直强调的、苏格拉底最重要的特征。笔者认为，没有哪个古代作家曾视柏拉图的苏格拉底传记为苏格拉底的典型写照。反之也不难设想，若作为苏格拉底生活中某一侧面的模仿者，犬儒派也应是得其真传。①

根据柏拉图死后学园派旋即展开的活动，以及亚里士多德哲学写作的风格和趋向，我们可以进一步肯定上述看法。如果柏拉图的后期哲学确实被认为远远背离了苏格拉底，那么紧随柏拉图之后的继任者无论如何也不可能以苏格拉底门徒之名自同代人中脱颖而出。尽管爱比克泰德的苏格拉底是廊下派式的苏格拉底，人们也完全会认为，苏格拉底将一生的论证和道德激情都奉献给了伦理变革。相较而言，亚里士多德则有意对此讳莫如深。他对柏拉图的兴趣，当然确证了"我们的"苏格拉底重要地暗含在亚里士多德的伦理学论著中；并且亚里士多德那里还有一些著名篇章明确提到并批评了苏格拉底。但我们留意到，甚至希腊化时期的人们就已经发现，亚里士多德几乎没有提到苏格拉底在道德方面的重要性。某种意义上说，我们从普鲁塔克的简论中倒能收获更多：

> 苏格拉底第一个展示出，无论何时何地，也不管在哪种处

---

① 参照 G. Grote, *Plato and the Other Companions of Socrates* (London, 1885)，第三卷页 505："安提司忒涅斯及其弟子第欧根尼在诸多方面都比柏拉图或任何一个苏格拉底的同伴更接近苏格拉底。"

境、哪一事务中,哲学都不受限制地顺应于生活。①

有可能,在某些秘传作品中,亚里士多德给出了一个更为全面的苏格拉底形象。② 即便如此,亚里士多德的伦理学论著中依然缺乏相应的比照,这一点十分醒目。难道正是亚里士多德奠定了阿里斯托塞诺斯(Aristosenus)以及其他漫步派成员在写作苏格拉底传记时所带有的敌意?因而之后廊下派成员帕奈提俄斯对这类敌意又予以驳斥?对此,我们无法回答,但这个现象本身与我们在此的探询相关。并非所有的希腊化哲人都倾慕苏格拉底。在转而论述廊下派和学园派怀疑主义学说中正面积极的苏格拉底形象之前,还是必须先说一说那些诋毁苏格拉底的哲人。

1 希腊化哲学中对苏格拉底的批评

忒俄弗拉斯托斯如何评论苏格拉底?迄今为止,我们未曾发现记载。这一沉默至少表明,忒俄弗拉斯托斯对此缺乏足够的兴趣。③ 在漫步派中,他的一些同伴和继任者倒是直言不讳。

相较墨勒托斯(Meletus)和阿尼托斯(Anytus)的苏格拉底,珀尔弗瑞和阿里斯托塞诺斯口中的苏格拉底要恶劣得多(辑语 51 Wehrli)。最著名的莫过于指责苏格拉底重婚,还形容他是阿尔刻拉俄斯(Archelaus)的情人。漫步派的其他成员——卡利斯忒涅斯(Callisthenes)、法勒隆的德谟特里俄斯(Demetrius of Phalerum)和萨提若斯(Satirus)(阿忒纳欧斯,卷十三 555d)——也指控苏格拉底重婚,

---

① 《伦语》796e。

② 参照《论哲学》(*On philosophy*)辑语 1 Ross(普鲁塔克,《伦语》1118c),其中,亚里士多德讲到德尔斐神谕"认识你自己"乃是苏格拉底哲学的起点。

③ 在福腾博(W. W. Fortenbaugh)收集的材料中,笔者发现只有两处并不重要的地方提及苏格拉底,见 *Quellen zur Ethik Theophrasts*(Amsterdam,1984),卷五十 74B、106。

这一看法在当时大行其道，以致廊下派的帕奈提俄斯不得不动笔反驳（普鲁塔克称之为“一个充分的驳斥”）。[①] 这类闲言碎语，若仅出自阿里斯托塞诺斯个人就不值一提，事实上，这已成为漫步派的普遍做法——蓄意破坏苏格拉底一生在道德上的完善。

对此，我们可能会总结如下：大批漫步派成员都致力于与其他苏格拉底学派的崇奉倾向作斗争，后者以苏格拉底为典范来说明应该怎样过一种哲学生活。因而，在吕克昂学园的研究氛围中，谁越是强调苏格拉底在道德上的专注和完善，谁就越是偏离本学派的精义要旨。

谴责苏格拉底拒绝物理学和神学上的思考，只是伊壁鸠鲁派提出的众多指控中的一个。多亏克莱韦（Kunt Kleve），有关伊壁鸠鲁派批评苏格拉底的范围和程度状况现已得到彻底的整理。[②] 就伊壁鸠鲁本人而言，反对苏格拉底不外反对其讽刺。[③] 如果说他对苏格拉底的评论还算相当克制的话，他的追随者们可就两样了。从美特罗多若斯（Metrodorus）和伊多美涅俄斯（Idomeneus），经西顿的芝诺和斐洛德谟斯再到奥诺安达的第欧根尼（Diogenes of Oenoanda），形成了一个敌视苏格拉底的传统，敌意之盛就古代论战的标准来看也十分恶毒。在他们笔下，苏格拉底被描绘成一个十足反伊壁鸠鲁式的人物——一名智术师、修辞学家、怀疑主义者，他的道德审视将使人们的生活陷入混乱。

克莱韦（1983，页 249 – 250）在解释这种强烈的敌意时评论道：苏格拉底和伊壁鸠鲁派成员们代表了“两种不同类型的人”。克莱

---

① 普鲁塔克，《阿里斯提德斯》335c – d（ = 帕奈提俄斯辑语 132 van Straaten），其中包括另一在漫步派中声名狼藉之人，玫瑰岛的希耶罗尼谟斯（Hieronymus of Rhodes）。

② 参照 K. Kleve，“Scurra Atticus. The Epicurean view of Socrates”，载 G. P. Carratelli 编，*Suzetesis. Studi sull'Epicureismo Greco e Romano offerti a Marcello Gigante*（Naples，1983）。

③ 西塞罗，《布鲁图斯》（*Brutus*）292（Usener 231）。

韦似乎是想以此说明，双方的世界观完全对立。但这并非足够有洞察力的解释。苏格拉底和伊壁鸠鲁都以疗治人们的灵魂为业。特别是从色诺芬的苏格拉底身上，伊壁鸠鲁派可以得出大量极有价值的观点来支持他们的伦理实践——注重节俭、自足、控制无益和不必要的欲望。① 他们并没有抨击苏格拉底的伦理学，而是视他为一名彻头彻尾的怀疑主义者，由此可见，一种相关的苏格拉底形象应该是从同时代的廊下派和学园派中传开的。

早期伊壁鸠鲁派著作反对各种柏拉图对话——《游叙弗伦》、《吕西斯》、《欧蒂德谟》、《高尔吉亚》。

克洛特斯写有《驳柏拉图〈吕西斯〉》(*Against Plato's Lysis*)和《驳柏拉图〈欧蒂德谟〉》(*Against Plato's Euthydemus*)，参照 W. Crönert, *Kolotes und Menedemus*(Leipzig, 1906)，页 163－170。克洛特斯还著书反对《王制》第十卷中的厄尔(Er)神话(参照普鲁塔克，《伦语》卷十四，B. Einarson、P. De Lacy 编，页 154－155)。美特罗多若斯写有《驳柏拉图〈游叙弗伦〉》(*Against Plato's Euthyphro*)(斐洛德谟斯，《论虔敬》卷七十七 1 以下)，以及西顿人芝诺的《驳柏拉图〈高尔吉亚〉》(*Against Plato's Gorgias*)(辑语 25, Angeli－Colaizzo, *Cronache Ercolanesi*，第九卷[1979], 80)。不仅柏拉图的苏格拉底受到了抨击，在 *Peri oikonomias*[《论齐家》]中，斐洛德谟斯还逐条批驳了色诺芬《齐家》(*Occonomicus*)中苏格拉底的观点。这些都可参见 Kleve(1983)。

后两者，尤其是《欧蒂德谟》中规劝性的篇章，似乎是廊下派特别珍视的文本(参见下文)。那么，认为伊壁鸠鲁对苏格拉底的批评主要是基于对方此时的身份——苏格拉底已作为典范成为廊下派的核心人物——也就合情合理。这说明，或较有可能，伊壁鸠鲁对苏格拉底的批评旨在针对同代学人而非某个历史人物，克洛特斯作品中对《吕西斯》和《欧蒂德谟》的批评也证实了这一点。他在文

---

① 有关苏格拉底的坚忍和自控：色诺芬，《回忆苏格拉底》1.2.1, 1.2.14, 1.3.5, 1.5.4－6, 1.6.1－3；苏格拉底要那些有 pontras epithumias[犯罪倾向]的同伴停止罪行：色诺芬，《回忆苏格拉底》1.2.64。

中坚称,苏格拉底忽视了什么是不证自明的(enarges),且进行悬搁判断(epochōs prattein)。① 这里的苏格拉底,au pied de la letter[就字面上],已成为学园派阿尔克西拉俄斯的原型。此时的epochē[悬搁]特指学园派怀疑论;廊下派的阿里斯通就曾对阿尔克西拉俄斯进行评论,说后者的兴趣在于驳斥enargeia[不证自明]。② 阿尔克西拉俄斯和库瑞涅派(另一个苏格拉底学派)正是克洛特斯作品所批评的两个同时代对象,这部作品便是《无法循步其他哲人的教条而生活》(*Conformity to the doctrines of the other philosophers makes life impossible*)。③

廊下派和怀疑主义学园派是伊壁鸠鲁派的主要专业对手,④ 且都称自己是苏格拉底的追随者。我们已经看到他们如此宣称的用意所向及它们如何相互对立:此一情境搬出卫道士苏格拉底,彼一情境又出现怀疑主义者苏格拉底。足以见得,双方都重在建立自己作为苏格拉底学派的身份。这证明,伊壁鸠鲁对苏格拉底的批评可视作或部分可视作一种方法,他要通过这种方法来削弱哲学生活的两种最显著的可选模式——廊下派式的和学园派式的苏格拉底。

2 珀勒蒙和阿尔克西拉俄斯学园时期的苏格拉底

阿尔克西拉俄斯被公认为一个有所有事情上都悬搁判断之人,其对话实践有关苏格拉底,并声称,柏拉图的对话就应该这样(即以

---

① 希腊文文本参照 A. C. Mancini,"Sulle opere polemiche di Colote",*Cronache Ercolanesi* 6(1976),页61-66;亦参普鲁塔克,《驳克洛特斯》1118a。

② 《名哲言行录》7.162-163。笔者的评论见"Diogenes Laertius, Life of Arcesilaus",*Elenchos* 7(1986),页442。

③ 参照普鲁塔克,《驳克洛特斯》1120c。

④ D. N. Sedley("Epicurus and his professional rivals",*Cahiers de Philologie* 1[1976],页122-159)没有提及这点,其主要关心的是伊壁鸠鲁自己对早期哲人以及对同时代先辈的态度。

悬搁判断的方式）来读。西塞罗在《论演说家》（*De oratore*）3.67 中叙述道：

> 听过珀勒蒙讲学的阿尔克西拉俄斯首先从柏拉图的各种著作和苏格拉底的谈话中特别领悟到，无论是可能被感觉或是可能被心灵接受的东西都是不确定的。据说他在演说中以特有的幽默否定了心灵和感觉的一切判断，并且首先开始——尽管那曾经是苏格拉底的主要手法——不表明自己的看法，而是批驳他人表达的意见。①

西塞罗在此强调阿尔克西拉俄斯阅读柏拉图和苏格拉底的原创性。这一看法应该是正确的。有鉴于弗拉斯托斯的论述，我们开始习惯认为，苏格拉底的"否定知识"（disavowal of knowledge）——即苏格拉底否认自己持有哪怕一鳞半爪的确定真理——追根究底，主要还是相关于柏拉图的苏格拉底。② 色诺芬的苏格拉底和阿里斯提珀斯及犬儒派一样，拒斥任何对自然的探究；阿尔克西拉俄斯可能会欣赏《回忆苏格拉底》1.1.12－15 的篇章（上文已提及），其中，苏格拉底由于发现自然哲人之间的意见不一而赞成对物理学采取漠不关心的态度。但在公元前 4 世纪，除了来自苏格拉底学派的埃斯基涅斯的些许拥护声，笔者几乎没有发现柏拉图以外的苏格拉底诠释者提出过对苏格拉底是否真有知识的怀疑，也未曾发现，他们认为苏格拉底在论及自身伦理学说的确定性时，对其中的真实性和可证实性持严格的保留态度。

---

① 同时参照《论至善与极恶》2.2，5.10。［编者按］译文参考西塞罗，《论演说家》，王焕生译，北京：中国政法大学出版社，2003，页 555，有改动；下同。

② Vlastos（"Socrates' disavowal of knowledge"，*Philosophical Quarterly* 35［1985］，页 1－31）原创性的论证十分有力：柏拉图的苏格拉底否认关于任何事物的确定或绝对正确的知识，但承认关于命题的辩证或易错的知识，这些知识经由他的辩驳方法得出或检验出。

这里应提及苏格拉底学派的埃斯基涅斯的两段辑语。在辑语 3(Krauss)中,苏格拉底说,如果自己在任何 technē[技艺]层面而非“神圣天命”(divine dispensation)上曾对阿尔喀比亚德有过助益,那么他确信自己就相当 mōria[愚蠢];在辑语 4 中,苏格拉底称自己没有任何有关 mathēma[学问]的知识足以使他能够教育一个人并因此对他有所助益。根据德谟特里俄斯在《论雄辩术》(*De eloc.*)297 中的说法,严格意义上,苏格拉底迫使论辩对方承认自己无知的教导方法,尤其为埃斯基涅斯和柏拉图所模仿。

安提司忒涅斯曾说,除了苏格拉底的力量(strength)外,幸福无需其他德性;德性关涉行动,既无需大量论证也无需什么课程。① 说这种力量包括了所有像苏格拉底对确定性的否认那样的东西,正如弗拉斯托斯所阐明的——是一种我们可能必定会排斥的提炼。

其他证据都指向同一个方向。亚里士多德有一次在解释苏格拉底为什么只问不答时,极为简略地提到后者承认自己无知(《辩谬篇》34 183b7 - 8)。而在亚里士多德探讨苏格拉底的有关德性和知识问题的文本中,则完全没有提及这一点,这正表明:亚里士多德并未将承认无知视作苏格拉底哲学的一个构成特征,或看成某种有碍理解苏格拉底在这类学说上的确定性的东西。

如我们所见,提蒙塑造了非物理学家的苏格拉底形象,但他并没有将苏格拉底认作原怀疑主义者(proto - sceptic)。他乐于赞扬色诺芬、德谟克里特(Democritus)及普罗塔戈拉的怀疑主义倾向,这表明,倘若苏格拉底的承认无知已被当作基本特征来看待的话,提蒙无疑也会将苏格拉底记录在册。② 事实上,跳出学园派藩篱,无知的苏格拉底形象似乎从未得到认真对待。直到拉尔修所述苏格拉底生平(2.32)中,才被不痛不痒地提及。晚近的古代作家们但凡有所涉及,大体都是循安提俄科斯(Antiochus)之路,安提俄科斯将

---

① 安提司忒涅斯,载《名哲言行录》6.11。

② 参见 Lloyd - Jones/Parsons(1983),辑语 779(普罗塔戈拉),辑语 820(德谟克里特),关于提蒙对色诺芬的赞扬,参恩披里柯,《皮浪主义述要》1.223。

苏格拉底的承认无知视作反讽，因而从阿尔克西拉俄斯所列怀疑主义前辈的名单上移除了苏格拉底。

西塞罗，《学园派》2.15（参照昆体良[Quintilian]9.2.46，狄翁12.14，忒弥司提俄斯[Themistius]卷二十一259b）。然而在《学园派》1.16中，瓦罗（Varro，支持安提俄科斯）记述苏格拉底确实"说过除了那一件事外其他一概不知"，并且说自己比任何人都清楚：他一无所知——这是他始终坚持的观点之一。这个段落不同于《学园派》2.15，似乎反映出安提俄科斯对阿尔克西拉俄斯所阐释的苏格拉底的某种认可（《学园派》1.45）；当然，他在自己的怀疑主义阶段更表现出全然的认同。苏格拉底完全反对《学园派》1.17中的观点，这很难与安提俄科斯自己成熟的哲学概念，或安提俄科斯自己在《学园派》2.15中对柏拉图和苏格拉底的归类相结合。

认为是阿尔克西拉俄斯创造了彻底怀疑主义者苏格拉底的最后一个理由是，笔者相信，承认这一特征先已有之必定会推延廊下派哲学的起始时间。在笔者看来，如果苏格拉底的承认无知早已是其标准特征，那么芝诺和阿里斯通的哲学无疑也会效仿、从而在此问题上与之十分相近。但笔者认为，在希腊化初期，苏格拉底最著名的观点就是其论题：德性即知识，邪恶即无知。或者，正如《名哲言行录》中与柏拉图《欧蒂德谟》281e相似的陈述（2.31）：

> 他说只有一样事物为善，即知识，且只有一样事物是恶，即无知。

综观所有文献，要使苏格拉底完全无知的假定成立格外困难，毕竟那意味着无知的苏格拉底是邪恶的，且具备一切的恶。

爱比克泰德的苏格拉底知道各种道德准则，尽管"从不说他知道或者教授任何东西"（《清谈录》3.5.17；参照3.23.22）。Andrea Nightingale曾向笔者指出，对此可以存在两种解读：怀疑主义学园派的苏格拉底以及安提俄科斯的在反讽的意义上无知的苏格拉底。爱比克泰德还对第欧根尼、芝诺和苏格拉底加以区别，认为苏格拉底的特殊才能在其辩驳，第欧根尼善于谴责，而芝诺则以教导和学说见长（《清谈录》3.21.18－19）。

为理解阿尔克西拉俄斯的怀疑主义,我们最好认真研究西塞罗的评论。逐字阅读将发现,阿尔克西拉俄斯在怀疑主义方向上所得助力,其实正源自他本人对柏拉图的苏格拉底的原创性阐发。这一苏格拉底,甚至在对《高尔吉亚》508e6－509a7d 的伦理论辩——阿尔克西拉俄斯形容为“严密的、坚如磐石的论证”——下结论时也坦言,他并没有像有知识的人那样说话。① 根据这一点,阿尔克西拉俄斯的怀疑主义确实是他个人阅读——一种颠覆性阅读——柏拉图的苏格拉底的产物,并非强塞给苏格拉底和柏拉图的私货,因为他原本就是一名怀疑主义者。这与西塞罗《学园派》1. 44－45 这段著名篇章一致,其中,西塞罗将阿尔克西拉俄斯的怀疑主义视为对事物模糊难解之处的回应,正是这种模糊难解使苏格拉底和早期哲人 confessio ignoration[承认无知]。在此背景下,对西塞罗的阿尔克西拉俄斯来说,苏格拉底仅有一样知识,即他自身的无知。与此最为相近的言论出现在柏拉图的《苏格拉底的申辩》21b4－5:“至于我,*我并不知道*自己在无论大小的任何事上都有智慧。”苏格拉底的用词*σύνοιδα ἐμαυτῷ*可能仅意味着,苏格拉底并不认为自己在所有事情上都有智慧(参照《苏格拉底的申辩》21d3－6)。但我们能推测到,阿尔克西拉俄斯却将此句解释成了一个带有强烈认知的断言:他*知道*他一无所知(类似阐释,也见于安提俄科斯)。不仅如此,苏格拉底旋即又否认:就是这一点,他知道得也不清楚。②

认为在阿尔克西拉俄斯的怀疑主义和他对苏格拉底的阐释之间存有真实的因果联系,这一观点在现代学术中较为新颖。但是否正确? 笔者已给出外部证明——没有任何明确的证据显示,在阿尔克西拉俄斯之前就存在一个严格意义上的怀疑主义者苏格拉底。

① 就其中苏格拉底论证步骤的阐释,参照 Vlastos(1985),页 20－22。

② 《学园派》1. 45。有关此论题,西塞罗在《学园派》2. 73 中提到,阿尔克西拉俄斯可能援引了开俄斯的美特罗多若斯(Metrodorus)的权威说法。

更令笔者自信其正确性的是,事实上,我们知道的每件有关阿尔克西拉俄斯的事,都指向他真诚地以柏拉图的苏格拉底为榜样——谢绝写作。对此拉尔修(4.33)称他"极善陈述命题并从中得出结论,关注对话时语言的精确,答辩坦率,直言不讳",他提问多于作答,完全可以说,他的辩驳实践及其一生都奉献于与他认为有价值的人进行讨论。据厄皮法尼俄斯(Epiphanius)所言——尚非最可信的见证者——阿尔克西拉俄斯曾说"真理只向神敞开,而不是凡人"。[①] 这是否反映出某种传承? 即,正如苏格拉底在《苏格拉底的申辩》(23b)中比较神和人的智慧时贬低人类智慧毫无价值,阿尔克西拉俄斯也发表过类似的言论?

笔者已在别处论证过,阿尔克西拉俄斯式苏格拉底的个性特征,最初是在他与年长的柏拉图主义者——珀勒蒙、克拉特斯、克冉托尔(Crantor)的交往中形成的。[②] 这三位柏拉图主义者可能并没有发现怀疑主义的苏格拉底,但有关他们的哲学主张,仅存的一些资料表明(允许笔者援引自己的论述),"较之司彪希珀斯(Speusippus)及克塞诺克拉特斯有系统化、理论化倾向的苏格拉底,他们已更侧重柏拉图式的苏格拉底"。在少量有关珀勒蒙的确凿记载中,其中一则不仅指出了这一点,而且还很好地证实了安提司忒涅斯和廊下派哲人阿里斯通的主张:

> 珀勒蒙常说,人们应该就实际事物而不是辩证式论辩训练自己,能言善辩的确令人钦慕,但不能带来一致的品行,就好比有人学了专门的音乐知识却不去实践一样。[③]

对此类教育箴言,笔者认为稳重的阿尔克西拉俄斯应该是赞许

---

① 《驳异端》(*Adv. Haeres.*)3.29(Diels[1879],页592,596)。

② 见Long(1986),页440-441。[编者按]这里的克拉特斯即雅典的克拉特斯(Crates of Athens),系珀勒蒙的学生和继承人,而非犬儒克拉特斯。

③ 《名哲言行录》4.18。

的。他自己曾给过两条针对辩证法和辩证学家的警示。[①] 如果说格言警句涉及辩证法的专业教学(它们必然会涉及),那也并不与他自己的辩证实践相冲突。[②] 同苏格拉底一样,他运用论证并不以论证本身为目的,而是借以批判性地审视对话另一方的观点。

以上几点表明,我们应该开始将阿尔克西拉俄斯视作怀疑主义的苏格拉底,如此,该名字就能引起恰如其分的共鸣——献身于一种生活,在这种生活里,没有什么能够反对智识上的真诚。西塞罗在《学园派》中记述阿尔克西拉俄斯的怀疑主义时,曾两次给予判断悬搁以最高的道德赞赏。对阿尔克西拉俄斯,他认为,不发表意见并不简单是对知识之不可能性的理性回应,而是唯一恰当又体面的反应(《学园派》2.77)。他坚称,阿尔克西拉俄斯一贯坚决抵制所有断言(assertion,《学园派》1.45)。他也许还说过,阿尔克西拉俄斯拥有"苏格拉底的力量"。

当然,阿尔克西拉俄斯怀疑主义的出现自有其更深的传统,但这并不影响笔者已有的论述——他反对芝诺的认识论。芝诺是珀勒蒙较为年长的学生,如果他同样认为自己是苏格拉底的代言人,且推行在阿尔克西拉俄斯看来并不一致的学说,这种情形就能使我们得出有关阿尔克西拉俄斯推行苏格拉底怀疑主义倾向的另一个动机。到此,让我们告别阿尔克西拉俄斯,离开这位怀疑主义苏格拉底的发现者,转向早期廊下派的苏格拉底。

3 早期廊下派中的苏格拉底

从芝诺到爱比克泰德,也就是说贯穿整个廊下派历史,苏格拉

---

① 司托拜俄斯,《读本》2.22.9 Wachsmuth;2.23.13。感谢布朗克(David Blank)给笔者的建议:第二个文段可能是柏拉图的回忆,《斐多》101e。

② 有关辩证法的教学,参照 D. N. Sedley,"Diodorus Cronus and Hellenistic Philosophy",*Proceedings of the Cambridge Philological Society* 23(1977),页 74–120。

底是他们最为密切认同的哲人。苏格拉底对廊下派的重要性基本被公认,却从未得到任何细致的研究。① 笔者怀疑,这一疏忽源自与柏拉图有关的一种偏见。我们往往将苏格拉底视作柏拉图的专利,因而很难接受这样的观点,即时常与柏拉图敌对的早期廊下派,可能已经有了自己独立诠释的苏格拉底形象,使得他们能在哲学史上赢得重要的一席。

廊下派对苏格拉底的运用太过广泛,无法在一篇文章中尽述所有方面。在此笔者要做的是:首先,对廊下派中苏格拉底的特殊重要性加以进一步的评介;其次,笔者将论证,有关苏格拉底伦理学的各种不同阐释,有助于解释阿里斯通和芝诺在 ta adiaphora[中性事物]的价值上的分歧。

在早期和中期廊下派辑语中,苏格拉底的名字突然多次出现。回顾芝诺传记中的同一时期,我们发现,其追随者斯菲若斯写了三卷本《论吕库古和苏格拉底》(《早期廊下派辑语》1.620)。这两个紧密相连的名字,必定体现了作者对苏格拉底就法律和社会方面态度的兴趣。② 克勒昂忒斯在《论快乐》(*On pleasure*)卷二中说,苏格拉底在每个场合中都教导公正的人也是快乐的,并咒骂那些率先区分正义和功用的人(《早期廊下派辑语》1.558)。在一份包括了柏拉图、亚里士多德及其继任者们(直至珀勒蒙和斯特拉托[Strato])的哲人名单中,克律希珀斯评论了苏格拉底对辩证法作出的贡献(《早期廊下派辑语》2.126)。廊下派的第五位领袖,安提帕特若斯,记述了苏格拉底的一句格言(《早期廊下派辑语》3 安提帕特若斯,65),且其著作《论预言》(*On prophecy*)中囊括了"大量有关苏格

---

① 有关这一"公认",参照 A. Dyroff, *Die Ethik der alten Stoa* (Berlin, 1897),页 320;H. Maier, *Sokrates* (Tübingen, 1913),页 610。

② 必须提及斯菲若斯曾与斯巴达的改革者克勒俄美涅斯(Cleomenes)共事,也写过一本《论斯巴达政制》(*On the Spartan constitution*)(《早期廊下派辑语》1.620)。

拉底惊人预言的例子”(西塞罗,《论预言》1.123;参照 1.6)。帕奈提俄斯驳斥了漫步派对苏格拉底的诽谤(参见上文),只承认柏拉图、色诺芬、安提司忒涅斯以及埃斯基涅斯作品中对苏格拉底所作的“真实的”描述,质疑斐多(Phaedo)、欧几里德(Eucleides)关于苏格拉底的著作,并谴责了其余所有人的同类文本。

《名哲言行录》2.64。ἀληθεῖς是否意为“真实的”,并且,在此意义上,帕奈提俄斯将柏拉图、色诺芬、安提司忒涅斯和埃斯基涅斯关于苏格拉底的著作视为真作?还是意味着,他将他们的著作都视为对苏格拉底真诚且真实的描述?似乎后者更有可能。拉尔修并非将ἀληθής[真实的]当作一个普通的描绘作品真实性的词汇,因为他会用μόνος[唯一的]的属格来表示这层意思,比如 6.80(参照 7.163),或者运用不同于νοθεύονται[被掺杂]的γνήσιος[真正的](3.57,3.62)。在 2.105 中,他将γνησίους[真正的]和διστaζόμενον[可疑的]相对照。

如果波伦茨的看法没错的话,帕奈提俄斯努力建立一个值得尊敬的苏格拉底典范,与他在树立哲学论说传统中苏格拉底权威上的责任密不可分,该传统即,作为伦理学开拓者的苏格拉底,也是所有后苏格拉底学派的鼻祖。① 珀赛多尼俄斯就援引苏格拉底、第欧根尼和安提司忒涅斯作为道德进步的榜样(《名哲言行录》7.91)。

从西塞罗的作品中,我们能够推断:在廊下派哲人们的一些重要伦理学论题中都提及苏格拉底的名字。举例来说,他们采用了苏格拉底的观点:“缺乏智慧的人就是疯子”(《图斯库卢姆论辩录》3.10),或认为“对伟人们来说,如果我们学派以及哲学领军者苏格拉底对德性的来源和馈赠之论述是恰当的,那就万事大吉了”(《论神性》2.167)。

这些资料都显示了苏格拉底在廊下派中的权威,但这只是一个粗浅的表象。我们仍需回顾廊下派哲学的起源及该学派奠基人发展出的多种理路,以求进一步深入。

---

① M. Pohlenz, *Die Stoa. Geschichte eine geistiger Bewegung*(第二版,Göttingen,1959),第一卷页 194–195,第二卷页 10、98。

根据传记研究，芝诺在阅读苏格拉底时受到激发，而决定献身哲学。一则记载中，身为商人的父亲从雅典给小芝诺带来有关苏格拉底的书籍（《名哲言行录》7.31）。另一记载中，芝诺开始在雅典的一家书店里阅读色诺芬《回忆苏格拉底》的第二卷，由于店长告诉他，克拉特斯正是苏格拉底那样的人，于是他开始与犬儒派的克拉特斯交往（《名哲言行录》7.2－3）。第三则记载中说，在读了《苏格拉底的申辩》之后，芝诺决定从基提翁来到雅典（《早期廊下派辑语》1.9）；究竟是柏拉图还是色诺芬的《苏格拉底的申辩》，我们不得而知。

史话细节上的真实性并不重要。它们提供的是芝诺的追随者们必定会遭遇的传说：是苏格拉底最先激发了芝诺的哲学。那么接下来要考虑的就是，芝诺在犬儒派克拉特斯和学园派珀勒蒙那里的求学经历与该传统之间的联系。①

如果之前笔者对珀勒蒙的评价是正确的，那么有可能，他对苏格拉底的看法尽管深受柏拉图的影响，却在诸多基本问题上与犬儒派的阐发并不相悖。无论如何，认为芝诺是以学园派为宗、犬儒派为体，进而形成自己的哲学并最终获得自己独立的地位，这一看法很可能是误解。我们应该能将芝诺看作一名彻头彻尾的苏格拉底主义者，他寻求犬儒派和学园派对苏格拉底哲学的解释，但最终是拒斥是发展，还要取决于他个人独立的思考。因此，笔者将继续验证这一假设。

从犬儒派那里，芝诺学到的有关苏格拉底哲学的阐释似乎与安提司忒涅斯的伦理学说并无本质不同（《名哲言行录》6.10－13）。以下观点可以证实："高贵之人必具德性"，"德性足以使人幸福"，"智慧之人自足"，"有德者皆友"，"审慎（phronēsis）是最可靠的壁

---

① 有关芝诺跟随珀勒蒙和克拉特斯学习的情况，参照《名哲言行录》7.2，《苏伊达斯辞书》的Ζήνων［芝诺］词条，诺美尼俄斯辑语25 des Places；有关珀勒蒙的细节，见西塞罗，《学园派》1.35，《论至善与极恶》4.3。

垒”,“善的即荣誉的(kala),恶的即耻辱的(aischra)”。我们能够设想,安提司忒涅斯视自己为苏格拉底哲学的代言人。而芝诺对这些观点的认同——当然,他可能还以此检验色诺芬、柏拉图等人的苏格拉底——显示出他接纳犬儒派式苏格拉底的程度。

安提司忒涅斯树立起了一个敌对柏拉图的犬儒主义传统。很大程度上,这应该是出于一种想使苏格拉底形象摆脱柏拉图影响的愿望,而且,就早期廊下派的状况来说,犬儒派确实已经做到。芝诺的《政制》似乎已在公开反对柏拉图主义。在其物理学中,他也站在柏拉图《智术师》(*Sophist*,246a)中的唯物主义巨人一边;他将柏拉图的相(Forms)降为一般概念;否认灵魂不朽;并否定快乐的一切价值。笔者并不是认为,芝诺受到柏拉图的苏格拉底的影响,而没有受到柏拉图的影响,但总体上,不同于对待柏拉图的苏格拉底的态度,早期廊下派对柏拉图本身的哲学都表现出批判甚至常常是敌视的态度。

有关这类反柏拉图主义的观点的讨论及其证据,参照《希腊化哲人》第一卷,页435(芝诺的《政制》),页181-182(形而上学和物理学),页272、318(灵魂的有形性[corporeality]和易朽性),页421(快乐)。似乎是从克律希珀斯开始,对柏拉图有了更加肯定的态度,克律希珀斯采纳了《蒂迈欧》(*Timaeus*)中的众多观点;参照《希腊化哲人》第一卷页278。

上述廊下派与柏拉图之间的分歧,并不妨碍廊下派自诩为苏格拉底学派。安提司忒涅斯反对柏拉图主义的观点——他可以看见一匹马(horse),但不能看见“马本身”(horseness)——似乎预示着芝诺将共相(universals)单纯简化为思维(thoughts)。[①] 他理所当然地认为,自己反对柏拉图独立存在的“相”,是得到苏格拉底的支持的。伦理学方面,西塞罗《论至善与极恶》2.90中的苏格拉底,将快

① 参照辑语50c(Caizzi)中对安提司忒涅斯观点解释的介绍,并与《早期廊下派辑语》1.65相比较。有关廊下派对“共相”的看法,参照《希腊化哲人》第一卷页179-182。

乐完全排除在考虑范围之外,也与柏拉图的观点相悖,而与安提司忒涅斯及廊下派的立场相互一致。①

但是,当整个犬儒派的苏格拉底承诺放弃研究自然之时,芝诺却使物理学和神学独立于伦理学。或者,让我们说得更明确些:当哲学研究史上提到色诺芬和柏拉图,坚称苏格拉底是一名纯粹的道德哲人之时,芝诺还能以苏格拉底主义者自居吗?

对此,我们需简略回溯一下学园派的珀勒蒙。在此前的讨论中笔者已指出,可能是学园派的先辈们尤其是珀勒蒙激发了阿尔克西拉俄斯去学习苏格拉底。根据西塞罗的说法(《论至善与极恶》4.45;参照4.14以下),芝诺从珀勒蒙那里习得"始基自然物"(primary natural things)——我们本性所趋之事物——并跟随珀勒蒙的引领,将此观点纳入自己的学说,即,伦理学的最终目的是要过一种与自然相一致的生活。当然,鉴于安提俄科斯歪曲了柏拉图、亚里士多德和芝诺之间的传承关系,因此表面地来理解西塞罗的叙述必定存在问题。但笔者仍赞同大部分学者的观点:珀勒蒙对芝诺伦理学产生的影响,不可能完全是安提俄科斯的捏造。② 倘若确有其事,我们就可以认为,是珀勒蒙鼓励芝诺以较之犬儒派更为宽松的方式来阐释苏格拉底。

尽管如此,该影响仍是一种高度的推测,珀勒蒙毕竟是一名柏拉图主义者。那么,芝诺是否还接触到一种无关柏拉图的苏格拉底哲学,其中伦理学建立在有关自然的特定真理之上?

如果我们有留意色诺芬《回忆苏格拉底》中的两个段落,答案

---

① 有关安提司忒涅斯的各种格言,比如"疯狂比快乐更可取",参照辑语108 Caizzi。

② 肯定的看法,尤参K. von Fritz,"Zenon von Kition",载Pauly – Wissowa, *Real – Encyclopädie der klassischen Altertumswissenschaft* 10(第二版,1972),页2524 – 2529,和C. O. Brink,"Oikeiosis and Oikeiotes: Theophrastus and Zeno on Nature in Moral Theory",*Phronesis* 1(1956),页123 – 145;否定的看法,见Pohlenz(1959),第一卷页249 – 251。

就变得如此明显,以至于一位学者认为,它们就是对《蒂迈欧》的篡改,甚至就是对廊下派哲学本身的篡改!① 在《回忆苏格拉底》1.4.5 –18 中,苏格拉底通过详细展示人类在感觉器官、双手、智力和社会性上相对其他动物的特殊优越性,证明了神对人类的恩赐。他以这样的评论作结:神明能看到一切、听到一切,无处不在,衣养万物。4.3.2 –18 的主题也相同,只不过其中借探讨人类操纵火的能力,更多地关注宇宙学和神学。苏格拉底在此声称,其他生物都是为人创造的。第二段中,他说:

> 由于美好和有用的事物很多,而且它们都各不相同,神明就赋予人以和各种事物相适应的感官,使得通过这些感官,我们能够享受各种美好的东西。此外,神明又把推理能力培植在我们心里,使我们通过这种推理能力对我们的感觉对象进行推理并把它们记在心里,从而明确地知道每一事物给我们提供些什么样的好处,并且想出许多方法来享受那些美好的事物,避免那些不好的事物。此外,神明还把表述能力赐予我们,通过这种表述能力,我们可以用教导的方法,使别人也和我们一同分享所有好的事物,制定法律、管理国家。

就色诺芬而言,这无疑是一种脚不沾尘的宏论。当然,这并没什么,公元前 4 世纪早期的作家们不可能没写过苏格拉底或设想成为苏格拉底主义者。笔者认为,这是到芝诺和珀勒蒙之时就已存在的色诺芬本人的文本。② 如果事实确实如此,便意味着,廊下派的苏格拉底形象值得深究。那么我们就有了一个无关柏拉图的廊下

---

① 参照 K. Lincke,"Xenophon und die Stoa",*Neue Jarhbuch für philologie* 17(1906),页 673 –691。有诸多可反驳其论证的理由,比如这会将芝诺的出生时间以及廊下派的起源时间推得过前。

② 过去常认为安提司忒涅斯是色诺芬的源头,但证据单薄;参照 F. D. Caizzi,"Antistene",*Studi Urbinati* 1(1964),页 65 –69。

派哲学的源头,能使我们相信:是苏格拉底奠定了廊下派的基本学说——彻底的目的论、神圣天意、诸神对人的特殊关怀,以及法律和社会的宇宙性基础。不仅如此,苏格拉底在该段中论述的感官结构,以及感觉和理性一起使人类生活按照神圣有序的计划进行下去,光这两点就能被芝诺充分加以运用,从而不仅有助于芝诺形成有关生活要顺应自然的观念,还能激发芝诺努力探寻一种应能被苏格拉底认可的、有关感官知觉和知识方面的描述。

伊壁鸠鲁派毫不犹豫地指出,就苏格拉底对神学思考是否存有兴趣的问题上,色诺芬的说法并不一致(西塞罗,《论神性》1.31)。如果笔者的推测正确的话,芝诺可能认为,借助上述两个段落,他就能将自己对苏格拉底的认同,与自身哲学中生发出的其他方面结合在一起。笔者并非在有欠深思地断言,色诺芬作品中的这两个段落足以促使芝诺塑成其全部哲学——尽管发现苏格拉底肯定自己的学说对芝诺来说无疑十分重要,而且这两个段落与廊下派哲学之间的一致性已能进一步证实这一点。

接着是辩证法。如果苏格拉底与智术师和诡辩术确实保有距离,那么他与对手论证的兴趣所向就得仔细辨明。柏拉图的《欧蒂德谟》正是这样一个经典文本。随着辩证法在早期希腊化时期逐渐成型,而逻辑悖论又亟待思辨,宣称拥护苏格拉底的哲人们就迫切需要坚称:苏拉格底并不支持技巧性的论辩本身。(回顾笔者之前对珀勒蒙和阿尔克西拉俄斯的评论。)正如犬儒派似曾有所阐述的那样:除了纯粹的道德劝诫和引导外,人们从未在任何正式意义上论证过苏格拉底精湛的语言技巧。

我们可以看到,芝诺则有不同的想法。如果说他几乎没有指望克律希珀斯能对逻辑学作出如此巨大的贡献,那他也无疑认为,逻辑学是哲学中必不可少的一个科目。芝诺著有两卷本《辩驳》(《名哲言行录》7.4),其追随者斯菲若斯也以"定义"著称(《早期廊下派辑语》1.628)。无论如何,至少对爱比克泰德来说,这些显然都是苏格拉底所关心的。笔者无法援引文本直接证明芝诺借苏格拉底来支持他的逻辑学,但有材料可以反证这一点——芝诺与其追随者阿里斯通之间的分歧。

结合上文已论及的希腊化时期苏格拉底的主流形象,我们来考虑下文中有关阿里斯通的证言。

首先,他将哲学限制在伦理学范围内,鼓吹物理学超出了人的能力。而辩证法由于对正确地规范生活没有帮助,所以跟哲学也没有关系(《早期廊下派辑语》1.352)。尤塞比乌斯的一个文本(《早期廊下派辑语》1.353)中提到苏格拉底反对物理学,晚近的哲人阿里斯提珀斯和阿里斯通也步其后尘,以同样方式对待物理学。

第二,据记载,阿里斯通否认神的形式(form)是可获知的。其中有一份资料——菲利克斯《奥克塔维俄斯》(Minucius Flix, *Octavius*)19.13——以该论点补充了他早先的如下言论:"色诺芬的苏格拉底否认神之形式的可见性,并因而说,不应对其加以探究。"①

第三,阿里斯通对德性统一方面的解释,被众多学者认为是对《普罗塔戈拉》中苏格拉底所论命题的正确解释。他将各种德性看成是对单一心灵状况的交替出现的特征化描述,是关于好坏的知识,各种具体德性之间的不同仅仅反映了与环境相关的心灵状态的不同。斯科菲尔德曾给出过令人信服的论证,证明应将阿里斯通的观点视作对芝诺的批判。阿里斯通认为:那位大师([译按]即芝诺)坚持苏格拉底的德性统一说,但在谈论时,又让人误解他似乎相信存在大量各不相同的德性。②

这三点足以确立阿里斯通在苏格拉底问题上的明确倾向,同时也给我们提出了更多更令人振奋的话题。由于芝诺的指引,阿里斯通完全视廊下派为苏格拉底学派,但当他看到芝诺支持物理学和逻

① 以某种篡改的形式合并了《回忆苏格拉底》4.3.14-15和1.1.13-15。

② 参照 M. Schofield, "Ariston of Chios and the Unity of Virtue", *Ancient Philosophy* 4(1984),页83-96。

辑学，无视苏格拉底的真正遗产，且在一个关键性的伦理学说上也歪曲了苏格拉底时，他开始变得不安起来。我们惯于将阿里斯通视作廊下派的异类，认为其怪异都源自他个人的犬儒主义癖好，而从不质疑他的苏格拉底是否比芝诺的苏格拉底更接近安提司忒涅斯和第欧根尼的那个英雄。但笔者认为，与其称阿里斯通是犬儒化的廊下派，不如说，他只是认为，犬儒主义的苏格拉底传统要比芝诺引领的哲学趋向更接近那位伟大哲人的精神实质。①

4 芝诺、阿里斯通与柏拉图《欧蒂德谟》278e3－281e5 中的苏格拉底

笔者尚未提及无疑是阿里斯通最出名的异端思想——他坚称，德性与邪恶之外的所有事物都是绝对中性的事物。② 芝诺认为以下命题为真。一，除德性及其构成物外，无物为善。二，除邪恶及其构成物外，无物为恶。三，其他事物都是中性的，一些中性事物有正面或反面的价值，另一些则完全没有。四，这些中性事物与自然的一致与否构成其[正面]价值或反面价值。五，当面临选择时，我们就有理由优先选择那些拥有正面价值的中性事物；我们的幸福和德性要求我们充分利用这些事物。阿里斯通认同前两条推论，反对第三和第四条，因而第五条也被排除。根据阿里斯通的学说，其他事物（比如健康、疾病）的本质中，并没有什么理由促使人应该去选择其中一个而不是另一个。考虑这类事物的相对价值，也不在道德主

---

① 在约珀洛（Anna Maria Ioppolo）的佳作（*Aristone di Chio e lo stoicismo antico*, Naples, 1980）中，尽管很能见出苏格拉底对阿里斯通的重要性，但笔者认为，她却并未指明这一点。有关她书中对阿里斯通与苏格拉底之间关联的讨论，参见页 70、76、79、86－89、104、136、196、208。

② 《早期廊下派辑语》1.351，1.361－369。有关廊下派的价值学说以及阿里斯通和赫里洛斯（Herillus）的异端思想，参照《希腊化哲人》第一卷页354－359。

体认定自己应该做的事情之列。当事情发生时,有德者的行动取决于最先进入他脑中的念头,这些念头都基于他已有的伦理学知识(西塞罗,《论至善与极恶》4.43)。

芝诺和阿里斯通是否能同时借助苏格拉底来肯定他们彼此迥异的学说?上文中笔者已提到《名哲言行录》2.31(上文页13),其中苏格拉底声明:只有一样事物为善,即知识,也只有一样事物为恶,即无知。紧接着,苏格拉底又宣称,财富和高贵的出生并不就使人高人一等(*οὐδὲν σεμνὸν ἔχειν*),事实相反,它们往往使人变坏。实际上,以"绝对中性"代替学述作家不尽合理的"恶",就是阿里斯通的学说。以"次等价值"代替"恶",就是芝诺的观点。

引起学述作家理解混乱的,是苏格拉底与克雷尼阿斯论辩时的一个结论,出现在柏拉图的《欧蒂德谟》(278e-281e5)。论证的第一部分归结如下:

A 每个人都想过好日子。

B 过好日子就需要许多好东西。

C 这些东西包括:(1)财富、健康、美貌、其他一些身体上的优点、高贵的出生、权力、荣誉;(2)节制、公正和勇气;(3)智慧;(4)好运。

D 但智慧就是好运,因为它总能使人正确地行动和索取。

E C 项中列出的事物能使我们过上好日子是因为,这些事物对我们有益。

F 这些事物对我们有益,并非因为我们的占有,而是出于我们的运用。

G 能正确运用 C(1)中事物的是智慧,智慧指导我们的行动,并使其正确。

H 因此,知识不仅在每个行动上给人提供好运和收获,而且给人带来好的生活。

I 没有审慎和智慧,C(1)中事物给人带来的害处就会大于其好处。①

论证的最后一部分需要完整呈现:②

J“总而言之,”我说,“克雷尼阿斯,事实上,就我们一开始所说的所有好东西来说,问题的关键(1)不在于它们本身生来怎么个好法,而在于下述情况(2):如果是无知在引导它们,那么它们就是比它们的对立面更大的恶,因为它们侍奉起这个恶的向导来更加能干;但若是审慎和智慧在引导它们,那么它们是更大的善,但就其本身来说,它们无善恶可言。”

他说:“好像是你说的那么回事。”

“那么我们从中又可以推论出什么来呢?除了智慧是善,无知是恶以外,其他任何东西都无所谓善与恶。”

他表示同意。③

拉尔修有所改动地辑录了这段文本,并表明,要想清楚且有力地陈述苏格拉底的伦理学,该文段就十分重要。现在,联系芝诺和阿里斯通的情况来看(笔者希望以下评论足以证明他们都很熟悉这个论证),他们都接受了最后的结论:“除了智慧是善,无知是恶以外,其他任何东西都无所谓善与恶”。④ 这一结论得自苏格拉底的论证,即(J[1])健康、财富等等并非本性为善(*αὐτὰ καθ' αὐτά*;即(J

---

① 不应认为,论证部分以勇气和节制为例(281b4 - c9),就意味着它们作为与 C(1)相区别的事物,能够与智慧相分离;参照 G. Vlastos,“Happiness and Virtue in Socrates' Moral Theory”,*Proceedings of the Cambridge Philological Society* 30(1984),页 210 注 84。感谢这篇杰出的文章,笔者曾多次参引。

② Vlastos 译文(1984,页 199,稍有修改)。

③ 《欧蒂德谟》281d2 - e5;令人吃惊的相似论证,参照《美诺》87e - 89a。

④ 参照 292b,其中苏格拉底提醒克雷尼阿斯,他们论证的是:只有 *ἐπιστήμη τις*[某种知识]是善。

[2]),那些所谓的“好东西”如果被无知引导,反而是比它们的对立面更大的恶,若是由审慎和智慧引导,才是更大的善,但无论怎样,它们本身并不具有任何价值。

笔者认为 281d6 中的τῶν ἐναντίων[诸对立面]意思必定是“当健康等事物的对立面由无知引导”,281d8 中的μείζω ἀγαθά[更大的善]是说“当健康等事物的对立面由智慧引导,是比健康等事物更大的善”。这正是论证所需要的,281b6 – 8 也能够佐证:“是那些拥有很多[好东西],却去做不少缺乏理智之事的人会获益呢,还是那些理智地运用[所拥有的好东西而几乎不做什么]的人会获益?”结局直接伴随这样的问题,做错事和因此带来的不顺会减少那些为恶者作恶的机会。对做坏事来说,疾病比健康为其提供的机会更少。

在讨论这两位廊下派成员对这些前提的阐释之前,必须先说一说苏格拉底的结论。据弗拉斯托斯论证,该结论是个易招致误解的表达。① 他建议,不应该将其理解为一种明确的断言——智慧之外,无物为善,无知以外,无物为恶;而应该解释作:

> 其他事物[就其自身而言]都无所谓善恶,只有智慧[就其自身而言]是善,无知[就其自身而言]是恶。

他论证道,加入“[就其自身而言]”是必要的,这样才能与柏拉图的苏格拉底在别处谈论的、有关非道德事物的观点相对等;并且,就逻辑层面而言,281e2 – 5 的结论也只有被当作是从 281d4 – 9 中推演出来的才有意义,毕竟在 281d4 – 9 中已明确指出,“没有什么非道德性的善*就其自身而言*是善,也没有什么非道德性的恶*就其自身而言*是恶”。②

暂且不论是否能与苏格拉底在别处讨论的观点相对等,笔者倾

---

① Vlastos(1984),页 199 – 201。

② Vlastos(1984,注 90,页 211)写道:“从‘仅当 x 与 W 相关时,x 才是 F’,推断出‘x 就是 F’,这是荒唐的。清醒的推断应该是‘当 x 不与 W 相关时,x 不是 F’,即‘x 就其本身不是 F’。”有关笔者对此问题的回应,参见下文。

向于认为，这种阐发其实弱化而非强化了该论证的逻辑。

Vlastos(1984)，页 200，他论证说，以下是必须解读的苏格拉底下结论的方法，依次是(1)“那些其他事物都无所谓善恶”，应紧承先前的主张，即没有非道德性的事物“就其自身而言”是善；(2)《高尔吉亚》467e1 – 468b4 中的三分法确保了这一连贯性，其中健康被归为一种“善”。有关(2)，参见下文。看来根据弗拉斯托斯的解读，(1)并非一个重要的推论，而是根据上文对已述之意的重新表达。在 281d3 – 5 中，苏格拉底已经宣称“我们最先说是善的东西，就其自身而言并非是善”。如果这是他在论证第一部分所宣称的全部意思，那么由他表面的结论推出的总结“那些其他事物都无所谓善恶”，也就并无新意。笔者认为更有可能，苏格拉底将就其自身而言非善的事物即健康、财富等完全没有价值的事物，与其主张——赋予其价值的唯有(如果有的话)智慧——相结合，来认可这一结论：严格来说，只有智慧是唯一的善。即，只有智慧是善，因为其他所有像健康这类被称为“好东西”的事物，如果在某一情况下真能够被称作善，那它们的善也得归功于智慧。

应该明确，苏格拉底已认可 C(1)中的“善”，例如健康与智慧结合将会比疾病与智慧结合要好得多。但他将这一观点与以下假设相连：这样一种所谓“善”与无知结合将会比疾病与无知结合要坏得多。那么，什么是他认为的普遍意义上的，或者说脱离具体境况不代表任何用法的健康的好处？如果健康，仅仅只是健康，就其本身并不是善，而它又只在某种境况下好过疾病，别种情况下可能比疾病还要坏，这看起来似乎健康上的善总体上并不比其恶更好。因此无论健康是什么，它都并非具有善本身这一属性。健康能比疾病更好，但在此境况中，其优越性最终还是归属智慧。

如果这就是柏拉图的苏格拉底在此论证的关键，笔者认为，在结论(J)中加入“就其自身而言”反会招致不必要的误解。苏格拉底想要确立的无非是：健康这类所谓“好东西”，以及诸如疾病这类所谓“坏东西”严格来说都非善非恶。严格意义上，善是智慧独有的属性，而恶是无知独有的属性。

廊下派哲人们欣然接受此结论。并且，由该论证演绎的推理，似乎已决定性地影响了“中性事物”(诸如健康和疾病这类事物)的学说。因此,在《名哲言行录》7.103 中,拉尔修从以下假设推出财富和健康不是善:(1)财富和健康带来的好处并不比其带来的伤害更多,且(2)它们既能用来为善也能用来作恶。在这点上,芝诺和阿里斯通没有分歧。现在我们回到《欧蒂德谟》中的那个结论,试问他们将如何回应 J(1),诸如健康这类所谓的“好东西”,就其本质并非自身为善;以及 J(2),尽管这类事物就其自身而言并不具有任何价值,但当它们被智慧引导时就会带来比其对立面更大的善。

笔者认为,阿里斯通完全承认 J(1),并单纯地解释 J(2)是苏格拉底为“智慧是唯一的善”所作的辩护。即,他并不认为苏格拉底承认健康这类事物具有有条件的价值。而在芝诺的学说中,则承认健康自然要比疾病更可取,且“就其自身而言”是有价值(axia)的。

笔者推测司托拜俄斯(《读本》2.82,20-83,4)给出了芝诺开创的观点:诸如健康等事物本身就是更可取的(health is kath'haulo lēpton)。这与司托拜俄斯的另一个文段(2.84,18-85,11)中的观点相一致,其中 proēgmena[更可取的事物](芝诺发明了这个术语)被比作朝臣,其品阶仅次于国王。

芝诺也许也认同 J(1),健康本身不是善,但并不承认 J(2),并不认为它们“就其自身而言”完全没有价值。那么芝诺将如何全面回应 J(2)? 苏格拉底宣称,当且仅当智慧地运用健康时,健康才比疾病要好。芝诺则可能会说,健康自有其价值(axia),但不管如何被运用,它都不是善。在他的伦理学中,“善”(agathon)和“更可取”(proēgmenon)是从属于“价值”的两种不同概念。这是否意味着芝诺拒斥 J(2)的第一部分,其中苏格拉底分别依据智慧或无知来说明,相比其对立面,所谓“好东西”具有更大的善本身或更大的恶本身?

智慧地运用健康之人将会比智慧地运用疾病之人更加幸福——这种观点肯定不属于廊下派。如果这就是苏格拉底的意思,芝诺无疑要反对。但很可能,正如弗拉斯托斯论证的,这就是苏格拉底的意思。尽管如此，作为整个论证的结论和廊下派的基本学说，J(2)最后一项的给出，也使我们能够明白，面对 meizō agatha[更大的善]和 meizō kaka[更大的恶]这个对举时，芝诺为什么没有遇到他本来必定会遇到的那么多困难。

据拉尔修对廊下派伦理学的总结(7.104)，事实上，诸如健康、财富这类中性事物的属性是：它们并不促成幸福或不幸；个人没有它们也可以获得幸福。随后他又补充了如下条件："对它们的不同运用构成幸福或不幸"(*τῆς ποιᾶς αὐτῶν χρήσεως εὐδαιμονικῆς οὔσης ἢ κατοδαιμονικῆς*)。

有关这一段的释义，可见塞涅卡的《致鲁基里乌斯的道德书简》92.11－13。塞涅卡澄清了两个论题(即德性是唯一的善和健康这类事物的价值)之间的关系。他设想论辩对方会问："如果健康、休憩和免于病痛并不有碍于德性，你会去追求它们吗？"塞涅卡答道：

> 我当然会。因为它们都是好的，都与自然本性相一致，况且我还将基于自己良好的判断(judgement)来加以运用。那么它们有什么好？就是——被正确地选取。因为当我去穿合适的衣服，或如我应该的那样行走时，并不是饮食、走姿或衣服是好的，而是我想要通过保持一种审度来展现自己在每件事情上都合乎理性……因此，并不是雅致的服装 bonum per se[本身是好的]，而是选取雅致服装的行为，因为善并不存于事物之中，而在于选取的品质。①

苏格拉底在总结《欧蒂德谟》中的那个论证时表明，在健康这类事物上，只有智慧的引导才能赋予它们善或正面的价值。正统的

---

① 见《希腊化哲人》文本 64J 中的译文。"好的选取"这一概念反映了巴比伦的第欧根尼和安提帕特若斯对伦理学最终目的的构想(参见笔者和赛德利对 64J 的评论，以及拙文"Carneades and the Stoic Telos"，*Phronesis* 12[1967]，页 59－90)。但没有理由认为，这与芝诺哲学的精神有实质上的不同。

廊下派成员遵循芝诺的引领，坚称智慧地运用或智慧地选取健康等才是善本身(good per se)。他们认同苏格拉底的观点：仅拥有健康并非善。那么，就善、智慧地运用和健康三者间的关系问题，苏格拉底和芝诺之间是否存有分歧？苏格拉底提出命题p：

> 健康是善——幸福的一个组成部分——当且仅当它被智慧地运用时。

芝诺认同命题q：

> 智慧地运用健康是善本身——是幸福的一个组成部分。

笔者认为，芝诺并不觉得这两个命题之间存在实质性区别。他将苏格拉底的前一个主张，即拒斥健康等事物本质为善，与苏格拉底的结论"智慧是唯一的善"相结合，来肯定他自己的观点——健康这类事物不能被称之为"善"。因此他解释说，苏格拉底的主张暗含着智慧地运用健康是善，因为这并非对健康之类的事物下判断，而是对智慧地运用下判断。尽管如此，苏格拉底在给出最终结论之前，已对下列观点表示赞同：

> 智慧地运用健康等，是比智慧地运用疾病更大的善。

因此芝诺推论，认为苏格拉底否定健康之类的事物具有任何本质价值，①是一种误解。要解释苏格拉底接下来的观点——智慧地运用健康这类事物是比智慧地运用其对立面更大的善，健康这类事物就只可能具有如下一种价值：天然地比疾病"更可取的"或者更"有价值的"，而不是"更好的"或"更能带来幸福"。这样，苏格拉底令人迷惑的评论就可以得到令人满意的解释。在芝诺看来，智慧地

---

① *αὐτὰ δὲ καθ' αὑτὰ οὐδέτερα αὐτῶν οὐδενὸς ἄξια εἶναι*，《欧蒂德谟》281d8。

运用健康之人比智慧地运用疾病之人拥有更多有价值的事物。因而,廊下派“更可取的中性事物”就既能保留苏格拉底的结论,即智慧是唯一的善,同时也使其主张——智慧地运用健康之人比那些智慧地运用疾病之人拥有更多的好东西(廊下派重新诠释为“有价值的”)——顺理成章。

对该论证,笔者还有所补充。具体来说,如果有读者认为笔者的解释太过接近廊下派哲学中的苏格拉底形象,那么可能他也会发现该解释与弗拉斯托斯之间的密切关联。[①] 笔者希望已展示出,是最后几行的含混促成了芝诺和阿里斯通之间的分歧,并使他们都认为自己才忠实于苏格拉底伦理学的基本学说。就芝诺来说,苏格拉底可用以支持他自己的观点——只有德性及构成德性的才是善,在健康和健康的对立面之间确有价值的不同,任何道德主体都不能忽视这一点。而阿里斯通则极力主张与芝诺相反的观点:健康这类事物本身绝对不具有任何价值。

在《克力同》48b8 - 9 中,苏格拉底使克力同赞同:活得好等于有德性地生活。弗拉斯托斯论证说,不应认为“等于”是在认定德性与幸福之间的同一性,[②] 而应理解为“德性和幸福必定是相辅相成的”。这样解释的话,该观点就肯定了苏格拉底承认健康之类非道德性的好东西的存在,且这些好东西如果被有德性地运用,对那些缺乏这类事物的幸福来说,无疑是锦上添花。弗拉斯托斯给出两条最重要的理由,使人确信苏格拉底的论点在于德性足以使人幸福,而不是说德性等同于幸福。第一,他认为后一说法很古怪。

在这篇论文中充分评述弗拉斯托斯的详细论证并不合适,但有一个问题必须提及。弗拉斯托斯(1984,页 196 - 197)写道:

> 如果同一性命题为真,那么在与德性一致的同等的可选事物之间,我们就没有合理的根据去加以选择——因此当事态之间仅仅只有非道德性

---

① 参见 Vlastos(1984)。

② Vlastos(1984),页 191 - 201。

的价值差别时，就没有可供选择的合理根据。并且，如果同一性命题为真，也将动摇“合理选择”这类幸福论的基础。因为贯穿在我们生活中的大多数选择，都仅仅是在那样一些事态之间去选择——其中道德方面的考虑根本不在其列：我应该步行去目的地还是乘车去呢？我得今天去理发还是下周去呢？……我们总是在作这类选择……而这类事情依据的理由，很清楚，都无关道德，它们是享乐的、经济的……或任何什么理由。那么事情便是，如果同一性命题为真，它将动摇幸福论的权威，幸福论就再也不能以幸福为最终的理由去合理地解释我们所有经过深思熟虑的行为。在那个理论中，如果幸福等于德性，我们选择任何事物的最终理由都不得不与我们的德性相关，因此大量与德性无关的选择将无以解释。

笔者认为，芝诺有关 proēgmena［更可取的事物］的学说，便是针对这一问题而提出的构想，即同时解决同一性命题的问题以及，当事态之间仅仅只有非道德性的价值差别时，需要怎样合理的理由去进行选择。（与阿里斯通的立场相对照。）一个芝诺主义的智者会将幸福即德性作为自己作出任何选择的唯一理由，但是，与弗拉斯托斯不同的是，他会给道德施动者必须留意的事物（hylē）赋予非道德性的不同价值。他在生活的每个细节中都关注幸福或曰德性。（难道这不也是苏格拉底所关注的？）当要选择时，他选择健康而不是疾病，不仅因为如果他不能免于疾病，那他将不那么幸福，还因为，如果他能够健康，出于人类的自然天性他也应该选择健康。因此尽管对芝诺来说健康就其自身而言并不必定构成幸福，他也仍然希望关注幸福的人为了幸福而有意识地去选择健康之类的事物而不是疾病。弗拉斯托斯（1984，页 209 注 77）表示，廊下派更好地采纳了被他认作是苏格拉底开创的“幸福的多元模式”。对廊下派该观点的整体评价，参照《希腊化哲人》第一卷页 64 上的评论。

第二，对于苏格拉底有关好东西的看法——尤其在《高尔吉亚》467e 和《吕西斯》218e 中——柏拉图的证词表明，苏格拉底始终默认同时存在非道德性的好东西和道德意义上的好东西。为了使《欧蒂德谟》中的论证与其命题充分一致，弗拉斯托斯解释说，该结论并不是在绝对地拒绝任何非道德性的好东西的存在，而是拒绝任何非道德性的好东西“就其自身而言”为善。

笔者认为，廊下派也以相近的思路思考柏拉图的陈述，但得出的结论却是：苏格拉底依照的完全是同一性命题（Identity Thesis）。他们可能会说，这是《克力同》和《欧蒂德谟》281e4－5中显而易见的意思。的确，在别处，苏格拉底将道德性和非道德性的题项都列入同一张“好东西”的清单。但正如《欧蒂德谟》，他在《美诺》87e－88d中论述的意义仍在于，只有德性或智慧才能给任何事物带来善，准确说，是必定能；即，总是带来善，而从不妨害获得善。[①] 在《高尔吉亚》467e1－468b4中，苏格拉底已介绍过一种“居间种类”（intermediate class）——既不好也不坏的事物，这类事物有时好有时坏，有时又无所谓好坏，例如坐、走、跑、航行、石头和木材。根据《美诺》和《欧蒂德谟》中的论证，被《高尔吉亚》归入好东西之列的健康等这类事物，也应包括在居间种类之中。

那么，正如弗拉斯托斯给出的，苏格拉底对健康这类事物的陈述，至少在表面上看并不一致。[②] 对其说法有（1）在列有智慧的清单中被当作好东西；[③]（2）有时有益，有时有害（《美诺》88d）；（3）只因德性才是善（《苏格拉底的申辩》30b2－4）；（4）就其自身而言没有价值（《欧蒂德谟》281d）；（5）不在善的事物之列（《欧蒂德谟》281e）。笔者并非要挑战弗拉斯托斯令人印象深刻的论点，他认为（3）才是苏格拉底真正的主张，其他一概都可排除。笔者的兴趣在于，芝诺想要借苏格拉底探询的问题究竟是什么。

---

① 在论证财富和健康等是非道德事物时，廊下派所用的前提见《名哲言行录》7.103。

② 笔者采用“苏格拉底的陈述”这一措辞是因为，应将苏格拉底赞同这类陈述与这类陈述在他论证过程中所具有的作用区分开来。很明显，最先由克里尼阿斯在《欧蒂德谟》279a－b中提出的“好东西”的归属问题，经过281d－e的论证，在下结论时出现了根本性的改变；如果我们比较《美诺》中的78c和88d，情况也同样如此。

③ 《高尔吉亚》467e；参照《王制》卷二357c中的格劳孔。

笔者认为,答案是:芝诺想区分道德价值和非道德价值。他将前者归于德性,而后者则包括诸如健康这类事物,这样,苏格拉底观点的精神实质就变得十分明朗了。芝诺推论说,那么,苏格拉底认为被称为“好东西”的非道德事物能够被或好或坏地运用,这就是正确的。从中可以归结出两条完全符合苏格拉底哲学精神的结论:(1)严格来说,专属于道德的善,绝不能被用于某种有价值但非道德的事物;(2)对这类事物的运用(区别于单纯的占有)能够使之为善并构成幸福。苏格拉底清楚自己在谈论健康等事物时,有时认为是善,有时则表示完全没有其本质的价值。如果健康本身被给予非道德性的价值,其地位较《欧蒂德谟》中略有提升而又低于《高尔吉亚》和《吕西斯》中表面上的安排,那么,这种不一致性就可以得到解决,而苏格拉底思想中的重要洞见也得以清晰呈现。

如果笔者的思路正确,这就表明,对柏拉图的这些作品,芝诺的分析应该比弗拉斯托斯的解释更可取。笔者希望已经证明,芝诺(和阿里斯通)都曾仔细阅读柏拉图的作品,并有深入的思考,他们各自的哲学理论也应视为对苏格拉底哲学的真实阐述。换言之,廊下派仍在表明,任何有志于构建自己理论的哲人,都不得不面临同样的选择——认真对待苏格拉底。

结　语

笔者想,采用类似的分析方法也将能够展现出,廊下派自认为其学派中的道德心理学是对苏格拉底观点的进一步阐发,阐发了苏格拉底就德性和邪恶方面的纯理智主义描述,并可宣称,这些是不同于柏拉图和亚里士多德的理论。漫步派认为苏格拉底的论题“德性即知识”暗暗拒斥灵魂的非理性部分,因为苏格拉底(所以他们也)将德性完全视作灵魂的理性能力,并因而忽略了 pathos[激情]

和 ethos[欲望]。[①] 至于正统的廊下派怎样接纳这种对柏拉图的解释，又如何在他们对心灵能力和道德状态的阐释中充分发展其隐微之意，都值得深思。

现在，笔者还是回到阿尔克西拉俄斯来总结这篇论文。我们不该认定，柏拉图是用其观点塑造了怀疑主义的苏格拉底的唯一一人。为了进行论证，让我们假定阿尔克西拉俄斯完全意识得到，芝诺和阿里斯通是想借助阐释《欧蒂德谟》中的篇章，来引入苏格拉底和他们自身的伦理学。那么，为了在任何结论上都与苏格拉底紧密联系而不受到质疑，阿尔克西拉俄斯就只有推举色诺芬的《回忆苏格拉底》4.2.31－35 来反对其他文本。其中，色诺芬记述了苏格拉底对欧蒂德谟的驳斥。欧蒂德谟声明，如果他连何种事物为善何种事物为恶都不知道的话，那他就什么也不知道了。接着他举出诸如健康和疾病等例子。当他被迫承认这类事物的善并不比恶更多，因为健康也会带来坏处，而疾病也能带来好处时，他就接着提出智慧、幸福作为绝对的好东西。苏格拉底通过论证智慧毁掉了像代达罗斯(Daedalus)和帕拉墨得斯(Palamedes)这样的人物，从而否决了智慧。而幸福，由于所举的构成幸福的多种成分中，没有任何一项不会给人们带来不幸，因此幸福也不是绝对的好东西。

这是一个 ad hominem[人身攻击式的]论证，完全是要展示欧蒂德谟自以为知的错误。它似乎再次警示我们：当苏格拉底同意其对手的观点，从而诱使对方得出任何不可移易的结论时，不要轻易认为，那就是苏格拉底的结论。

后　记(1995)

本文写于 1986 年。其中有关廊下派的重要发现，即有关廊下

---

① 《大伦理学》卷一 1182a15－17。

派之苏格拉底的定位问题,现已得到诸多学者的肯定并有所发展。赛德利展示出,[1]廊下派融汇了柏拉图在《克力同》和《斐多》中对苏格拉底的描绘,将苏格拉底阐释为一名赞同自然背后的理性和天意的智者。在《苏格拉底运动》中,就廊下派的自然法思想与色诺芬的苏格拉底[2]和柏拉图的苏格拉底[3]之间的关联,也给出了令人信服的理由。笔者在论文中指明了色诺芬《回忆苏格拉底》1.4对廊下派的潜在影响,这一点,也为德菲利波(DeFilippo)和弥特西斯(Mitsis)很好地加以深究。尽管事先并没有参考笔者的论文,斯特莱克(Gisela Striker)也和笔者一样提出:就《欧蒂德谟》中德性或曰知识与其他所谓善恶之事物之间的关联问题,廊下派也曾对苏格拉底的论证进行过深入的思考。[4] 此外,有关在希腊化早期哲人们对苏格拉底的态度问题,《苏格拉底运动》编者的评述十分有益。仍是在这本书中,怀疑主义早期的苏格拉底角色问题已由安娜斯(Annas)和希尔兹(Shields)出色地解决。[5]

进一步研究廊下派对苏格拉底的借用,有助于我们阐明对该学派在知识方面以及在运用亚里士多德的伦理学方面的争论不休的问题。[6] 笔者这么说的原因在于,并不存在什么理由可以认为亚里

---

① "Chrysippus on Psychophysical Causality",载 J. Brunschwig、M. Nussbaum 编,*Passions and Perceptions*:*Studies in Hellenistic Philosophy of Mind*[Cambridge,1993],页313-331。

② J. G. DeFilippo、P. T. Mitsis,"Socrates and Stoic Natural Law",载 P. A. Vander Waerdt 编,*The Socratic Movement*(Ithaca,London,1994),页252-271。

③ P. A. Vander Waerdt,"Zeno's *Republic* and Origins of Natural Law",载氏编,*The Socratic Movement*(Ithaca,London,1994),页272-308。

④ "Plato's Socrates and the Stoics",载 P. A. Vander Waerdt 编,*The Socratic Movement*(Ithaca,London,1994),页252-271。

⑤ J. E. Annas,"Plato the Skeptic",C. Shields,"Socrates among the Skeptics",分别载 P. A. Vander Waerdt 编,*The Socratic Movement*(Ithaca,London,1994),页309-340、341-366。

⑥ A. A. Long,*Stoic Studies*[Cambridge,1996],第八章页185注7。

士多德和苏格拉底相互排斥,不能同时对廊下派产生影响。笔者数年前论证过,廊下派曾认真思考过亚里士多德的伦理学,那时笔者就清楚地指出,在他们毫无疑问地接受苏格拉底和学园派的影响之时,也额外关注过亚里士多德。① 因此,尽管现在笔者将苏格拉底视作廊下派的主要理论资源,但笔者仍然认为(尽管桑德巴赫的观点与此相反②),芝诺及其同伴很有可能也曾受到过亚里士多德主义的影响。③

---

① "Aristotle's Legacy to Stoic Ethics", *Bulletin of the University of London Institute of Classical Studies* 15(1968),页 72-85

② *Aristotle and the Stoics*, Cambridge Philological Society 10(补卷,1985)。

③ A. A. Long, "Theophrastus and the Stoa", 载 M. Van Raalte、J. Van Ophuijsen 编, *Reappraising the Sources for Theophrastus* (New Brunswick, London, 1996)。

西塞罗的柏拉图和亚里士多德

朗格(Anthony A. Long) 撰

李中良 方 旭 译

[原作者注]本文最初是为1991年7月在牛津大学举行的一次研讨会而作。研讨会组织者格里芬(Miriam Griffin)和巴尔尼斯(Jonathan Barnes)邀请我参加并推荐这一主题,对此我深表感激。国家人文学科资助协会提供的基金使我能抽出时间做研究,在此深表谢意。在伦敦大学的古典学系,我很荣幸在这段时间成为那里的座上宾,他们为我提供了所有必需的环境。感谢那里所有的同事,尤其是欧普惠伊森(Jan van Ophuijsen),他为我的初稿写了书面评论。笔者曾将现在这一版本提交给克拉科夫大学和特拉维夫大学,在作品成型过程中,维斯(Jaap Wisse)更正了里面的一些错误,并提出一些建议,让我受益匪浅。

本文旨在通过研究西塞罗对柏拉图与亚里士多德的评价和援引,着手探讨他的哲学作品。① 正如西塞罗评价的那样,柏拉图和亚里士多德凭借他们自己的作品,并通过他们在阿卡德米学园和吕克昂学园的继承者建立的传统,建立了哲学中最精粹的东西。他

① 笔者并非试图吃透有关这一主题的所有的文献。我发现对我特别有用的作品包括:P. Boyancé,"Le Platonisme à Rome. Platon et Cicéron",载氏著,*Études sur l'humanisme cicéronien*(Brussels,1970),页222－247;W. Burkert,"Cicero als Platoniker und Skeptiker",*Gymnasium* 72(1965),页175－200;T. De Graff,"Plato in Cicero",*Classical Philology* 35(1940),页143－153;S. Gersh,*Middle Platonism and Neoplatonism:The Latin Tradition*,第一卷(Notre Dame,Ind.,1986);以及O. Gigon,"Cicero und Aristoteles",*Hermes* 87(1959),页143－162。

说，单单解释他们这种“超乎常人的天分”（divina ingenia），就将是一个爱国之举（《论至善与极恶》1.7）。西塞罗甚至以他们的名字为他在图斯库卢姆的庄园的两个体育馆命名。[①] 要想充分描述西塞罗眼里的柏拉图和亚里士多德，似乎必须探究西塞罗主要的哲学作品。事实上，这些作品主要是关于后亚里士多德哲学或者说者希腊化哲学的。亚里士多德，尤其是柏拉图，对于西塞罗来说比以往的那些大人物要更加重要，但在西塞罗的有生之年里，他们的哲学本身并非他谈论的主要话题。西塞罗把柏拉图和亚里士多德纳入其哲学文集时，更加关注的不是他们个人的学说，而是他们带给哲学的整体推动力、他们广为传播的影响力（正如学园派和漫步派这两个术语所意味的），以及他们在文学上的卓越成就。在这最后一点上，西塞罗将他们和“不懂辩证法的”或者“不懂文雅的”伊壁鸠鲁派以及“技巧迂腐的”廊下派作了对比，他对这两种学派的哲学观都有一定深度的引介和批判。[②]

然而笔者将论证，要厘清西塞罗的柏拉图和亚里士多德，除了从纯粹的哲学背景和取向出发之外，还有更多的路径。西塞罗并非一个纯粹的哲人。他的哲学兴趣和判断，一直受他作为一个罗马的演说家、政治家以及 mos maiorum［祖制］的一贯支持者的身份所影响。他崇拜柏拉图和亚里士多德，在笔者看来，主要是因为在他的眼里，他们对辩证法和政治的兴趣有助于整合他并不很在行的哲学和他功底十分扎实的修辞术。要不是《论共和国》如此残缺不整，就可能成为利用上述观点来进行探究的绝佳文本。

在《论预言》2.3 西塞罗把政治理论描述为：magnus locus philosophiaeque

---

① 关于西塞罗对“阿卡德米学园”的论述，参照《图斯库卢姆论辩录》2.9，3.7；关于他对“吕克昂学园”的论述，参照《论预言》1.8，2.8。

② 有关伊壁鸠鲁派对逻辑的忽略，参见《学园派》1.5，《论至善与极恶》1.22；有关风格的不文雅，见《学园派》1.14（在1.15处作了修正），《图斯库卢姆论辩录》2.8。有关廊下派在辩证法方面表现出的迂腐，参见《论至善与极恶》3.3，4.7。

propius, a Platone, Aristotele, Theophrasto totaque Peripateticorum familia tractatus uberrime[适合进行哲学讨论的一个严肃话题,曾被柏拉图、亚里士多德、忒俄弗拉斯托斯以及漫步派进行过认真处理]。有关西塞罗在结合柏拉图式的和漫步派的方法上的兴趣,参照 Büchner(1984),页 188;D. Frede,"Constitution and Citizenship: Peripatetic Influence on Cicero's Political Conceptions in the *De Republica*",载 W. W. Fortenbaugh、P. Steinmetz 编,*Cicero's Knowledge of the Peripatos* (New Brunswick, London, 1989),页 77 – 100。

因此,笔者还是决定聚焦于其他两个方面:首先是西塞罗对柏拉图的具体援引,这里笔者是指他对柏拉图对话中可辨认的材料的兴趣;其次,他对亚里士多德和阿卡德米学园传统中有关正反论证方法的借用。以上是主要的议程。不过,我们尚需从整体上介绍一下西塞罗的哲学探讨。

1 西塞罗对哲学的探讨

我们今天首先是把西塞罗看作一个演说家,其次才勉强把他看作一个哲人。西塞罗本人在自我描述和自我评价时也摇摆不定。① 他只是一贯乐于以作家的身份将哲学、政治和修辞术融合在一起。② 这一点是从整体上理解他的哲学作品的关键,也是理解他的哲学取向(philosophical sympathies)以及主要思维模式的关键所在。麦克金德里克(P. MacKendrick)在对西塞罗的所有哲学书籍的综述中也深以为然。③ 但是,人们研究西塞罗的晚期哲学作品时,往往撇

① 对哲学、演讲和书信方面的文段,有些不错的讨论和有用的整理,参 H. Fuchs,"Ciceros Hingabe an die Philosophie",*Museum Helveticum* 16(1959),页 1 – 28。根据普鲁塔克的《西塞罗》(*Cicero*)877c,西塞罗要他的朋友称他为哲人,而不要称他为修辞学家,因为他已经选择了哲学。

② 参见《论发明》(*Inv.*)1.1,1.4;《论演说家》1.53 – 54,3.72;《演说家》(*Orator*)11 – 19;《论义务》1.2 – 3;《论命运》(*Fat.*)3;《廊下派的悖论》1 – 3。

③ *The Philosophical Books of Cicero* (London, 1989)。

开他早期的作品，尤其是一些以英语为母语的解读者，因此，笔者刚才提到的这一点仍需要加以强调，以便纠正这一趋势。这些早期的著作不仅仅有《论共和国》和《论法律》，还有《论发明》和《论演说家》。而且，人们往往将其中最晚创作的作品同《布鲁图斯》及《演说家》割裂开来。《布鲁图斯》和《演说家》两本书西塞罗写于公元前46年，紧接着他就着手其涉猎最广的一套哲学作品。然而，他自己在《论预言》第二卷的序言中综述他的哲学作品集时，却把他所有这些作品归在一起。在那里他评论说，柏拉图和整个漫步派写了 *de republica*（此处他并没有提及他自己的《论法律》），而亚里士多德和忒俄弗拉斯托斯，"在智识和修辞方面都杰出的人"，他们把"演讲规则"（dicendi praecepta）和哲学合为一体（《论预言》2.4）。

从事古代哲学研究的学者往往只关注西塞罗晚年的哲学作品，而把他所有关于修辞的论文都排除在外，这一趋势造成了许多误导性的影响。西塞罗自称对柏拉图和亚里士多德这两个人兴趣浓厚，以及他对辩论技巧的熟练掌握，这种研究都没法体现，同时也无法体现出如下背景：在他的晚期作品中，他频繁地 obiter dicta[附加说明]哲学和修辞学之间的必要联系。最终，以这种受限的方法来研究西塞罗的哲学作品集，往往会过分强调他对拉里萨的斐洛（Philo of Larissa）可能的持久忠诚，或者过分强调一些人的看法，即他在年轻时忠诚于斐洛，壮年时转而忠诚于安提俄科斯的老学园派（Old Academy），临到最后的年月又重新回归斐洛。①

---

① 对第二种说法的讨论，参见 J. Glucker，"Cicero's Philosophical Affiliations"，载 J. Dillon、A. A. Long 编，*The Question of Eclecticism*：*Studies in Later Greek Philosophy*（Berkeley，Los Angeles，1988），页 34－69；P. Steinmetz，"Beobachtungen zu Ciceros philosophischen Standpunkt"，载 W. W. Fortenbaugh、P. Steinmetz 编，*Cicero's Knowledge of the Peripatos*（New Brunswick，London，1989），页 1－22。但这种说法却被戈尔勒（W. Görler）令人信服地摒弃了，见"Silencing the Trouble-maker：*De legibus* 1.30 and the Continuity of Cicero's Scepticism"，载 J. G. F. Powell 编，*Cicero the Philosopher*（Oxford，1995），页 85－114。

笔者提及以上这些导师，是想进一步展开我的一个初步看法。在着手处理西塞罗的柏拉图和亚里士多德时，我们需要记住，西塞罗生活的年代是哲学史上一个奇特的时期。西塞罗一贯以学园派自居，但在他写作时学园已不受尊重，我们刚刚提到的最后两个最有威望的学园派，斐洛和安提俄科斯，也同样遭遇了冷落。他们两个人的讲演西塞罗在年轻的时候都去听过，而他所听到的，似乎是有关学园历史和哲学立场的两种截然不同的观点。① 自公元前3世纪早期的阿尔克西拉俄斯时代开始，学园派已经把柏拉图看作一个怀疑论者，而最初持有这一观点的就是斐洛和安提俄科斯。西塞罗听安提俄科斯说，哲人已经放弃了怀疑论并赞同廊下派的知识论，他便从自己的学园派身份认同出发，调和这一观点，声称廊下派的大部分学说都是柏拉图学说的改版，并且这种廊下派式的柏拉图主义在本质上和亚里士多德以及后来的漫步派基本上一致。改革派的安提俄科斯力挺“老”学园派，因此将它的怀疑论态度看作一种偏离，并称之为“新”学园派之举。斐洛则从来没有认同安提俄科斯对廊下派的浅薄旨趣。当年轻的西塞罗在罗马听他的讲演时，斐洛也许仍然是一个学园派的怀疑论者。然而，在死之前，斐洛也摒弃了怀疑主义，他显然坚信从柏拉图一直到他自己生活的时代，学园派一直相信知识是可能的。据此，学园的怀疑主义只是针对廊下派的真理标准，而对于后者斐洛一直予以驳斥。因此在他的晚年，斐洛也在维护学园的统一。

西塞罗也许是从斐洛处获得和柏拉图的最初接触，那时斐洛还处于其怀疑主义阶段。这一点和西塞罗在《学园派》1.46 的陈述相

---

① 对斐洛和安提俄科斯的立场的讨论和证明，参照 J. Glucker, *Antiochus and the Late Academy*(Göttingen, 1978); J. Barnes, “Antiochus of Ascalon”, 载 M. T. Griffin、J. Barnes 编, *Philosophia Togata: Essays on Philosophy and Roman Society*(Oxford, 1989), 页 51 – 96; Görler(1995), 页 85 – 114; C. Brittain, *Philo of Larissa: The Last of the Academic Sceptics*(Oxford, 2001)。

符,他说,所谓的新学园派(New Academy),

> 如果我们把柏拉图也看作其成员之一的话,对于我来说这个新学园派似乎就太陈旧了,在柏拉图的书中,没有什么东西被断定是毋庸置疑的,对于事物的正反两面(in utramque partem)都有相当多的讨论。

西塞罗在整个晚年的哲学写作中,始终把自己描述为一个学园派,一直在探求真理,并通过论辩或者让他人就任何话题的正反两面进行论辩的方式去探求。① 他以一个非改革派的斐洛主义者以及一个被称为"我们的"卡尔涅阿德斯的人的身份出场。但是西塞罗也称,自己的哲学"和漫步派的哲学并无多大差异,因为我们都声称属于苏格拉底学派或者柏拉图学派"(《论义务》1.2)。在《论义务》第二卷第8节的序言中,他称漫步派的哲学为"最古老、最高贵的哲学"(antiquissima nobilissimaque philosophia),与他自己学派的哲学紧密一致。斐洛有没有试图挪用漫步派的学说呢？这一点几乎可以否定。那可是安提俄科斯的招牌。那么,西塞罗是否同时兼有斐洛主义者和安提俄科斯式学园派的双重身份呢？

许多人对此持否定态度,但实际上这种混合身份不管是在自传中还是哲学上都相当有解释力。从自传的角度看,这是因为西塞罗显然敬慕安提俄科斯并因此受到他很深的影响。哲学上看亦如此,在廊下派的认识论方面,即便我们不考虑西塞罗对安提俄科斯观点的青睐,两人也都一致宣称:一个人有能力确定自己所感知到的就是实际情况。作为一个非改革派的斐洛主义者或者卡尔涅阿德斯式的学园派,西塞罗不可能坚持声称已经发现了任何确定的真理;他也从没这样做过。然而,in utramque partem dicere[正反论证]或

---

① 参照《学园派》1.17,2.7-9;《论神性》1.6;《图斯库卢姆论辩录》5.11;《论至善与极恶》2.2-3(通过暗示);《论预言》1.7,2.8-9;《论命运》3-4;《论义务》2.7-8。

者与此效果相当的语言，正如他反复说到的，①并没有阻止他去发现逼真性(verisimilitude)。他可以自始至终把这个方法作为一个反驳性和启发式的策略来使用，与此同时，正如他所表现的，他更偏爱廊下派的神学，而不是科塔在《论神性》卷三(参照 3.95)中对廊下派神学的卡尔涅阿德斯式反驳。同样，他也可以一直在以 officia [义务]为名的作品中，以赞成的态度详细解释廊下派关于 officia 的学说，或者站在安提俄科斯的立场批评廊下派的伦理学(《论至善与极恶》4.3)。他对怀疑主义学园派的认识论表示正式的拥护，而对该派的其他学说都未曾采纳，另一方面，这也并不必然就妨碍他去承认某些哲学论题的合理性——例如在《图斯库卢姆论辩录》卷一中讲到的灵魂不朽——如果他发现其中所反映的观点比那些反面的观点更有说服力的话。并且，他正式表明的立场要求他与学园派怀疑主义的破坏性论点保持一定的距离，而他也愿意这样做，正如他在《论法律》1.39 里面明确所做的那样。②

人们有时候说，西塞罗或他的代言人是从新学园派的视角批评某一哲学流派的。但是这完全是为了或应该是为了寻找相反的观点，因为新学园派所采纳的唯一的学术视角，就是反对获取绝对可靠的知识或者确定性。正如西塞罗代表他的学派所声称的(《学园派》2.8)，这使他得以在各方面都保存了完好的“判断力”(iudicandi potestas)。这样，对于西塞罗，我们就应该在他所赞成的 genus philosophandi[哲学探讨方式]和那些他发现是“可行的”(probabilia)论题之间作出区分——前者即怀疑主义学园派的方法论，后者则可以从任何其他学派的理论中总结出来。

这样，西塞罗的学园派怀疑主义就相当符合他的如下做法：关于安提俄科斯挪用漫步派的教义或方法，他表示赞同或视之为 probabile[可行的]。这也允许西塞罗去赞同柏拉图对话里面所提

① 如，《学园派》2.7－8；《论义务》2.8；《论预言》2.150。

② 参见 Görler(1995)，页 85－114。

出的许多概念或理论，正如他毫不避讳地去做的那样。考虑到他本人所受的教育和当时的哲学状况，这种对待学园派的混合方式既好理解，也是聪明之举。这就能让他把对获取确定性知识所持有的似乎真诚的保留态度，和一种对他所知的哲学传统进行建设性处理的方式结合起来。同时，这也使他能够认识到，柏拉图的对话中既有真实的也有可疑的因素。由于西塞罗并非专门的哲人，一些不确定的东西必须要和他的一项宣称——即成为新学园派的一员——所隐含的意思联系起来。就算我们假定事实看起来就是如此，我们也不能认为瓦罗关于西塞罗为新学园派而离开老学园派的评论（《学园派》1.13），是指西塞罗所忠诚的哲学有了某种正式的变化。

西塞罗自称赞同漫步派方法论，使其哲学背景另具更深层的特性，这也是笔者最近的一个初步论点。我们的亚里士多德——我们拥有其论著的亚里士多德——在西塞罗的垂暮之年正在重新流行起来。虽然西塞罗说自己从小鲁库卢斯（Lucullus Junior）的图书馆找到了一些关于亚里士多德的 commentarii［疏述］（《论至善与极恶》3.10），但是西塞罗本人对亚里士多德的了解所借助的一手资料，也许大体上仅限于学述中的记载和我们手头没有的对话，以及希腊化时期各种手册中记载的亚里士多德的修辞学。① 这样我们就得面对一个奇异的现象，对于我们所掌握的亚里士多德，西塞罗也许只握有少量资料，至少也就是选择性地拥有一些资料，而我们对西塞罗所掌握的资料也知之甚少。这种对亚里士多德的资料掌握方面的不平衡也许同样存在于安提俄科斯身上以及作为西塞罗的思想源泉的其他所有人身上。西塞罗饶有兴味地引述了好些亚里士多德的宇

① 参照 Gigon（1959），页 143－162；W. W. Fortenbaugh，“Cicero's Knowledge of the Rhetorical Treatises of Aristotle and Theophrastus”，P. M. Huby，“Cicero's *Topics* and its Peripatetic Sources”，分别载 W. W. Fortenbaugh、P. Steinmetz 编，*Cicero's Knowledge of the Peripatos*（New Brunswick，London，1989），页 39－60、61－76。然而，重要的是要对这个问题应该保持开放的心态。

宙学说和心理学说,同时也吸收了亚里士多德修辞理论的一些细节。

对《论神性》中的某些段落的讨论,参见 D. J. Furley,"Aristotelian Material in Cicero's *De natura deorum*",载 W. W. Fortenbaugh、P. Steinmetz 编,*Cicero's Knowledge of the Peripatos*(New Brunswick,London,1989),页 201 – 219。同时注意亚里士多德的四元素理论(《图斯库卢姆论辩录》1. 40)以及西塞罗的第五个元素(《图斯库卢姆论辩录》1. 22,41,65);西塞罗把心智称作ἐνδελέχεια(《图斯库卢姆论辩录》1. 22);在《图斯库卢姆论辩录》1. 94 处他暗示了《动物志》(*Hist. an.*)552b17 – 23(这也很可能是亚里士多德在他的公开作品中所用到的一个例子)。关于西塞罗只是通过二手资料了解亚里士多德的《修辞术》(*Rhetoric*)这一点,Fortenbaugh(1989,页 39 – 60)已经给出了证明。

但在这个研究中,对于亚里士多德,笔者主要关注的是某种更加普遍和基本的东西——西塞罗视亚里士多德为辩证法的典范,将其和学园派怀疑主义者放在一起以资引述。

2 西塞罗的柏拉图

作为学园派的正式成员,西塞罗不可能不对柏拉图怀有崇敬之情。不仅如此,他对这个伟大人物的称颂还极尽溢美之词。柏拉图是"哲人们实际上的神"(quasi quidam deus philosophorum,《论神性》2. 32)、"我们的神"(deus ille noster,《致阿提库斯》4. 16. 3)、"我们的柏拉图"(《论共和国》4. 5;《论法律》3. 5),以及"排名第一的哲人"(princeps philosophorum,《论至善与极恶》5. 7);他说,如果没有柏拉图,其中任何一个头衔亚里士多德也可当之无愧。正如昆体良所说(10. 1. 123),西塞罗是在"效法"柏拉图,这一点从他对柏拉图的对话方式的模仿,从他借用柏拉图的一些场景设置,①从他以《论共和

① 《论演说家》1. 28 借用了《斐德若》(*Phaedrus*);《论老年》(*De senectute*)7 借用了柏拉图《王制》中的克法洛斯;《论法律》2. 6 借用了《斐德若》230b,等等。

国》和《论法律》的作者自居来看都已不言自明。最后一点尤其表明他有志于做一个罗马的柏拉图,或者至少是做一个柏拉图的罗马传播者。西塞罗写信给阿提库斯(Atticus;《致阿提库斯》9.13.4)时,提到了柏拉图的《书简七》(*Seventh letter*),目的就是为了把他自己遭遇凯撒的处境与柏拉图面对叙拉古的狄俄尼索斯(Dionysius of Syracuse)时的处境作比较。是否有人在西塞罗之前就把柏拉图的作品翻译成拉丁文,在笔者看来,这一点不得而知。除了残存的《蒂迈欧》译本外,西塞罗还翻译了《普罗塔戈拉》。① 除了柏拉图的《王制》和《法义》中的片段,西塞罗的哲学作品还包括关于柏拉图其他对话的译文,尤其是《斐多》和《斐德若》。也许他不了解的对话主要只是《帕默尼德》(*Parmenides*)、《智术师》和《治邦者》。我们可以猜得出来,他最欣赏的应该是《苏格拉底的申辩》《斐多》《王制》《斐德若》以及《高尔吉亚》。

西塞罗所翻译的或者提及的主要的柏拉图文段有:《论演说家》3.21(《厄庇诺米斯》[*Epinom.*]992a);《论共和国》1.66(《王制》卷八 562c - 563e),6.25 - 26(《斐德若》245c - e);《论法律》2.45(《法义》卷十二 955e - 956b);《学园派》1.16(《苏格拉底的申辩》21a);《论至善与极恶》2.52,《论义务》1.15(《斐德若》250d);《论至善与极恶》2.92(《书简七》326b),2.102(《蒂迈欧》39),5.58(《法义》653a);《论义务》1.28(《王制》卷六 485,卷七 520d),1.63(《默涅克塞诺斯》[*Menex.*]246e 和《拉克斯》197b),1.85(《王制》卷一 342e,卷四 420b),1.87(《王制》卷八 567c,《法义》卷九 856b);《论老年》44(《蒂迈欧》69d),78(《斐多》72e - 73b,78 - 80;《斐德若》245c);《论预言》1.1(《斐德若》244c),1.60(《王制》卷九 571),1.80(《斐德若》245a);《论神性》2.32(《蒂迈欧》89);《图斯库卢姆论辩录》1.20(《蒂迈欧》69c),1.46 - 47(《泰阿泰德》184c,就纯粹的工具性意义而言),1.53 和《论共和国》6.25 - 26(《斐德若》245c - 246a),1.57(《美诺》81e),1.71 - 75(《斐多》80a - d,108a - c,84e -

---

① 有关四个幸存的被证实的不完整译作,参见 K. Büchner,"Cicero",载 Pauly - Wissowa, *Real - Encyclopädie der Klassischen Altestumswissenschaft* 7. A1(1963),页 1150。

85d,61c－62c,67d),1.97－99(《苏格拉底的申辩》40c－41d),5.35(《高尔吉亚》470d－471a),5.36(《默涅克塞诺斯》247e－248a);《论演说家》1.28(《斐德若》229a,230b)。有关西塞罗引用柏拉图的收集,见 De Graff(1940),页 143－153。

柏拉图,当然还有苏格拉底,被西塞罗称为"哲学之父",① 但是通常情况下,西塞罗并没有把苏格拉底和柏拉图混在一起。在他看来,苏格拉底首先是学园派辩证法的发起人,②而不是柏拉图在其建设性对话中所归功的哲学论题的作者(参照《论共和国》1.15－16)。

从表面看来,对西塞罗而言,柏拉图本身就极具趣味和价值,更别说自他的那些老师处习得的学园派和漫步派的传统,在这些传统中,柏拉图就是权威。西塞罗从未如此全面、如此频繁地引用其他哲人。试问,倘若西塞罗是我们获取柏拉图哲学的唯一来源,我们对柏拉图又会是怎样一番了解呢?

我们将会认为,柏拉图的《王制》具有乌托邦特征,③其中丝毫没有提及公民的私人所有权(《论共和国》4.5),且以厄尔神话(《论共和国》6.3)——西塞罗的 Somnium Scipionis[斯基皮奥之梦]的原型——作为结尾,但实际上我们完全没有听到西塞罗谈到柏拉图理想国的灵魂学、伦理学、教育学(但这一点可参照《论法律》2.38,3.32)以及形而上学的基础。我们将会了解柏拉图在《法义》这一作品中给出的法规,但我们会错误地以为柏拉图是为他的理想国而设定这些法规的(《论法律》1.15)。我们将会了解到柏拉图为灵魂的回忆说和不朽说所进行的论辩,还有《斐德若》中为灵魂的自动(self－motion)所进行的论辩,以及柏拉图对灵魂之来世所作的神

---

① parens philosophiae,《论至善与极恶》2.1;参照《论神性》1.93。

② 参照《论至善与极恶》2.1－2;《图斯库卢姆论辩录》1.8;《论神性》1.11。

③ 《论共和国》2.21－22;参照《论演说家》1.224,230。

话描述(参照上文所引用的《图斯库卢姆论辩录》1 中的段落)。我们将了解到灵魂三分说的基本思想(《学园派》2. 124;《图斯库卢姆论辩录》1. 20),这在其他地方被称为灵魂二分说(《图斯库卢姆论辩录》4. 10),而且不仅和柏拉图有关,和毕达哥拉斯(Pythagoras)也有关联。我们将会知道,柏拉图的宇宙学设想了一个神圣的工匠(《论神性》1. 19),以及柏拉图认为德性对于幸福不可或缺(《图斯库卢姆论辩录》5. 34),自我利益要从属于政治福利(《论义务》1. 85),诗人得从他的理想国里放逐出去(《论共和国》4. 5;《图斯库卢姆论辩录》2. 27)。最后,西塞罗在三部作品(以下将更多谈到)中还明确提到了柏拉图的相论。

西塞罗对柏拉图的这些引述太少了? Walter Burkert(1965,页198)曾说过:

> 西塞罗对柏拉图的引用和回顾从没有涉及我们往往认为是柏拉图哲学核心的东西:即洞穴寓言。①

他还注意到,西塞罗对柏拉图伦理学的核心问题——德性的统一,有关爱欲的概念,关于善的相——缺乏兴趣,而且西塞罗明显忽视了关于辩证法的对话:《帕默尼德》《智术师》和《治邦者》。

在回应以上这几点之前,笔者想指出,事实上,西塞罗明确告诉我们很多有关柏拉图的东西,他的表述虽然有时候非常简单,但都真实可信且为柏拉图所特有。对永生、灵魂三分说、作为运动之本源的灵魂、回忆说的证明——这些都是柏拉图哲学的特征,其中没有哪一样被持一神论的学园派或漫步派的传统直接吸收,而西塞罗无疑是受安提俄科斯引导,频繁地援引了这些传统。要么,西塞罗是通过自己努力把柏拉图的这几点搜集出来,要么,他是在一个老

---

① 事实上,西塞罗(《论神性》2. 95)从亚里士多德佚失的对话《论哲学》中选取了一个辞藻华丽的段落来翻译,该段落模仿了柏拉图的洞穴以及升向阳光普照之大地的路程。

师的引导下得以了解,而该老师大体上没有受到哲学偏见或解释传统的不良影响。但第一种情况的可能性似乎更大,尤其因为,西塞罗经常表明他握有的柏拉图文献没有充斥着介绍背景知识的注释,虽然他知道亚里士多德拒绝接受相论(《学园派》1.33)。

无疑,西塞罗的确是亲自阅读了柏拉图的作品,而且他也能够摘录一些和他自己的写作目的相符合的篇章,并能从中辨别出柏拉图的许多重要学说。有时候他谈论柏拉图时会受到学述中的背景知识的影响;但其他时候显然并非如此。就相论而言,西塞罗明显为其所吸引,①在《图斯库卢姆论辩录》1.57-58中,他似乎就直接进入了《美诺》和《斐多》这两个文本的语境。但在《学园派》1.30-33中,他把瓦罗对相的陈述称为一种继承自柏拉图的学园传统。西塞罗略去了其他很多在我们看来是柏拉图特色的内容,这可以解释为他对安提俄科斯的信赖。我们可以合理地断定,安提俄科斯的哲学并没有包含任何柏拉图所独有的伦理观,并且相当笼统地把柏拉图看作是学园派、漫步派和廊下派所组成的混合体的大权威。从其整体或部分上看,柏拉图的辩证法也许被归为一种普通的方法——在"系统地"(ratione et via)讨论事物时所采取的方式——西塞罗通常把这一方法归于学园派和漫步派。② 这就有助于解释西塞罗为何对柏拉图关于逻辑的对话一无所知或漠不关心。至于柏拉图的宇宙论,《论神性》(参照1.18-20)中的伊壁鸠鲁派威莱乌斯(Velleius)对此作过简要的评论,西塞罗也许把《蒂迈欧》看作一本关于毕达哥拉斯派的作品,并打算使自己对该作品的翻译成为对宇宙论所作的未完成的阐释之一。③

---

① 有关对它的间接引用,参见《论义务》1.15,3.69。

② 参照 P. Moraux, *Der Aristotelismus bei den Griechen*, 第二卷(Berlin, 1984),页453。

③ 参照 R. Giomini 编, *Cicero. De divinatione*, *De fato*, *Timaeus* (Leipzig, 1975),页 xvi - xvii。

也许更令人感到奇怪的是,尤其是在《学园派》关于鲁库卢斯(Lucullus)的那一卷的上下文中,西塞罗从未带着怀疑援引或指涉过《泰阿泰德》。人们可能会认为,这篇攻击知识的感知基础的对话,应当是阿尔克西拉俄斯和卡尔涅阿德斯在反对廊下派真理标准时的有力武器。如果西塞罗在《学园派》的任何地方提到了《泰阿泰德》,那他就是在讨论反对阵营的语境中来这样做的,在那里瓦罗把赫拉克利特的万物皆流(flux)看作一切事物的属性。

《学园派》1.31 并没有引用柏拉图,但在那里,西塞罗的两处表达实际上是对《泰阿泰德》182 中相关语句的翻译,nihil umquam esset constants[万物并非一成不变]和 continenter laberentur et fluerent omnia[一切都在流动变化]。这里西塞罗的拉丁文更加接近柏拉图《泰阿泰德》182 中的实际用语,而非他可能拥有的其他柏拉图文本,例如《克拉底鲁》(*Crat.*)439d 和《蒂迈欧》49e。

西塞罗这样有选择地提到柏拉图对话,有力地证实了笔者前面提出的观点,即西塞罗对柏拉图的创造性引用是有限的。在那些能以教条化或质疑性的方式解读柏拉图的地方——那些关系到对新老学园派下定义的段落——西塞罗想必是受到了自己的学园派导师的影响。很可能不是斐洛所理解的那个柏拉图,而是安提俄科斯主义者瓦罗的柏拉图,才是相论的创造者。

何为相论,以及安提俄科斯本人在多大程度上赞同这一理论,这两个问题笔者在此不想作出回答。① 让笔者感兴趣的是西塞罗在《演说家》(7–10)中对相论的使用。在这一著名的段落中,西塞罗借助柏拉图的相来证明和阐述他理想中的演说家。他说,他所寻求的演说术是"那种绝对卓越的"(illud quo nibil possit esse praestantius)——一种顶多只是偶尔出现在演讲过程中的讲演方式。作为完美原型的不完美的复制品,一些特定的演说就遵守这一理想的演说术,而那种原型本身只能靠人的心智去把握。故此,雕刻家菲

---

① 参照 Barnes(1989),页 95–96;里德(J. S. Reid)对《学园派》1.30 以下的讨论,*M. Tulli Ciceronis Academica*(London,1885)。

狄阿斯(Phidias)塑造出的朱庇特和密涅瓦的形象并不是基于人类的长相,而是基于一种"美的终极形式"(species pulchritudinis eximia quaedam),这种形式存在于他的心智中。

> 正是通过心智我们才看到完美的口才,但我们用耳朵寻求的是其相似物。作为演讲和理智方面的最重量级的权威和老师,柏拉图把这些事物的形式称为 ideai[理念]。他说这些形式并不在现实中出现,但却永远存在(easque gigni negat,et ait semper esse),能够通过理性和理智去把握;其他事物则生成,然后腐坏,流变,衰亡,它们不能以同一种状态长期保持不变。那么,不管是什么事物,如果要得到系统的讨论,都应该简化成其所属物种的终极的形式和种(species)。

在《演说家》写到一半的时候,西塞罗想起了他对柏拉图的信靠(101):

> 我所寻求的不是一个雄辩之士,也不是任何不能永存或转瞬即逝的事物,而是那种(illud ipsum)事物:一旦拥有它就能使人具有雄辩之才;那就是雄辩本身,对它我们只能用心智而不能用眼睛去看。

这两段话中,西塞罗对柏拉图观点的运用在学术上引起了至少三方不同视角的关注和不满:哲学批判主义、中期柏拉图主义史以及古代艺术理论。① 但篇章中吸引笔者的不是这些,而是西塞罗通过引用柏拉图最著名的也是最令人费解的一些思想,以图叙述理想的演说术。西塞罗很清楚演说术并不是柏拉图的相的家族成员。

---

① 参照 Burkert(1965),注 45,页 190 - 191;Gersh(1986),页 144 以下;E. Panofsky, *Idea. Ein Beitrag zur Begriffsgeschichte der älteren Kunsttheorie* (Berlin, 1924),页 5 - 10。

我们不妨先搁置这一点,来思考西塞罗是如何在《演说家》中描述相的特征的。他在此处借助于柏拉图,这很好地证明了他的准确叙述的能力,或许还证明了他富有创见的解读能力。

西塞罗找到了相的六个特征,并认为柏拉图是它们的杰出权威。这六个特征是:永存、与可感知事物比起来不受变化的影响、典范主义(paradigmatism)、可由心智而非由感觉来获得、应被具体事物实例化或分享(因此笔者在《演说家》101 中选择了 compos[分有]),以及持续作为定义的对象。他对上述特征的陈述常常和柏拉图的论述遥相呼应:试比较 illud ipsum 和 *αὐτὸ τό*、compos 和 *μετέχων*、easque gigni negat et ait semper esse 和《会饮》210e 中的 *ἀεὶ ὂν καὶ οὔτε γιγνόμενον*,等等。[①] 那么,到底是什么使得学者们把西塞罗关于柏拉图的叙述视为让人深感不安的异端邪说?

首先,他们认为西塞罗是在遵循一种传统,从而把柏拉图自在的相简化成思维,丢弃了柏拉图的形而上学之包袱,忽略了他在《帕默尼德》132b–c 中对某种运动的批评。

这一学术性断言可从西塞罗举菲狄阿斯为例的文本中获得支撑,其实提到柏拉图之前,这一示例就已经出现。西塞罗明确借助于柏拉图的并不是他对诸如此类的艺术家的看法,而是他声称:为精神可见的种,感官只能找到其相似物。在描述菲狄阿斯时,西塞罗说这位艺术家塑造神的雕像时并不是仿效某个人,相反,

> 在他的心智中(in mente insidebat)存在一种美的终极形式;双眼凝视它,全神贯注于此,然后他用技艺和双手创造出它的相似物。(《演说家》9)

"看着"一种相,这是一个标准的柏拉图式语言,同时柏拉图还

---

① 类似的观点亦可用于西塞罗在《学园派》1.30–33 以及《图斯库卢姆论辩录》1.57–58 中对柏拉图相论的转述。

常说相是“能够被理智看到的”。因此在此处非柏拉图的部分顶多就是西塞罗提到了相位于艺术家的心智中。然而，in mente insidebat 这个表达本身，并不足以表明西塞罗把柏拉图的相看作依赖于心智的一种实体。西塞罗也许只是在表明一个显而易见的观点，即一种相必能呈现于感知它的心智中或被其所把握，他并没有进一步暗示说相的存在必须依赖于其自身成为思想的对象。的确，我们应该从狭义的层面上来理解那个表达，当我们把西塞罗的菲狄阿斯的示例和他后来关于柏拉图的内容联系起来看时，就会发现显然应该如此。菲狄阿斯所关注的，就是一个永恒不变的相，这并不可以简化为或等同于他自己偶然为之的思考。

柏拉图对相的具体化无疑是一个极其隐晦的学说，如果不是完全错误的话。西塞罗间接提到了相的自在性，但他这样做的目的，在于谈论有关把完美事物概念化的一些值得去说的东西，即，人们能够怀有超越他们自身感官经验和时限性存在的思想。到此，笔者认为，可能只是在思考柏拉图的这些篇章——它们构成了西塞罗著作的基础——时，西塞罗就得出了这一观点，正如之后的普罗提诺所做的那样，后者在谈到菲狄阿斯时说了些非常相似的话（参照《九章集》[*Enn.*]5.8.1）。

倘使我们倾向于认为西塞罗自己还做不到这一点，我们可以假设他有一个未注明的思想源头，此人想必是安提俄科斯。但我们应该抵制一种常见的推测，① 即认为西塞罗或者他的思想源头是通过亚里士多德和/或廊下派有关对宇宙的概念化的学说，来了解柏拉图的相论。西塞罗的所说极其接近柏拉图的论述，我们已没必要强行把那些异端邪说看作调和的产物，它们也并非不符合他的看法，即柏拉图的相是永恒不变的存在。

考虑到柏拉图本人对相和思维活动之间关系的隐晦表述，在西

---

① 参照 Burkert（1965），注 45，页 190 – 191；和 Gersh（1986），页 144 以下。

塞罗的文本中笔者无法找到明显不属于柏拉图的东西。此外让学者们感到兴奋的,当然就是西塞罗对待艺术家的方式。因此帕诺夫斯基(Panofsky[1924],页6)通过回顾《王制》第十卷中所说,即艺术家和实在之间隔着两层距离,发现西塞罗有关菲狄阿斯使用的美之相的观点不仅是非柏拉图式的(un - platonic),甚至是反柏拉图式的(anti - platonic)。然而,帕诺夫斯基似乎一直都没有意识到,在《斐德若》中,柏拉图于所有相中唯独认为美"能够通过视觉得以最清楚地把握"(参照250d),这一点要比西塞罗的主张更接近艺术家的真实情况。针对诸如帕诺夫斯基等人的说法,我们可以反驳说,柏拉图对艺术和相并没有什么派系的偏见,从而让我们能够根据该偏见自信地说,在其哲学生涯的所有阶段,柏拉图都会反对西塞罗在那个篇章中的言论。实际上,笔者倒更愿意认为柏拉图会对它表示赞同。

人们普遍认为,西塞罗在那一篇章中展示的是曲解了的或折中了的或中期柏拉图主义的相论,对于这一看法的探讨,我们就此打住。让我们转而探讨该篇章中真正有趣的东西——即西塞罗利用柏拉图来建立明显不属于柏拉图的关于雄辩的相。笔者认为西塞罗这样做是因为他想呈现自己的理想——把哲学和修辞恰如其分地结合起来——这一点符合柏拉图文本的内在意义,尽管不合乎其表层意义。倘若真是如此,关于西塞罗对柏拉图的频频歌颂以及他自己对哲学的兴趣,我们就会得出一个重要的洞见。换句话说,西塞罗为哲学和修辞的结合提供了一个典范,这显然是罗马的一大贡献。它使得柏拉图的论说资源能有助于演说家,且不要求后者摒弃从伊索克拉底和德谟斯忒涅斯(Demosthenes)那里所能学到的东西。

3 西塞罗论柏拉图和修辞

从少年时期的作品《论发明》直到他最后的理论论文《论义

务》,西塞罗详述了把修辞学和哲学结合起来的重要性。他一直承认这两种言说方式之间的差异,并承认同时在这两方面有所建树很困难。也许正如他所言,在所有希腊人之中,只有法勒隆的德谟特里俄斯做到了这一点(《论义务》1.3)。此人对希腊哲学史了如指掌,对希腊罗马修辞学史亦如数家珍,他的这种理想的结合不仅让人难以企及,还会招来两方面的诸专家的反对。在对克拉苏(Crassus)的历史素描中(《论演说家》3.59 以下),西塞罗认为苏格拉底不该把哲学和修辞分开。克拉苏在提及柏拉图所记录的苏格拉底对话时说到,苏格拉底这些言论导致了"舌头和智识之间实际上的断裂,这种断裂的出现真是荒唐,毫无益处,应当受到谴责"。就像他平时作为一个优秀的律师所做的一样,西塞罗并没有质疑这种争议的存在,而是使其变得对自己有利。

只有在《论演说家》的文本中,苏格拉底才被刻画为一个逢辩必胜的人,这不仅是因为他"聪明、敏锐、充满魅力和足智多谋"(prudentia et acumen et venustas et subtilitas),也因为他"雄辩、多变和丰富"(eloquentia,varietas,and copia)。最后两个品质是西塞罗修辞作品中所谓的"伟大风格"的标准特征(参照《演说家》20,29,97)。换句话说,照西塞罗来看,其实苏格拉底自己已经把哲学和修辞结合起来了。至于柏拉图,西塞罗承认他和其他哲人都对演说家提出过批评。然而他说,这些哲人也给演说家提供了帮助,因为前者是后者所有的"丰富性和修辞学的源头,可谓正是如此"(《演说家》13;参照《论演说家》1.47)。西塞罗在表明自己描绘理想演说家时所怀有的意图后不久,这段文字就出现了。在同样的上下文中,他声称自己的修辞特征和对修辞的认同"不是来自修辞家"工作室,而是来自"学园派的小丛林"(《演说家》12)。哲人令想要成为演说家的人感到失望的地方,是在于前者没有训练后者以使其能应付混乱的法庭事务(参照《演说家》63-64)。这是一个常见的西塞罗式看法。

即便如此,在《论义务》1.4 中他还是说,如果柏拉图有意从事公共演说，他能演讲得“非常庄重、非常全面”。同理，德谟斯忒涅斯这个柏拉图的弟子也能“精彩地”详述柏拉图。同样地，亚里士多德也本可以是一个出色的演说家，伊索克拉底本也能成为一名出色的哲人。在其他地方，西塞罗描述柏拉图的口才无法超越（《图斯库卢姆论辩录》1.24），以及如果朱庇特能说希腊语的话，又将会是何种方式（《布鲁图斯》121）。西塞罗在《演说家》中指出柏拉图在实践中作为演说家的模范所存在的不足之处，同时也称赞了柏拉图对演说家产生的助益。在笔者看来，这一事实表明，西塞罗是想让读者把他本人的《演说家》与《斐德若》相提并论。《斐德若》由于吸收了正宗的柏拉图式辩证法的修辞艺术，自然最适合西塞罗的情形。他好几次都暗指了这一作品，[①]就是在他对布鲁图斯表达过分洋溢的热爱之辞时（《演说家》33－35），也许也回顾了这一点。不过在《斐德若》中，柏拉图描述得最为详尽的还是美的相，而非雄辩的相。在西塞罗对后者的处理中，笔者建议在看到他批评柏拉图贬低修辞的同时，也应注意他对柏拉图哲学的建设性运用。

柏拉图个人是西塞罗说明理想口才的布景。然而，至于雄辩术所依托的方法论，他却援用了亚里士多德和后柏拉图学园派。因此，这里笔者将把西塞罗的柏拉图搁置一边，转而讨论他对后来的哲人们在哲学兼修辞方面的认可。

4 西塞罗的亚里士多德和正反论证

西塞罗眼里理想的演说家，能够把任何话题都说得“既富变化又全面详尽”（varie copioseque），或者其演讲“充满智慧，系统全面，并带有某种令人难忘的尊贵之举”（prudenter et composite et ornate et memoriter…cum quadam etiam actionis dignitate，《论演说家》1.59，64）。最好的讨论有 A. Michel，*Les Rapports de la rhétorique et de la philosophie*

① 《演说家》15，39，41，正如先前在《论演说家》中所做的那样。

dans l'oeuvre de Cicéron(Paris,1960);"La Théorie de la rhétorique chez Cicéron: eloquence et philosophie",*Entretiens de la Fondation Hardt* 28(Vandoeuvres,Geneva,1982);以及 K. Barwick,*Das rednerische Bildungsideal Ciceros*(Berlin,1963),他将 perfectus orator[完美的演说家]这个概念的起源至少追溯至特姆诺斯的修辞学家赫尔玛格拉斯(Hermagoras of Temnos,约公元前150)(页7),但还是把西塞罗对哲学和修辞的特殊融合看作是原创性的(页80-83)。米歇尔(Michel)强调了西塞罗意图借助亚里士多德和伊索克拉底来调和柏拉图和高尔吉亚,见"La Théorie de la rhétorique chez Cicéron: eloquence et philosophie",*Entretiens de la Fondation Hardt* 28(Vandoeuvres,Geneva,1982)。

即便二流的演说家也得有伦理学方面的专门知识(《论演说家》1.68-69),并能用自然哲学的材料为其演讲增色,从中获益。但在《演说家》中,西塞罗强调的却是希腊化哲学的第三个分支,逻辑学。他强调的方式应该是从修辞学手册以及从学园派、漫步派或廊下派的教授者那里学来的:定义和分类、属(genus)和种、去伪存真、从一个论点中应该得出什么或不该得出什么,以及区分歧义(《演说家》16;参照《论题篇》26,31,53)。

西塞罗心目中理想的演说家首先是一个具有专门的辩证法知识的人。或者更加简洁地道地说,他眼中理想的演说家是一个"在正反两面"(in utramque partem)都能说会道的人。这一修辞学练习,据西塞罗所说,乃亚里士多德之一大创举。这一点他在好几个语境中都有所提及。在《论至善与极恶》5.10,他说:

> 漫步派除了教授修辞规范外还传授辩证法;而亚里士多德则首先创立了对于某一事件能从正反两方面来说的练习法。

在《演说家》46中,西塞罗说亚里士多德训练年轻人辩论各种主题——题材广泛的命题——"不是以基于严格论证之上的哲学方式去论辩,而是着眼于演说家的全面性,从正反两面展开更详尽更丰富的演说"。在接下来的句子中,西塞罗说亚里士多德也教授"论题"——论证标题——"这是从正反两方面进行的演说所依据的出发点”。①

从西塞罗上述那段非比寻常的文字可以看出，很显然，他把亚里士多德所声称的对正反两面和“论题”的关注当作训练哲人和演说家的方法（参照《论演说家》2.152）。在《论演说家》3.80中，西塞罗以类似的方式解读亚里士多德，其中克拉苏这样刻画了理想的演说家：

> 倘若曾有人能够用亚里士多德的方式来对所有的话题就其正反两方面展开辩论，并用亚里士多德关于规则的知识在任何情况下发表两篇观点相反的演讲，或者用阿尔克西拉俄斯和卡尔涅阿德斯的方式就每一个主题进行论辩，并且能把这些方法和训练与修辞经验和演讲实践结合起来［这点我前面已经有所提及］，这个人就将是唯一真正的、完美的演说家。

毫无疑问，对于西塞罗来说，亚里士多德的主要价值在于他的辩证法及其在修辞学方面的应用。② 在《论题篇》1-2，他提醒法学家特瑞巴提乌斯（Trebatius），他早已建议后者研究亚里士多德的《论题篇》，并把它们描述成亚里士多德为发现论点而发明的体系。他说自己还建议特瑞巴提乌斯可以从“一位修辞学教授者”那里习得此体系，可见他以为亚里士多德的《论题篇》当属于修辞学课程的范畴。正如我们所见，他在《论预言》2.4中说亚里士多德和忒俄弗拉斯托斯把哲学和修辞统一了起来。③ 在他少年时的作品《论发

① 参照《名哲言行录》5.3，在那里亚里士多德据说πρὸς θέσιν［在命题方面］训练过学生，并为他们做了修辞方面的教学。

② 参照《论至善与极恶》5.10；《图斯库卢姆论辩录》2.9。

③ 有关亚里士多德自己的看法，参照《论题篇》3。忒俄弗拉斯托斯的名字之所以被加上，可能“只是因为西塞罗知道忒俄弗拉斯托斯在自己的写作中涉及了相同的话题”：D. T. Runia，“Aristotle and Theophrastus Conjoined in the Writings of Cicero”，载 W. W. Fortenbaugh、P. Steinmetz 编，*Cicero's Knowledge of the Peripatos*（New Brunswick，London，1989），页34。

明》(2.8)中,这一融合被描述成在伊索克拉底和亚里士多德之后才出现的。不过在那里,西塞罗只是在附和他所引用的资料。到其壮年则直接认为,不论是用来揭示逼真性还是用作修辞训练,就某问题的两方面都展开辩论的做法再好不过了,正如他在《图斯库卢姆论辩录》2.9 处所言。

西塞罗在那里还提到了他极少提及的他的导师拉里萨的斐洛,据他说,斐洛把时间分别用于教授哲学规则和修辞规则。“逼真性”和“善辩性”(plausibility)是斐洛哲学的招牌。然而,西塞罗的克拉苏(见以上引自《论演说家》的篇章)在陈述理想演说家会采用的方法时,并没有诉诸斐洛,而是求助于早期学园派阿尔克西拉俄斯和卡尔涅阿德斯,以及亚里士多德(同时参照《论演说家》2.160 - 161)。斐洛因为注重训练学生去论证某些特定观点或者具体法律案子而受到称赞,但整本《论演说家》(3.110)对此只提过一次,还是以附带说明的形式给出;我们可以想到西塞罗在《论题篇》中举的例子,其中大多数也是来自法律。有理由认为,西塞罗在描述理想的演说家时深受斐洛的影响。但倘若如此,正如阿尼姆(H. von Arnim)提出的,为什么西塞罗还要把这么多功劳都归于亚里士多德?[①] 此外,西塞罗认为亚里士多德的 in utramque partem dicere [正反论证]具有原创性,这一看法不符合历史实情,因为他忽略了普罗塔戈拉以及公元前 5 世纪“相互对立的辩论”(dissoi logoi)的传统。

最后一点笔者认为几乎没什么重要性可言。西塞罗的概述是为了调和长期以来一直相互对立的哲学和逻辑学业界。他显然熟知为每一门技艺(art)设定一个创始人(prōtos heuretēs)这一希腊传统,并因此看到了伟大名字的价值。在尽可能淡化柏拉图对修辞的敌意之后,他决定突出强调亚里士多德而不是斐洛,把前者作为首先把修辞学纳入现代哲学课程的伟大哲人。根据《论题篇》2,他也

---

① *Leben und Werke des Dio von Prusa*(Berlin,1898),页 97 - 112。

许已经意识到了亚里士多德宣称的其《论题篇》的原创性(《辩谬篇》183b33－36)。

对于亚里士多德在探究哲学问题时以何种方式使用辩证法的种种细节,西塞罗几乎一无所知。那么他反复提到亚里士多德在 in utramque partem[正反两面]的论辩上的重要性,究竟是基于什么呢? 曾有学者认为,西塞罗提及的是亚里士多德那些遗失的对话所采用的方法。① 可是我们没有任何证据表明那些作品采用了此种形式。推敲一下致力于修辞的那些学派和西塞罗后来所受的来自斐洛教义的影响,笔者认为,西塞罗脑中只有我们今天见到的亚里士多德的《论题篇》和《修辞术》的概貌。

从我们现代的视角来看,西塞罗似乎混合了亚里士多德的《论题篇》和《修辞术》,或者没看到二者之间的显著差异。② 倘若他读过这些作品,他就应该为自己的这一看法作出一些起码的辩解。在《修辞术》1.1.1355a33 中,亚里士多德把辩证法和修辞学看作就两个相对立的结论进行论辩的唯一技艺。而且在《论题篇》(1.1.1a26)的开头,亚里士多德声称这部作品的方法论将有利于"实现训练的目的"。另外,事实上亚里士多德除了把"论题"归入同名的辩证法专著中,还将其纳入了他的《修辞术》。

我们不应该排除西塞罗直接接触过亚里士多德的《论题篇》或《修辞术》的可能性。然而,西塞罗把辩证法和修辞学混合起来的这种做法——倘若真是混合——更可能是受漫步派的指南类书籍和希腊化时期某些修辞学教师之间含混的交互影响所致,而非出于自己的阅读和反思。考虑到他自己写了《论演说家》和《论题篇》,

① A. S. Wilkins 编,*Cicero*,*De oratore*(Oxford,1892),其中评论了《论演说家》3.80;Gigon(1959,页150)仔细地转述了这一评论。

② 参照 Huby(1989),页61－76;E. Stump 编,*Boethius's De topicis differentiis*(Ithaca,London,1978),页20－23、211－214,*Boethius's In Ciceronis Topica*(Ithaca,London,1988),页8－9。

西塞罗是把亚里士多德对证明论题的关注看作他对修辞学的贡献了。这就解释了为什么他在《论演说家》中反复提及亚里士多德的《论题篇》,以及为何在自己的修辞学作品中就 in utramque partem [正反两面]的论证的实际细节含糊其辞。① (他省略了这种论证在实践中会涉及到的任何程序性规则,例如亚里士多德在《论题篇》卷八中那些为提问者和回答者所设置的规定。)不过我们得承认,对归在亚里士多德名下的那些作品(其中包括为支持或反对某一论题而作的典型论证),西塞罗有可能还是了解的。阿弗洛底西亚的亚历山大曾为这些作品的存在做过证明。② 而且,亚历山大把希腊原创的 in utramque partem dicere[正反论证](*εἰς ἑκάτερον μέρος ἐπιχείρησις*),当作亚里士多德在《论题篇》中所设想的"训练"方式之一。当然,这可能是以当时流行的行话不甚精确地指涉亚里士多德所谓的提问者和回答者之间的辩证讨论;但这也可能指的是正反双方正式论辩时采取的另一种亚里士多德式步骤,比如西塞罗似乎就这样设想。

当然,在西塞罗的作品中,也有对亚里士多德的《论题篇》更为严谨的思考。在《论题篇》(1.11,104b1 - 8)中,亚里士多德赋予辩证法两个功能:其一有关选择或规避(例如,快乐是否值得选择),其二有关真理和知识(例如,世界是否永恒)。西塞罗自己《论题篇》的多数内容与亚里士多德的同名作品没什么关联,但他还是作了类似的划分,把自己关注的对象分为理论问题和实践问题(《论题篇》81)。与亚里士多德一样,他也把逻辑范畴——属、种、对立面(contraries),等等——作为材料以导出论证。很容易相信,这些观点可能是通过修辞学手册传播开来的,该类作品由公元前 2 世纪特姆诺斯的赫尔玛

---

① 关于这一点以及对西塞罗评论亚里士多德的辩证法的一个富有启发性的讨论,参照 P. Moraux,"La Joute dialectique d'après le huitième livre des Topiques",载 G. E. L. Owen 编,*Aristotle on Dialectic*(Oxford,1968),页 300 - 307。

② 参照亚历山大,《论亚里士多德〈论题篇〉》(*In Top.*)101a26,Moraux(1968,页 301)对这段话有过不错的讨论。

格拉斯写成,西塞罗在《论发明》1.8 中提到过他。[①] 至于亚里士多德《论题篇》第八卷中的逻辑论证步骤,西塞罗确实在他的《图斯库卢姆论辩录》有过极其相似的提议(尤其参照 1.7–8),正如莫劳克斯(Moraux)所指出的(Moraux[1968],页 305–307)。在那里,西塞罗使用了一个匿名的对话者,自己则扮演提问者的角色。该对话者宣称,辩论的主题是一个"共同的观点"(endoxon),例如,死亡是一种恶,或者聪明人受制于激情。作为发问者,西塞罗的策略就是让对方自相矛盾。这一点似乎颇得亚里士多德真传,但也许只是欺骗性的表象。

在介绍这一方法时(《图斯库卢姆论辩录》1.7–8),西塞罗首先称其为苏格拉底式的,后来又称其为漫步派式和学园派式练习,认为它由亚里士多德所创(2.9)。他并没有继续探讨这一点,而是又一次附带提到了他耳濡目染的斐洛,提及斐洛关于哲学和修辞学规则的演讲。最后(5.10)他把这一逻辑论证方法归功于卡尔涅阿德斯。西塞罗的这种多重认定,我们该如何解释呢?

Glucker(1978,注 79,页 34)相信,亚里士多德的《论题篇》对怀疑主义学园派有重要的影响,不过即便如此,阿尔克西拉俄斯和卡尔涅阿德斯的辩证法并非用于赢得论辩,而是意在搁置判断,后者恰恰是亚里士多德设想的论题训练的首要目标。只是到了西塞罗的时候,他的学园派导师斐洛才声称自己是卡尔涅阿德斯的支持者,并将 in utramque partem[正反两面]的证明方法论作为一种确立 probabilia[可能性]的路子来使用。这看起来更像是说:对论题的论证是为了探讨哲学问题,如亚里士多德在《论题篇》的开头所言——为了更易于去伪存真——而不是像阿尔克西拉俄斯的辩证法那样具有破坏性。西塞罗自己无疑是在反思被斐洛粗劣处理的

---

① 参照 J. Mansfeld,"Doxography and Dialectic:The Sitz im Leben of the 'Placita'",*Aufstieg und Niedergang der römischen Welt* II. 36. 4(1990),页 3193–3197;Brittain(2001),页 302–307。

过哲学史时,赞同苏格拉底的做法,即为了更容易地找到逼真性而反驳其他人的观点(《图斯库卢姆论辩录》1.7 - 8)。在提到怀疑主义学园派时,西塞罗反复说到它是最主张修辞学的,并暗示说这是自己拥护它的主要原因。①

正如我们所见,西塞罗对于亚里士多德的正式看法与此非常相似。然而,与对待他的柏拉图不同,我们不能用明确的事实来支持他的亚里士多德,即使是在他声称这位斯塔吉拉人(Stagirite)享有权威的领域。

笔者怀疑原因不仅仅在于,我们拥有的亚里士多德文本与西塞罗可能使用过的亚里士多德文本不相匹配,还在于西塞罗是从其导师——尤其是斐洛——那里了解到同时代有关亚里士多德辩证法和修辞学的解释的。(这并非说它们是斐洛从修辞学传统中独创出来的。)关于这一点,笔者再提一个细节。虽然西塞罗意识到必然的结论和可能的结论之间的差异(参照《论发明》1.75,83),他还是把演绎法或三段论推理(ratiocinatio)描述为"一种论述,即从事情本身得出某种 probabile[可能的]结论"(《论发明》1.57);而且在《论题篇》8,他把"论证"(argumentum)定义为"一种推理,使某种不确定的东西变得可信"。② 论证在总体上应该关注建立可能性而不是必然性,这是对亚里士多德的修辞三段论(enthymeme)的显著提升。即使斐洛不会同意这是逻辑学的一个要点,我们还是会从西塞罗那里得知,它完全符合斐洛在教授修辞规则和哲学时所宣称的认识论和关注点。在西塞罗谈论修辞学的时候,亚里士多德这个名字似乎代表着一种传统,这个传统一直延伸到学园派的斐洛那里。

所有这些的关键所在,当然是西塞罗能够借助 in utramque par-

---

① 参照《论命运》3;《廊下派的悖论》2;《论神性》2.168。

② 有关翻译希腊逻辑术语所用的罗马术语,参照 K. Prantl, *Geschichte der Logik im Abendlande*,第一卷(Leipzig,1855),尤其是页 522 - 523。

tem[正反两面]的证明方法,进而证明:probabilia[可能性]是哲学和修辞学的链接点——这方面的权威是漫步派和学园派。安提俄科斯综合了这些学派的学说,不过就我们所掌握的记载来看,他对修辞学毫无兴趣。坚持认为两个学派具有共同的逻辑辩证兼修辞方法,很可能只是西塞罗自己综合这两个学派的冒险性尝试。由此,他就能把自己的修辞专长和他对学园派及漫步派的支持统一起来。从而,他也就能宣称:自己在探究希腊化各学派不同观点时的做法最具权威。

结　语

西塞罗认可的哲人中,柏拉图和亚里士多德属于古代哲人,斐洛和安提俄科斯属于现代派,他们最终都和西塞罗本人有着非同一般的关联。①

柏拉图,作为哲人中的翘楚,也是一个 manqué[未竟的]演说家和顶尖的文体学家。亚里士多德是逻辑辩证和修辞论证方面的佼佼者,同时也是一个伟大的文体学家。斐洛对于如何建设性地探讨不同的哲学观,为西塞罗提供了自己在建设性地探索各种哲学主张时所依据的明确且详细的基本原则,并间接支持他调和哲学与修辞学。最后,安提俄科斯综合学园派和漫步派这一做法,使西塞罗有理由对这两个学派的教义——甚至包括廊下派的教义——都表示赞同,但同时又保持自己适度存疑之鼻的干净(keep his moderately

① 关于西塞罗对漫步派的高度赞扬与对漫步派哲学的少许兴趣之间的不平衡,戈尔勒有过很好的评论,见"Cicero und die'Schule des Aristoteles'",载W. W. Fortenbaugh、P. Steinmetz 编,*Cicero's Knowledge of the Peripatos*(New Brunswick,London,1989),页 247。参照 P. MacKendrick,*The Philosophical Books of Cicero*(London,1989),页 43:"[西塞罗]理想中的修辞学是以他自己为标准的,正如他对罗马历史的观点也是以自我为中心的。"

sceptical nose clean)。古老的柏拉图和亚里士多德传统,正如西塞罗在《论至善与极恶》2.3 中告诉卡图(Cato)的那样,“以完满又优雅的方式”(copiose et eleganter)确立了他们的哲学,并“以庄重且完满的方式”(graviter et copiose)对待政治。和廊下派相比,他们“以精致和高品味的方式”(polite apteque)塑造了他们的辩证法。他们极尽华美之辞描述伟大风格需要什么,且为之身体力行。此外,正如皮索(Piso)在《论至善与极恶》5.7 中告知西塞罗的那样,老学园培养的是像西塞罗本人一样的人物——演说家、将军以及政治领导。所有这些看法彼此融会贯通。就像我们能够认识到西塞罗的柏拉图和亚里士多德都带有西塞罗的特质,我们也应该记住,我们对斐洛和安提俄科斯的有限认知主要也是来自西塞罗。但他们的这位弟子有很强的个性,我们再也无法得知西塞罗把归功于他们的观点打磨了多少,或者又从他们那里借用了什么而没有告知我们。

西塞罗深知自己首先是一个演说家。他更有资格去批评廊下派和伊壁鸠鲁派的文字表述能力,而不是其系统化方面的成就。尽管如此,他坚称哲学需要好的表述风格,正如政治和法庭有赖于证据充分的论证,这些话中还是蕴藏着某种原创性和挑战性。而且,这一信念也是理解其哲学取向的关键。

> 一个人可能有正确的观点而没有能力恰当地表述之。但如果一个人能够反思文献著作,却没有能力去组织或阐明自己的思考,也没有能力去设法吸引读者的兴趣,这就表明此人是在浪费闲暇时光和文献著作……我一向认为,判断哲学是否完美,就看它是否能完满而优雅地讨论那些最大的问题。(《图斯库卢姆论辩录》1.6 –7)

难怪西塞罗要视柏拉图为哲人中之翘楚。

图书在版编目（CIP）数据

廊下派的苏格拉底/程志敏，徐健选编；徐健等译. --北京：华夏出版社有限公司，2020.1

（西方传统：经典与解释）

ISBN 978-7-5080-9845-6

Ⅰ.①廊… Ⅱ.①程… ②徐… Ⅲ.①西方哲学－研究 Ⅳ.①B5

中国版本图书馆 CIP 数据核字（2019）第185579号

廊下派的苏格拉底

选　　编　程志敏 徐　健
译　　者　徐　健 等
责任编辑　李安琴
责任印制　刘　洋

出版发行　华夏出版社有限公司
经　　销　新华书店
印　　装　三河市少明印务有限公司
版　　次　2020 年 1 月北京第 1 版
　　　　　2020 年 1 月北京第 1 次印刷
开　　本　880×1230　1/32
印　　张　9
字　　数　243 千字
定　　价　63.00 元

华夏出版社有限公司　地址：北京市东直门外香河园北里 4 号　邮编：100028
网址：www.hxph.com.cn　电话：（010）64663331（转）

若发现本版图书有印装质量问题，请与我社营销中心联系调换。

西方传统：经典与解释

Classici et Commentarii

HERMES

刘小枫◎主编

古今丛编

克尔凯郭尔 [美]江思图 著

货币哲学 [德]西美尔 著

孟德斯鸠的自由主义哲学 [美]潘戈 著

莫尔及其乌托邦 [德]考茨基 著

试论古今革命 [法]夏多布里昂 著

但丁：皈依的诗学 [美]弗里切罗 著

在西方的目光下 [英]康拉德 著

大学与博雅教育 董成龙 编

探究哲学与信仰 [美]郝岚 著

民主的本性 [法]马南 著

梅尔维尔的政治哲学 李小均 编/译

席勒美学的哲学背景 [美]维塞尔 著

果戈里与鬼 [俄]梅列日科夫斯基 著

自传性反思 [美]沃格林 著

黑格尔与普世秩序 [美]希克斯 等著

新的方式与制度 [美]曼斯菲尔德 著

科耶夫的新拉丁帝国 [法]科耶夫 等著

《利维坦》附录 [英]霍布斯 著

或此或彼（上、下） [丹麦]基尔克果 著

海德格尔式的现代神学 刘小枫 选编

双重束缚 [法]基拉尔 著

古今之争中的核心问题 [德]迈尔 著

论永恒的智慧 [德]苏索 著

宗教经验种种 [美]詹姆斯 著

尼采反卢梭 [美]凯斯·安塞尔-皮尔逊 著

舍勒思想评述 [美]弗林斯 著

诗与哲学之争 [美]罗森 著

神圣与世俗 [罗]伊利亚德 著

但丁的圣约书 [美]霍金斯 著

古典学丛编

论王政 [古罗马]金嘴狄翁 著

论希罗多德 [古罗马]卢里叶 著

探究希腊人的灵魂 [美]戴维斯 著

尤利安文选 马勇 编/译

论月面 [古罗马]普鲁塔克 著

雅典谐剧与逻各斯 [美]奥里根 著

菜园哲人伊壁鸠鲁 罗晓颖 选编

《劳作与时日》笺释 吴雅凌 撰

希腊古风时期的真理大师 [法]德蒂安 著

古罗马的教育 [英]葛怀恩 著

古典学与现代性 刘小枫 编

表演文化与雅典民主政制 [英]戈尔德希尔、奥斯本 编

西方古典文献学发凡 刘小枫 编

古典语文学常谈 [德]克拉夫特 著

古希腊文学常谈 [英]多佛 等著

撒路斯特与政治史学 刘小枫 编

希罗多德的王霸之辨 吴小锋 编/译

第二代智术师 [英]安德森 著

英雄诗系笺释 [古希腊]荷马 著

统治的热望 [美]福特 著

论埃及神学与哲学 [古希腊]普鲁塔克 著

凯撒的剑与笔 李世祥 编/译

伊壁鸠鲁主义的政治哲学 [意]詹姆斯·尼古拉斯 著

修昔底德笔下的人性 [美]欧文 著

修昔底德笔下的演说 [美]斯塔特 著

古希腊政治理论 [美]格雷纳 著

神谱笺释 吴雅凌 撰

赫西俄德：神话之艺 [法]居代·德·拉孔波 等著

赫拉克勒斯之盾笺释 罗逍然 译笺

《埃涅阿斯纪》章义 王承教 选编

维吉尔的帝国 [美]阿德勒 著

塔西佗的政治史学 曾维术 编

古希腊诗歌丛编

古希腊早期诉歌诗人 [英]鲍勒 著

诗歌与城邦 [美]费拉格、纳吉 主编

阿尔戈英雄纪（上、下）
[古希腊]阿波罗尼俄斯 著

俄耳甫斯教祷歌 吴雅凌 编译

俄耳甫斯教辑语 吴雅凌 编译

古希腊肃剧注疏集

希腊肃剧与政治哲学 [美]阿伦斯多夫 著

古希腊礼法

希腊人的正义观 [英]哈夫洛克 著

廊下派集

廊下派的苏格拉底 程志敏 徐健 选编

廊下派的神和宇宙 [墨]里卡多·萨勒斯 编

廊下派的城邦观 [英]斯科菲尔德 著

希伯莱圣经历代注疏

希腊化世界中的犹太人 [英]威廉逊 著

第一亚当和第二亚当 [德]朋霍费尔 著

新约历代经解

属灵的寓意 [古罗马]俄里根 著

基督教与古典传统

保罗与马克安 [德]文森 著

加尔文与现代政治的基础 [美]汉考克 著

无执之道 [德]文森 著

恐惧与战栗 [丹麦]基尔克果 著

托尔斯泰与陀思妥耶夫斯基
[俄]梅列日科夫斯基 著

论宗教大法官的传说 [俄]罗赞诺夫 著

海德格尔与有限性思想（重订版）
刘小枫 选编

上帝国的信息 [德]拉加茨 著

基督教理论与现代 [德]特洛尔奇 著

亚历山大的克雷芒 [意]塞尔瓦托·利拉 著

中世纪的心灵之旅 [意]圣·波纳文图拉 著

德意志古典传统丛编

论荷尔德林 [德]沃尔夫冈·宾德尔 著

彭忒西勒亚 [德]克莱斯特 著

穆佐书简 [奥]里尔克 著

纪念苏格拉底——哈曼文选 刘新利 选编

夜颂中的革命和宗教 [德]诺瓦利斯 著

大革命与诗话小说 [德]诺瓦利斯 著

黑格尔的观念论 [美]皮平 著

浪漫派风格——施勒格尔批评文集 [德]施勒格尔 著

美国宪政与古典传统

美国1787年宪法讲疏 [美]阿纳斯塔普罗 著

世界史与古典传统

西方古代的天下观 刘小枫 编

从普遍历史到历史主义 刘小枫 编

启蒙研究丛编

浪漫的律令 [美]拜泽尔 著

现实与理性 [法]科维纲 著

论古人的智慧 [英]培根 著

托兰德与激进启蒙 刘小枫 编

图书馆里的古今之战 [英]斯威夫特 著

政治史学丛编

自然科学史与玫瑰 [法]雷比瑟 著

荷马注疏集

不为人知的奥德修斯 [美]诺特维克 著

模仿荷马 [美]丹尼斯·麦克唐纳 著

品达注疏集

幽暗的诱惑 [美]汉密尔顿 著

欧里庇得斯集

自由与僭越 罗峰 编译

阿里斯托芬集

《阿卡奈人》笺释 [古希腊]阿里斯托芬 著

色诺芬注疏集

居鲁士的教育 [古希腊]色诺芬 著

色诺芬的《会饮》 [古希腊]色诺芬 著

柏拉图注疏集

立法与德性——柏拉图《法义》发微 林志猛 编

柏拉图的灵魂学 [加]罗宾逊 著

柏拉图书简 彭磊 译注
克力同章句 程志敏 郑兴凤 撰
哲学的奥德赛——《王制》引论 [美]郝兰 著
爱欲与启蒙的迷醉 [美]贝尔格 著
为哲学的写作技艺一辩 [美]伯格 著
柏拉图式的迷宫——《斐多》义疏 [美]伯格 著
哲学如何成为苏格拉底式的 [美]朗佩特 著
苏格拉底与希琵阿斯 王江涛 编译
理想国 [古希腊]柏拉图 著
谁来教育老师 刘小枫 编
立法者的神学 林志猛 编
柏拉图对话中的神 [法]薇依 著
厄庇诺米斯 [古希腊]柏拉图 著
智慧与幸福 程志敏 选编
论柏拉图对话 [德]施莱尔马赫 著
柏拉图《美诺》疏证 [美]克莱因 著
政治哲学的悖论 [美]郝岚 著
神话诗人柏拉图 张文涛 选编
阿尔喀比亚德 [古希腊]柏拉图 著
叙拉古的雅典异乡人 彭磊 选编
阿威罗伊论《王制》 [阿拉伯]阿威罗伊 著
《王制》要义 刘小枫 选编
柏拉图的《会饮》 [古希腊]柏拉图 等著
苏格拉底的申辩（修订版） [古希腊]柏拉图 著
苏格拉底与政治共同体 [美]尼柯尔斯 著
政制与美德——柏拉图《法义》疏解 [美]潘戈 著
《法义》导读 [法]卡斯代尔·布舒奇 著
论真理的本质 [德]海德格尔 著
哲人的无知 [德]费勃 著
米诺斯 [古希腊]柏拉图 著

亚里士多德注疏集

亚里士多德《政治学》中的教诲 [美]潘戈 著
品格的技艺 [美]加佛 著
亚里士多德哲学的基本概念 [德]海德格尔 著
《政治学》疏证 [意]托马斯·阿奎那 著
尼各马可伦理学义疏 [美]伯格 著
哲学之诗 [美]戴维斯 著
对亚里士多德的现象学解释 [德]海德格尔 著
城邦与自然——亚里士多德与现代性 刘小枫 编
论诗术中篇义疏 [阿拉伯]阿威罗伊 著
哲学的政治 [美]戴维斯 著

普鲁塔克集

普鲁塔克的《对比列传》 [英]达夫 著
普鲁塔克的实践伦理学 [比利时]胡芙 著

阿尔法拉比集

政治制度与政治箴言 阿尔法拉比 著

马基雅维利集

君主及其战争技艺 娄林 选编

莎士比亚绎读

莎士比亚的历史剧 [英]蒂利亚德 著
莎士比亚戏剧与政治哲学 彭磊 选编
莎士比亚的政治盛典 [美]阿鲁里斯/苏利文 编
丹麦王子与马基雅维利 罗峰 选编

洛克集

上帝、洛克与平等 [美]沃尔德伦 著

卢梭集

论哲学生活的幸福 [德]迈尔 著
致博蒙书 [法]卢梭 著
政治制度论 [法]卢梭 著
哲学的自传 [美]戴维斯 著
文学与道德杂篇 [法]卢梭 著
设计论证 [美]吉尔丁 著
卢梭的自然状态 [美]普拉特纳 等著
卢梭的榜样人生 [美]凯利 著

莱辛注疏集

汉堡剧评 [德]莱辛 著
关于悲剧的通信 [德]莱辛 著
《智者纳坦》（研究版） [德]莱辛 等著
启蒙运动的内在问题 [美]维塞尔 著
莱辛剧作七种 [德]莱辛 著

历史与启示——莱辛神学文选 [德]莱辛 著

论人类的教育 [德]莱辛 著

尼采注疏集

何为尼采的扎拉图斯特拉 [德]迈尔 著

尼采引论 [德]施特格迈尔 著

尼采与基督教 刘小枫 编

尼采眼中的苏格拉底 [美]丹豪瑟 著

尼采的使命 [美]朗佩特 著

尼采与现时代 [美] 朗佩特 著

动物与超人之间的绳索 [德]A.彼珀 著

施特劳斯集

论僭政（重订本） [美]施特劳斯 [法]科耶夫 著

苏格拉底问题与现代性（增订本）

犹太哲人与启蒙（增订本）

霍布斯的宗教批判

斯宾诺莎的宗教批判

门德尔松与莱辛

哲学与律法——论迈蒙尼德及其先驱

迫害与写作艺术

柏拉图式政治哲学研究

论柏拉图的《会饮》

柏拉图《法义》的论辩与情节

什么是政治哲学

古典政治理性主义的重生（重订本）

回归古典政治哲学——施特劳斯通信集

苏格拉底与阿里斯托芬

***

施特劳斯的持久重要性 [美]朗佩特 著

论源初遗忘 [美]维克利 著

政治哲学与启示宗教的挑战 [德]迈尔 著

阅读施特劳斯 [美]斯密什 著

施特劳斯与流亡政治学 [美]谢帕德 著

隐匿的对话 [德]迈尔 著

驯服欲望 [法]科耶夫 等著

施米特集

宪法专政 [美]罗斯托 著

施米特对自由主义的批判 [美]约翰·麦考米克 著

伯纳德特集

古典诗学之路（第二版） [美]伯格 编

弓与琴（重订本） [美]伯纳德特 著

神圣的罪业 [美]伯纳德特 著

布鲁姆集

巨人与侏儒（1960-1990）

人应该如何生活——柏拉图《王制》释义

爱的设计——卢梭与浪漫派

爱的戏剧——莎士比亚与自然

爱的阶梯——柏拉图的《会饮》

伊索克拉底的政治哲学

沃格林集

自传体反思录 [美]沃格林 著

大学素质教育读本

古典诗文绎读 西学卷·古代编（上、下）

古典诗文绎读 西学卷·现代编（上、下）

中国传统：经典与解释

Classici et Commentarii

经典与解释

刘小枫 陈少明◎主编

《孔丛子》训读及研究 / 雷欣翰 撰

论语说义 / [清]宋翔凤 撰

周易古经注解考辨 / 李炳海 著

浮山文集 / [明]方以智 著

药地炮庄 / [明]方以智 著

药地炮庄笺释·总论篇 / [明]方以智 著

青原志略 / [明]方以智 编

冬灰录 / [明]方以智 著

冬炼三时传旧火 / 邢益海 编

《毛诗》郑王比义发微 / 史应勇 著

宋人经筵诗讲义四种 / [宋]张纲 等撰

道德真经藏室纂微篇 / [宋]陈景元 撰
道德真经四子古道集解 / [金]寇才质 撰
皇清经解提要 / [清]沈豫 撰
经学通论 / [清]皮锡瑞 著
松阳讲义 / [清]陆陇其 著
起风书院答问 / [清]姚永朴 撰
周礼疑义辨证 / 陈衍 撰
《铎书》校注 / 孙尚扬 肖清和 等校注
韩愈志 / 钱基博 著
论语辑释 / 陈大齐 著
《庄子·天下篇》注疏四种 / 张丰乾 编
荀子的辩说 / 陈文洁 著
古学经子 / 王锦民 著
经学以自治 / 刘少虎 著
从公羊学论《春秋》的性质 / 阮芝生 撰

刘小枫集

民主与政治德性
昭告幽微
以美为鉴
古典学与古今之争［增订本］
这一代人的怕和爱［第三版］
沉重的肉身［珍藏版］
圣灵降临的叙事［增订本］
罪与欠
儒教与民族国家
拣尽寒枝
施特劳斯的路标
重启古典诗学
设计共和
现代人及其敌人
海德格尔与中国
共和与经纶
现代性与现代中国
现代性社会理论绪论
诗化哲学［重订本］
拯救与逍遥［修订本］
走向十字架上的真
西学断章

编修［博雅读本］

凯若斯：古希腊语文读本［全二册］
古希腊语文学述要
雅努斯：古典拉丁语文读本
古典拉丁语文学述要
危微精一：政治法学原理九讲
琴瑟友之：钢琴与古典乐色十讲

译著

普罗塔戈拉（详注本）
柏拉图四书

经典与解释辑刊

1 柏拉图的哲学戏剧
2 经典与解释的张力
3 康德与启蒙
4 荷尔德林的新神话
5 古典传统与自由教育
6 卢梭的苏格拉底主义
7 赫尔墨斯的计谋
8 苏格拉底问题
9 美德可教吗
10 马基雅维利的喜剧
11 回想托克维尔
12 阅读的德性
13 色诺芬的品味
14 政治哲学中的摩西
15 诗学解诂
16 柏拉图的真伪
17 修昔底德的春秋笔法
18 血气与政治
19 索福克勒斯与雅典启蒙
20 犹太教中的柏拉图门徒
21 莎士比亚笔下的王者
22 政治哲学中的莎士比亚
23 政治生活的限度与满足
24 雅典民主的谐剧
25 维柯与古今之争
26 霍布斯的修辞
27 埃斯库罗斯的神义论
28 施莱尔马赫的柏拉图
29 奥林匹亚的荣耀
30 笛卡尔的精灵
31 柏拉图与天人政治
32 海德格尔的政治时刻
33 荷马笔下的伦理
34 格劳秀斯与国际正义
35 西塞罗的苏格拉底
36 基尔克果的苏格拉底
37 《理想国》的内与外
38 诗艺与政治
39 律法与政治哲学
40 古今之间的但丁
41 拉伯雷与赫尔墨斯秘学
42 柏拉图与古典乐教
43 孟德斯鸠论政制衰败
44 博丹论主权
45 道伯与比较古典学
46 伊索寓言中的伦理
47 斯威夫特与启蒙
48 赫西俄德的世界
49 洛克的自然法辩难
50 斯宾格勒与西方的没落
51 地缘政治学的历史片段
52 施米特论战争与政治
53 普鲁塔克与罗马政治
54 罗马的建国叙述